U0128510

搏血者

诗人辛劳

道尔吉 张志坚 编

内蒙古文化出版社

辛劳

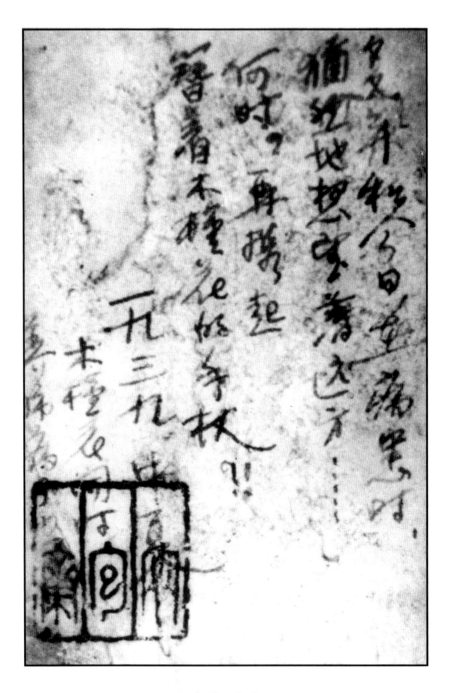

辛劳 手迹

（以上两幅图片摘自陈梦熊编《捧血者》一书）

捧出生之鲜血的战斗诗人

——关于辛劳的话题

(代 序)

这本书是内蒙古文学史中一份十分珍贵的记忆。

辛劳是从内蒙古呼伦贝尔走出去的那个时代的杰出人物,可惜后世了解他的人越来越少了。在中国现代文学史上,香港版的《中国现代六百作家小传》和台湾版的《中国现代文学作家本名笔名索引》列有他的条目。中国现当代著名文化人士王元化、彭燕郊、吴强、聂绀弩、钦鸿都写过关于辛劳的回忆纪念性文章。周锋的《苏浙皖诗群:一个活跃于新四军抗日根据地的诗人群体》是一篇很重要的权威文献,对辛劳有极高的评价:"聂绀弩、辛劳和彭燕郊是初期苏浙皖诗群的代表性诗人。"早在 1982 年,王元化先生提出为上海"孤岛"时期重要诗人辛劳编集之事,后来收入在《世纪的回响》丛书中。这位特殊人物随着时光的流逝几乎快被尘封湮灭了,这不能不说是件很遗憾的事。

当道尔吉先生把一本厚厚的辛劳八十多年前的遗作给我时,我是十分震惊的。震惊之余,对这位差不多是呼伦贝尔最早的现代作家产生了浓厚的兴趣。我于是放下手中的所有事情,潜心研读诗人辛劳八十多年前留给我们的作品,走进那段波澜壮阔、风云激荡的岁月。我为呼伦贝尔有这样一位极具才华的文学先驱而自豪,更为他英年早逝而感到深深的惋惜。特别是在纪念伟大的中国共产党成立一百周年的时候,把辛劳的事迹写出来,把他的作品搜集整理出来重见天日,使我们从中得到教益,让更多的人了解这位有着不平凡经历和杰出文学才华的诗人,这无疑是一件值得欣喜的事。

辛劳是中国现代文学史上最早的内蒙古籍作家之一,也可能是内蒙古唯一加入左联的作家,而且是内蒙古最早加入中国共产党的作家之一,这是十分难能可贵的。辛劳,原名陈晶秋,出生于1911年,大约牺牲于1945年抗日战争胜利前后,确切时间已无从考证。总之,他的年龄不会超过三十五岁。他与冯雪峰、邵荃麟、艾青、田间、聂绀弩、吴强、王元化等蜚声中国现代文学史的人物是同时代的,并与他们在一起生活、战斗过。他的出生地是呼伦贝尔,这一点是确定无疑的,但到底是扎兰屯人还是海拉尔人似有争议。中国现代著名学者钦鸿在《谈左联诗人辛劳》中专门写道,他曾找到左联作家林耶,据林耶讲:"辛劳的籍贯既不是呼兰,也不是海伦,更不是呼玛,是呼伦无疑了。在哈尔滨至满洲里国际铁路线上。……该县约在现在呼伦贝尔盟的布特哈旗(扎兰屯)。"林耶是与辛劳一起流亡上海的东北同乡,他的说法应该是可靠的。但钦鸿认为林耶有一点说法有误,他说"据查《中国历史地名辞典》,呼伦即为今天的海拉尔","他的童年和少年时代就是在辽阔的呼伦贝尔大草原上度过的"。赵文菊在《寂寞者和他的血——"孤岛"诗人辛劳》一文中介绍辛劳生平时写道:"辛劳,1911年出生在内蒙古呼伦贝尔盟(扎兰屯),也就是现在哈尔滨到满洲里国际铁路线上的海拉尔。"后来出版的《海拉尔市志·人物传略》里据此收录了有关辛劳的条目:"辛劳,原名陈晶秋,生于清宣统三年(1911年),男,汉族,原籍呼伦县(今海拉尔)。"林耶、赵文菊都提到辛劳是布特哈旗(扎兰屯)人,但又说他是海拉尔人,这就矛盾了。呼伦县是1913年设的,中华民国时归黑龙江省管辖,治所在今海拉尔,辖黑龙江省西部和呼伦贝尔草原中部。由此可知,历史上的呼伦县,虽然治所在海拉尔,辖地包括现在呼伦贝尔东部并不包含西部海拉尔地区。因此说,辛劳应是扎兰屯人。这从辛劳大部分作品中亦可得到有力的佐证。

辛劳早期的作品之一是1935年4月在上海《太白》半月刊发表的《索伦人》。在这篇散文中,辛劳主要描述了当时索伦人的生产生活状况,这写的应该是他熟悉的故乡的场景。索伦人是黑龙江地区的土著人,当初是东北几个少数民族的合称,包括鄂温克族、达斡尔族和鄂伦春族人,其所属旗为布特哈旗,即今天的扎兰屯市。翻阅辛劳的所有作品,凡是写到家乡时,写的都是农村风光。请看他在《故乡之忆》中的这些描写:"……我还能听到吗,假如我这样的深夜静坐在家乡的火炕上,当晨光熹微的时候?……""那河畔的空草场,一群群猪、马奔跑,和那放猪、放马的童年友伴,在土堆上抢山，以秫秸做马，也当刀剑，在玩耍之中，他们拥护我做大王，因为在那鄙陋的村中只有我有一顶帽。""那新覆上谷草的茅屋，新谷草在太阳里闪光，从那张开的窗口，望得见迎面的小山。""那展开的广阔的田野，波浪似的谷苗，高粱林，荞麦白色的小花……在那庄稼的波浪与波浪之间……"这样的自然环境和生活场景的描写，在辛劳的作品里比比皆是。即使在今天的海拉尔，如此风光也是不能见到的，而只能是大兴安岭东部区的风光了。由此可推断，辛劳是扎兰屯人似乎更确切些。但无论如何，他是从呼伦贝尔走出去的，这就足以令我们自豪了。

关于辛劳的家世，现在我们所知甚少。从他的作品看，辛劳的家境当时是不错的，他受过比较好的教育，是个有知识的青年。其父亲是一个有私塾底子的读书人。在辛劳写他父亲的文章中摘录了一段父亲来信：

"家中李子树二棵已长很大，去年的李子多而且大，味更佳美，惜我们均在外边，未能亲尝一枚，老人们颇以为可惜。十年树木，百年树人诚不诬耳。将来团圆，当不难共尝该自植之李子也。我当努力翘待吾儿平安归来焉！"

九一八事变后，辛劳即与一批失去故土的青年流亡到上海，在民族外患深重的时代，他苦闷彷徨、忧国忧民、追求进步。因为他的文学天赋特别是在新诗创作上的成绩，使他很早接触了在上海成立的左联（林耶说辛劳1932年加入的）。他参加并组织过青年学生救亡运动，曾三次被捕（第一次几天就被释放了），直至死在军阀韩德勤的狱中。辛劳在短暂的生命中绽放出了灿烂的文学才华，他的英年牺牲，不仅是他个人的不幸，也是中国现代文坛的一个损失。

辛劳是一位有文学天才和强烈个性的青年。"诗如其人"，年轻的辛劳是极其单纯和真诚的，除了艺术、诗、散文和一腔爱国激情以外，对"世故"好像一点儿不懂得或不屑懂得，甚至是有点"另类"，言谈举止有些与众不同。他的相貌，"天然卷曲的头发，浓眉下微微凹陷的眼窝里一对大眼睛，希腊式鹰钩鼻子下面精致如女性的嘴唇"（彭燕郊《他一身都是诗——悼念诗人辛劳》）。"他有一张狭长的脸，一头蓬乱的卷发，穿着一件叫作'乌克兰衫'的俄罗斯式农民服式上衣。……我觉得他身上有一种罗曼蒂克气息"（王元化《忆辛劳》）。这样的肖像，已极为生动传神了，我甚至怀疑，他有东北少数民族或者异域的血统,亦未可知。他的为人和性格与他的作品一样,有着不染杂尘的真情至性。他是一个最不会掩饰自己秉性的人,这于诗歌创作来说是十分可贵的,但用于处世则未免不合时宜,这种性格,曾使他十分苦闷、孤独,一度影响了他的工作和情绪。他以为人人都如他一样单纯,全然生活在自己的诗中,对如何适应外界的环境似乎茫然无知。他沉默孤独、不合群,但又正直乐观。他内心如火,诗文气壮山河。这种特质,在他的代表作长诗《捧血者》中,有淋漓尽致的体现。据王元化先生的回忆,他1939年在皖南新四军军部"战地服务团"与辛劳住在一起,在谈到文学时,他们常常有激烈的争论,争论时都动了感情,两个人都拉长了脸,甚至谁也不理谁。次日又重归于好,争论的乌云消散了,感情也更近了。辛劳对文艺有自己的见解,而且绝不会轻易放弃自己的见解。《捧血者》正是体现他文学创作观的代表作品,今天再读这样的作品,确实令人深思。

辛劳又是勤奋博学、多才严谨的作家,他熟读古今中外大量的名著,对新文化运动极其关注,对"五四"以来流行的歌曲以及俄罗斯民歌都十分感兴趣,并经常纵情演唱。在当时上海"孤岛"文学圈里,辛劳是最有才华的一位,这是当时"圈里人"的公论。他们对辛劳的文学天赋和独有的艺术气质无不赞赏钦佩,他在文学作品中表现出来的真性情,是别人学不来的。曾和辛劳一起工作的著名作家吴强(《红日》作者)写文章说:"他的才华,在我们当中是无人匹敌的。""辛劳同志是一位才华横溢的诗人,他到皖南之前,已经发表过许多诗作,是当时诗坛的著名诗人。"读他的作品,可以感受到他对大自然,对世间百态,对人的情感和心灵有超于常人的敏锐,能写出"人人心中有,个个笔下无"的那种感觉。后人评价他的作品时说,辛劳的作品不一定很深刻,但绝对是独特的,他的创作是不能有损个性或违背自己艺术感觉的。这样的评价在今天看来,是十分令人信服的。

辛劳的最高成就当属他的白话诗创作。其代表作长诗《捧血者》,从内容到艺术表现形式都堪称"五四"白话新诗的杰作,是新诗探索中一颗璀璨的明珠,它一发表即在诗坛产生强烈的反响。当时提倡写新诗的郭沫若、胡适之、徐志摩等代表人物,都深受欧美以及苏联诗风的影响,各种诗派兴盛诗坛。惠特曼、济慈、泰戈尔、马雅可夫斯基的诗歌对中国当时新诗创作有着极大的影响。辛劳的长诗《捧血者》是古典主义、现实主义、浪漫主义和西方诗风相结合的成功探索。此诗写于1939年冬春之交，历时近三个月，前后数易其稿，是辛劳呕心之作。宏大的叙事、精彩的细节、神奇的想象、真挚的感情、跌宕的旋律，特别是对自然风光细腻的描写和真实心理的深刻刻画，使全诗产生了巨大的艺术魅力。"诗的重量即是诗人灵魂的重量"，《捧血者》的灵魂是"把他的生之鲜血捧在心中献给了诗歌和民族解放事业"。诗人把"我"、父母、家庭、乡邻、故乡、祖国的命运紧紧联系在一起，书写对日本侵略者的刻骨仇恨。诗中之"我"经过苦闷、迷茫、自卑、胆怯到觉醒、坚强直至为祖国"捧出鲜红高贵的战血"，读之感人至深、心潮激荡、震撼灵魂。这实在是一部恢宏磅礴、荡气回肠的交响乐章！读罢全诗，感动你的不仅仅是优美激荡的诗句，更有诗行里荡气回肠的真情和久久弥漫在灵魂中的迷人旋律。《序诗》《行人》《月黑的夜》《我爱》《奥秘》《林雀》《古歌》几部分，或低回徘徊，或悲怆忧愤，或撕心裂肺，或荡气回肠，或激情澎湃，诗人把对家国的情怀抒写得淋漓尽致，几个章节环环相扣又起伏跌宕。这是一部诗人的心灵情感史，也是那个时代苦闷彷徨、热血爱国青年共同心路历程的艺术表现。辛劳与田间、艾青是同时代的诗人，田间的《给战斗者》《假如我们不去打仗》《义勇军》，艾青的《大堰河——我的保姆》等作品，对诗歌的民族化、平民化、大众化做了有益的探索，辛劳的诗与之相比，现在看是对不同风格和艺术的开掘。

辛劳更是一位爱国的"革命的热血青年"。九一八事变后，他流亡到上海，投身抗日救亡运动，为此创作了大量的诗作。在皖南新四军军部"战地服务团"及皖南根据地工作期间，他多次聆听陈毅元帅的讲话，受袁国平、朱镜我（两人均在皖南事变中殉难）的领导，创作了大量反映新四军抗战的诗歌和其他作品。这些作品发表在当时的《救亡日报》以及胡风、鲁迅等进步作家创办的各种刊物上。辛劳积极抗日和参加共产党领导的文艺团体，他曾担任抗日战地诗歌团体"苏北诗歌协会"的负责人。为此，他几次入狱，但矢志不渝。毛泽东的《在延安文艺座谈会上的讲话》发表后，他积极响应，提倡街（墙）头诗，这与其原创作风格相比，是向前大大地跨越了一步。他是一个追求真理，以时代召唤为使命的战斗诗人。他后来的《命令》一诗，热切地呼唤诗人们"听候着时代的命令",投身"祖国的战场",要把"柔媚的语言全抛掉,风花雪月扔在坟里",要有"粗犷的韵脚""钢铁的音带",使"每个字都喷着烈火"。可见他是一位"胸中充满革命激情的文学素质深厚的诗人",他大约在1939年前就加入了共产党并为党积极工作。可惜这样一位极具天赋的年轻诗人,后来竟寂寞地死于反动军阀的狱中,知道的人很少。这无论如何都是极其悲痛的事。他生于民族忧患之时,短暂的年华在中国文坛绽放出奇异的光芒。后人不应该忘记,呼伦贝尔人更当永志缅怀。

他的身体一直不好,到上海后常年咯血,与病为伴,但他从未停止学习和创作,即使在反动军阀的狱中,仍然笔耕不辍。他还是一个热心的人,对当时的文学青年极其热情,给予他们不少的帮助。他对文字创作的态度十分严谨,这一点尤其可贵。他多次对同行们讲道:"要多写,不能停止……还要舍得砍,把多余的砍掉……舍得磨,磨得发光发亮来。"我反复咀嚼这句话,讲的是关于创作最朴素的真理。这句话对今天的文学人来说,依然是最好的忠告!

以辛劳的勤奋和才华,他本应在中国文坛有更大的成就,但英年早逝,使他未能达到应有的文学创作高度,这是令人十分痛心的。他在生命的最后一刻,慷慨赴死,英勇不屈,用鲜血谱写了更为壮丽的诗篇,这是永远值得我们怀念的。

道尔吉、姜继飞两位先生沙海淘金、钩沉史籍,做了大量搜集校勘工作,使辛劳的文集得以重见天日,填补了内蒙古文学史的一段空白,我们十分感谢他们。由于年代久远,即使眼前这本集子,也未能收尽辛劳的全部作品。

在纪念伟大的中国共产党成立一百周年之际,回顾从呼伦贝尔走出去的这样一位有成就的文学英才,品读他的诗文遗作,追忆他正直勤奋、爱国忧民的情怀,感受那个时代的激荡风云,确是一件极有价值的事。

是为序。

韩国华

2021年3月24日下午

目录 CONTENTS

第二辑　名家忆辛劳及其他

第 一 辑

辛 劳 作 品

饿 人 的 歌

当我饿着肚子走在雨夜的小路，

我的眼睛红像烛火，

我是如此狂勃的——

我恨！饿火烧不开阴天的云朵。

当我幽幽地走在金色的黄昏，

天霞染红我脚下的树叶；

我是如此狂勃的——

我喜欢，谁会告诉我一个天晓的歌！

当我埋在深沉的屋里，

楼下的饭香引诱了我的饥饿，

我是如此狂勃的——

看着天，呵！梦想了怎样的罪恶？

当我软软地倚在电线杆子，

眼前一朵金花，连锁着一串悲愤，

我是如此狂勃的——

我要，我要向任何人撒着粗野。

当我站在橱窗的前边，

握着拳头注望着面色的僵黄，

我是如此狂勃的——

老想，留着命活到天明。

当秋风吹进窗来一片美的幻影，

园里的秋花老得更红，

我是如此狂勃的——

只是，禁不住渴慕一个更真实的日子。

（原载《每月诗歌》1936 年第 2—3 期 8 页）

妈妈这里有我的声音

你听得见？妈妈！

这里有我的声音，

许多火一样的歌唱。

钢一般的字句，

霞朵一样的音响。

你听得见？妈妈！

这里有我的声音，

饿疲了的嘴一曲饥饿，

当那白杨抖在雨下；

马路扫过彩色的霓虹。

你听得见？妈妈！

这里有我的声音。

沉压的轮碾碎的，

一声长吁，一声悲叫，

在那挣扎的坚苦。……

你听得见？妈妈！

这里有我的声音。

苍凉的鹫鹰，

抓破了海的天空，

一个沉雷，翻崩的海浪。

你听得见？妈妈！

这里有我的声音。

秋夜的狂风——

落叶溜下树枝。

一阵急促而沉着的脚步。

你听得见？妈妈！

这里有我的声音。

一种兴奋的欢喜，

"呵！太阳！太阳！"

一种兴奋的欢喜。

（原载《每月诗歌》1936 年第 2—3 期 18—19 页）

火 中 一 兵 士

潜伏在墙角,守候着敌人来侵,

擎枪的手握紧,准备射击,眼望着前方。

"退却了,我是不退的!"他想,

要与上海共存亡,这个兵士他睃视大的火场。

他是八百个不退的兵士中坚决的弟兄;

此时,他不想家乡,也不想企望他归去的亲娘。

火的烟飘进窗口,飘过他的身;

烧焦的尸臭激动着他仇恨的心。

他自己找寻着了光荣的墓地——"上海!"

自由的碑石上他的英名,在眼前美壮地辉闪。

"还有什么更光荣的过于为国捐生?"

他想着,这个兵士,火花就浮在他坚定的眼中。

遥远的炮声,听惯了,他并不震悚,

注望着迷雾的烟路,搜寻着敌人。

突然,在遥远的烟雾,隐约着人形;

渐近,看清:两个鬼子嬉笑,绳绑的难妇涕零。

鬼子兵傲慢地走在新抢的焦土之上;

在窗下,恶意地拉脱着难妇的衣裳。

难妇的挣扎与呻唤的惨切……

鬼子嘲笑着——怒火就更烧在他的心头了。

敏捷地,他蹿下窗口,枪口就吐出紫星;

不看痛苦苍白的敌人,他解着难妇的索绳。

啪!身后的枪响了,另一个向他瞄准的敌人倒下;

躲在墙角的别的战友,解救,他在死亡之顷。

他指引着难妇:"前路,走向安全。"

回到哨岗,新的愉快浓厚地浮在颊边。

潜伏在墙角,守候着敌人来侵:

擎枪的手握紧,准备射击,眼望着前方。

"全退了,我是不退的!"他想。

要与上海共存亡,这个兵士他睃视着大的火场。

一九三七年十月,闸北大火未熄之夜。

(原载《救亡日报》1937 年 10 月 1 日第四版)

难 民 的 儿 歌

你睡吧，你小小的孩儿，

　　一直睡到大天亮。

明亮亮的星星照着你，

　　这儿没有一点儿声。

妈妈陪着你安静地睡，

　　在温暖的臂弯里。

睡吧，逃出炮火的孩儿，

　　一直睡到大天亮。

闸北成了一片焦土场，

　　别想小小的木马。

日本在中国的土地上，

　　杀，抢，乱奔着铁蹄。

可是中国人并不害怕，

　　刀刀对准了强敌。

睡去，你受惊恐的孩儿，
　　一直睡到大天亮。

黄浦江的浪头跳得高，
　　咱们飞机真英豪；
炸他日本鬼的出云舰；
　　一弹一弹连一弹。
不要怕他大炮轰轰响，
　　这儿没有鬼子兵。
我可怜的儿，你好好睡，
　　一直睡到大天亮。

孩子，你要记着日本奴，
　　夺去丰富的东北。
失了爸爸丢掉了妈妈，
　　失地孩子的苦命。
现在，睡在难民收容所，
　　都怪鬼子的万恶。
好好睡吧，我的小孩儿，
　　一直睡到大天亮。

你年小，还不能去打仗，
　　别哭，亲爱的孩儿。
快长得爸爸一样的壮，
　　儿子，到了那时候，

提起保卫祖国的长枪，

　　　　你驾驭飞机高翔。

睡吧，在这秋天的静夜，

　　　　一直睡到大天亮。

勇敢的威武的好兵士，

　　　　孩子，到了那时候，

当你敏捷地去打敌人，

　　　　我要对你祝福；

像祝福你抗战的父亲，

　　　　日夜焚香在房门。

睡去吧，你吵闹的孩儿，

　　　　一直睡到大天亮。

有一个小小的麦烧饼，

　　　　我给你留到天明。

将它放在你的近身旁，

　　　　没有别人会偷去。

在这避难所的地角上，

　　　　你将没病的长大，

睡去吧，现在，好的孩儿，

　　　　一直睡到大天亮。

（原载《救亡日报》1937 年 10 月 3 日第四版）

献在鲁迅先生坟前

走来,战斗以纪念,

你,人类的导师走入死亡的十月。

十月的秋云会带给你,

最近的风暴的交鸣。

睡在你静静的坟墓,

你微笑——无论你

锐峭的灵光照向何处——

到处的争自由的烽火,

到处的抗战的歌声。

你所爱的国家,

起来了,俯伏在地下的奴隶;

严峻的斗争——

你以身殉的光荣的运命,

从每个小土粒上都燃起了热情。

从日本暴徒的毒手之中，

争取着解放——

你在光荣的灾难的生前唱的，

我们全都为此拼命！

没有人再流到颊边

失掉自由的弱者的晶泪。

以尊严的威力

斩杀傲慢的侵略的罪魁。

我们的手不为"淋漓的鲜血"发颤；

我们的手不为恫吓踟蹰；

"真的猛士"——如你的遗望，

是铁的队伍。——

以神圣的自由

与强力的信念结合如你期望的坚固！

忠实地握着吐火的钢刀，

斫下暴者的头颅。

在暗淡的黄浦江上，

午夜的星星闪烁。

弹火骚扰了人们的静梦，

愤恨的头不能再搁在枕上；

沉思着战士的勇毅，

有如猛狮般地冲杀着敌骑。

而那些被酒与恶意沉醉的

傲慢地走来的刽子手，

面上既不勇敢——心中都是恐惧，

战斗之中,除了死亡就是逃遁！

睡在你静静的坟墓，

从没有的真心

畅意的笑将浮在你冷的唇。

就是坟头的白杨

第一次的摇曳得非常矫健。

而秋空的白云，

也在等待一个胜利的猩红。

你,人类的导师！

炮声将传到茂草丛丛的坟地，

腥风告诉了你——

继承着你光荣的血迹，

我们将战到最后一道壕沟！

在这十月的战野，

烽火照红漆黑的幽夜；

我们擎枪

严峻地守在哨岗；

无暇悲哀了——流泪,你将认为侮辱。

无暇到你的坟前……

你的灵魂站起来了！

我们深知在心

你在领导我们酣战

走向胜利犹如生前。

呵,伟大的你的不灭的精神,

我们的夸耀,傲慢的鼓促

当我们战斗。

你信念的手指

犹如昔日辉闪在这儿的天际,

犹如长虹贯穿着阴霾的战地。

(原载《救亡日报》1937 年 10 月 20 日第四版)

自　由

雾罩着的黄浦江哟！
你要静静地流；
莫吹起风浪——
　　　你可耻的泡沫
别惊扰了小舟！

乘黑夜水稳，
海兽睡在江心；
月亮哟，你不要出来！
　　　为了自由的缘故，
小舟，你也快快地走！

桨别打得太响！
不要吵破了

船上人的心思——

　　星星哟！你照？
只照向明朗的前头！

茫漠的江面，

驰行，你勇敢的小舟；

那并不太远——

　　开明的大地；
血换来的自由！

勇敢地前进，

不要有一点留恋。——

到处是死，是亡，

　　高贵的汉族的血统，
囚守在残狠的血口！

咒骂你，八月的毒阳；

横暴的光焰，

烧毁了这城市，无论何方——

　　整整十二个月
多么长的夏季，噢！

离开阴暗的炼狱，

别怀念乡友！

怀着狂大的坚信；

犹如年轻的鹰
只望天上的星斗！

伸开强健的翅膀；
你携带勇敢的风，
盘旋着急行。
　　为了自由的缘故，
别管你顽固的爸爸！

你妈妈会睡得很好，
在你逃跑的深夜；
她会祝福哪，梦里伸着手；
　　为了自由的缘故，
是那般痛苦地笑了。

走向希望，你，
船上的青年！
雾隔着江岸；
　　别担心着礁石，
记住，你只要勇敢！

对着江心，发誓吧！
扫除地面上的邪恶；
等你得到——
　　复仇女神的甲胄，

和着闪吐光华的长剑!

雾罩着的黄浦江哟!

你要静静地流;

莫惊醒海兽;

　　你可耻的浊浪,

别扰阻了小舟!

一九三八年七月廿九日

（原载《文艺》1938 年第 1 卷第 5 期 10—12 页）

棉 军 衣

一

那儿，

在那儿有一个黄色的草房，

草在冬阳里闪着冷冷的光。

在这村里，

在那斜陡的山旁，

青松围抱像座墙。

住着一队兵士，

他们在这儿英勇地守卫：

他们的祖国和他们邻人的田舍。

这一天，

有人走来访问；

访问，向那哨兵说："你要什么？"

哨兵说：

"第一是杀敌人；

第二是棉军衣！"

奇怪——

"第一是杀敌人；

第二是棉军衣！"

二

秋阳下，

在棉花田地里，

抢着棉花苞的，那些妇女……

清油灯旁，

老太婆纺着棉线；

一条条好像海浪里的银鱼。

一条小船，

装载雪白的棉花，

拖到城里去，这条小船。

梭子来往，

女工们的血汗流淌，

棉花又跳跃在布机上。

一匹布，

在缝衣师的机器上，

一会儿就做成一套棉军装。

奇怪——

没有棉军衣，

在前方，战士们脊梁都快生了冻疮？

三

他妈妈的，

冻疮别处不好长，

怪偏生在脚底和脚丫上！

在哨岗，

这个哨兵缩着肩，

单军衣吹成个小鼓一样。

小北风，

呜啦啦地吹进骨缝里，

为了棉军衣，刻骨的思想。

想着呵,

该这样舒服呢?

若是,若是有套棉军装?

可是,

后方的被服厂,

被敌人炸弹炸毁或瓦砾,

一个血的池塘……

四

夜晚,

连长喊那个哨兵,

(脚丫生了冻疮的哨兵。)

"同志,

怎样啦? ——

是这样的……"

"是的,

连长同志——是的,

怎样? ……我就这样!"

敬个礼,这个哨兵走出了门。

五

有点古怪，

这夜黑得哨兵看不见自己，

当他试探伸伸手的时候。

高一步，

这是走上山坡；

低一步呢？是道旁的田沟……

扑通脚丫呀！

一滑脚他吊在水里，

不幸，单军衣成了泥做的！

寒冷，

小北风呜呜地吹；

小北风呜呜地吹！

哈，可不寂寞，

流水响：牙齿也给他唱歌。

这样，他拐过山，

在山坡下，他放侦察哨。

侦察着；他侦察着；

他在侦察着……

六

夜晚又一个夜晚，

连长又把这个哨兵喊到房中。

（那个冻了脚背、脚丫的哨兵。）

"怎样，同志？"

"是怎样的，同志！……"

敬个礼，那个哨兵走出了门。

哨兵身上有件棉外套了。

他欣喜地，在灯下看一看：

"哈，还是黄呢子的！"

七

在哨岗里，

哨岗里，他的牙齿不再唱了，

冻疮全好了，衣角多大风也吹不起；

棉的军衣呵，敌人送来的！

"第一是杀敌人；

第二还是杀敌人……"

哨兵这样答复，假如谁再来访问。

他微笑地站得挺直,

在严寒的风里!

　　　　　　　一九三九年二月十五日夜,皖南

（原载《文艺新潮》1939 年第 2 卷第 1 期 31—32 页）

拜　访

早上，我去拜访山溪，

向流水探询春的消息。

我问：可曾看见春来，

　　那摇曳的翠色的衣襟，

　　与那飞扬的温暖的飘带？……

小鸟唱着我不懂的歌，

阳光闪在淙淙响的波上。

（别骄傲你的青春！）

手臂般地向天空探去，草芽！

你向谁招手？你问候哪个？

当田风吹在松叶尖头，

呵，我寻到春天！

春天来了,在昨天夜晚,

从那遥望中的油菜花,

感谢那碧海般动荡的小麦……

我拜访了春,

春也乘了风来回拜;

久违了,我问一声:"您好?"

春回答我一阵珠串般的微笑。

一九三九年三月十五日晨

(原载《前线日报》1940 年 3 月 7 日 第七版)

望 家 山

——献给我的故乡、家人

一

落着雨,落着雨,

为了人世,天空是多么哀伤,

哭泣着用那不停的雨滴,

一点一点从松叶又流入小溪。

在这激响的小溪中,

流水翻着血红的浪。

在这不幸的村庄,

泡在血中,每个土粒,草梗;

哪里还有和平的风,

并不是因为这连绵的天雨,

野狗会告诉你，

在它暮夜的哀叫声里，

痛哭着流离失家的命运！

是灾难放开脚步，

是魔鬼的使徒；

比死亡还可怕的"皇军"的队伍。

刺刀闪着他们的荣耀，

用人的血染红的肩章，

在那死神的宠信的冠上，

那些大和民族的骑士，

桀骜地驰奔着马蹄。

枪口,枪口,冒着紫火,

怪蟒般地吐着毒舌。

带着死亡的呼号,

流星般地越过平野,

越过高高的山麓,

又从林梢头飞渡,

在这和平的村民头顶,

开放着不幸的鲜艳的花朵。

房屋同火神拉手,

那些房梁,和房瓦,

啸叫着,那火的鸡鸭;

像一片血色的霓虹,

朝夜,朝夜,装饰着天空。

这些日本强盗的拜访,

一个桃源般的村落,

就像蛇进了鸡窝!

山坡上的小草,

像昔日柔绿,像昔日茸茸;

但是,羊儿,

已煮熟在锅里,

在尖利的牙齿下,

做着人血掺合的酒肴。

山茶花,

正开得洁白。

芬芳犹握在,

赤身惨死的少女

那挣扎紧握的拳中。

山踯躅象征着她的命运,

被野鸟啄得凋零。

山鹰惊飞了,

落在山头,又飞起,

那愁惨的地面,它不敢停留;

那地面呵,

笼罩着愁云,

泛着血流……

天灾吗?

蝗虫吗?

雨点里夹着冰雹,

砸落了粗大的稻穗;

但,不是呵!

田里的稻穗低下,

却是因为盼想着粗壮的手臂

…………

静谧的田园,

披上了看不见(的)丧衣;

哭泣,哀伤,是天上的雨;

谁还有欢笑?

欢笑的是日本强盗!

马蹄奔踏过水田;

坟山上冒着烽烟;

那些马扬首飞鬃,

嘲笑这居民的懦弱;

逞着骑者的傲慢,

摇着尾巴,饮着血,

在骷髅堆顶,嘶啸着天云!

不幸来了，

谁都要遇见；

今天，今晚，

谁知生死或者就是明天?！

追寻不幸的旅踪，

在每家茅草房里面，

若是暮夜有扣门声，

就有一幕悲剧；

假如你看见它的颜色，

那就告别了这人间！

在这横飞着死的村堡，

狗一咬，或风吹响了草叶，

小孩子立刻躲到床下；

年轻的女人，

抹着煤烟，

想把脸抹成鬼样，

逃脱这怕人的污辱，灾难！

老人缩在草棚，

眼泪淋淋地望着天，

天是灰白的，

像他的心样愁惨！

"老天爷哟！

你怎么就不睁睁眼?！"

成天杀戮着；

成天的叫喊！

那些意气飞扬的日本武士，

盘踞在这儿；

就仿佛到了他们的家园，

财产是祖先的遗留，

他浪子般地浪费着；

僻防着水，山溪般的流……

落着雨，落着雨，

死亡用雨丝来记数目。

落着雨，落着雨，

溪水涨着红潮；

所有的山石块都血肉模糊！

在山脊背，

长尾的喜鹊，不安地飞，

那黑老鸦彻夜地叫；

松鼠不再跳跃，

怕听见风里飘着号啕！

在高峭的山道，

一队队破烂的行列，

艰难地走，逃难的朋友；

背着孩子，背着破筐；

在油滑的草棵上，

跌扑着拄着蒿杖!

上山去呵!

逃到外乡……

哪里去呢? 一片黑茫!

满腹愁怨离开乡土,

这祖宗流血,

用血喂得茁壮的地方!

现在盘踞着敌人,

那无人性的强梁! ……

二

青绿得有点苍凉,

密列在山腰的松树。

夜间不敢出来,

那星星和月亮,

用暗云掩着脸,

从没见过人世这般凄怆!

小草心惊地摇曳;

金雀枝和常春藤叶;

黄金蛇不敢睡熟;

那许多悲哀的脚步,

践踏着山坡上的泥土。

刺果树秃了枝；

青草塞在口里；

谁见过这样贪婪；

疯狂地抢着，

谁抓多了，就眼含忌妒。

孩子哭咬着妈妈的干乳，

肚子瘪缩，快贴了脊背。

露宿在草丛；

林中遮不住雨水，寒风；

寒风吹着，仿佛铁蹄

高扬着，踢打着肌肤。

千年的古枫，

摇落红叶，为了愤怒；

夜虎不再呼啸，

为了雏虎。

竹叶响着，

那是哀叹的低歌！

愁惨的云朵，

不是无意的浓结；

金铃子哭着：

在这血色的大地，

哪还有明朗的温暖；

垂着头，那野生的铃兰！

没有一阵好风，

敢带起一颗泪珠吹过；

瀑布发着怒吼，

白练般地急流，

飞溅着驰进山窝。

躲在山头云里，

躲在古庙里的殿阶；

思想并且谈论：

不厌控诉——

谁能够沉默，

这天外飞来的灾祸！

"怎样啦，二弟！

你的老婆——

刚圆房，还没有满月，

而那新床……血……"

"咳，我的女儿！

十五岁的年纪；

也被……那天早上……

我的女儿……咳……

十五岁的年纪！"

"还有我的妈妈!

我的妈妈,五十六岁;

鬼子也是人吗?

那样大的岁数,白发飘飞……

"我的姐姐……"

"我的新生的牛犊……"

"我的白鹅……

"我的谷地……

"我的房舍,我的田地……"

"那些小猪哟……"

"天啊,还有我的羊啦……"

每个声音,

沉浸着血的泡沫,

篇篇血账……

落着雨,落着雨,

人们落着晶亮的泪珠!

"听听吧!

有耳朵的,有耳朵的,

你有耳朵的,听听吧!

牛在吼啦!

羊鸣伴着鬼子的狂笑;

人们的呻吟……"

有人在神座下，

呻吟，像溪水平静的时分，

又像亲人盖棺的一刹那——

"我的孩子……"

是一个年轻的母亲；

她哀哀地哭诉：

"这些鬼子，这是人吗？

孩子挑在刀尖上，

挥舞，盘旋，流着血肠……

"怎样的夜里，

怎样的夜里……

呵，孩子没有死呵！

我去……

一声尖叫，她疯狂地向雨中奔去！

人们全流下泪滴，

低下头——凄黑的夜，

凄黑的夜里，

"我的孩子，我的孩子，嗷！"

尖叫声震荡着山林。

落着雨，落着雨，

天为着人们命运哭泣；

这些无家的愁苦的流民，

尖叫与哭泣，疯狂的雨。

三

有个老头，

他的白胡子飘来飘去；

泪不肯湿他的眼角，

因为那缠满的红丝；

他枯暗地望着天：

"有啥办法呀？

这是老天的意志！"

有一个老婆婆，

她的头顶全枯秃，

只有一个发髻垂在脑后；

她的嘴已逝去了年轻的丰腴；

因为没有牙齿，

更因为她的独生子的奸死！

在人世还有多少呢，

荣华的希冀?!

有一个更为不幸的妇人，

她受过日本鬼子三次奸污；

在草坪，在河边的山石上，

在牛棚里的牛粪旁，

她曾晕死……

但，她活了，可诅咒的活呀！

庙中古旧的神牌，

冷默得就像尸骸。

妈妈拍着孩子，

一滴滴泪就落在孩子的脸呀！

那焦黄可怜的脸上；

秋天的草梗；

是被幸福所遗弃，

微微地，微微地呼吸……

落着雨，落着雨，

垂着头，就像旱天的禾穗，

低垂着枝干，没有生气——

这泥泞的悲惨的秋日，

忧愁流荡着，

又吹哭了庙外的风雨。

"不，我不愿意！"

有一个农夫，又是猎户，

也是这里的好汉；

若是谁没忘记他打虎的夜晚，

那夜晚睡在山上，

有一个猛虎蹿向他的叉尖，

那么容易,那虎就死在面前。

这故事,谁敢说不信,

他能把你从马上拉下,

无论你说完就跳上快马,

无论那马跑得多远,

并且骑者多么勇敢,

拉下马是一个强悍的青年!

若说,天空有个铁环,

他会拉着天,操纵着阴雨或晴天;

若说,地有个把手,

他会在春耕时候,

不用牛拖犁,

只手这么一翻,

就种上小麦和翠碧的油菜。

没有眼泪,因为羞愧,

更因为愤怒,他这般沉郁。

坐在神牌旁边,他思想:

破碎的家乡,

悲惨的草原……

"不,我不愿意!"

谁会忘记姊妹深仇?

谁愿意失掉家?

抛弃祖遗的田产?

谁愿意自己的猪羊

做成日本强盗的丰盛酒宴?

谁愿房子被敌人占?

谁也不愿挨饿在高山……

"不,我不愿意!"

愁惨的眼睛,

望着这打虎的儿男,

忧患把人们变呆了,

就像将熄灭的荒火,

只余微弱的火点;

他像风,他像火箭,

在那残烬堆上,

又慢慢扇起火焰!

"邻居们!

你们有没有胆量?

要报这血海的冤仇,

收复自己的家乡,

咱们自己来干!"

在这愁惨的人群中,

每个眼,被泪模糊的眼前,

泛上了血,泛上了火,

泛上了鬼子的马蹄,

泛上了锋利的刀尖……

"别看鬼子多凶,

我们是强大威风……"

"那飞机啦,

那枪火像赤练蛇……"

"去你的吧,飞机和枪火!

我们要看看,

铁斧子锋锐,

还是枪子的火?

还是镰刀尖利,

还是鬼子的大炮……"

"开过山石也开过瘠地,

多少麦子活在我们的手里;

想想吧,谷草垛怎样堆起?

茅屋是我们亲手盖造;

稻粒是我们自己捡起,

而且,这山上,你可曾看见过虎豹,

当雪夜,哪个畜牲能逃避?"

"对呵! 你拿起你的弯刀;

你那松纹古剑也该磨利;

火叉子也是武器；

关刀要向敌人头上挥去！

扁担，竹杖……"

像风涛起在海上，

立刻就摇曳在暗默的空里。

"去啊！报仇去！"

呜呜哗啦！

呜呜哗啦！

落着雨，落着雨，

山岭上卷起粗暴的风，

反叛的雨点震响着大地！

就像夜里的山火，

蛇般地疾奔下山脊。

拉下马走在前面，

"去呵！报仇去！"

普罗米修斯

偷来的火种，投在人间；

奔流和跳抖

一条燃烧的流岩！

四

…………

落着雨，落着雨，

拉下马是一个火的引路者，

许多燃旺的火苗随在身后，

他又像一阵野风，

把荒火吹向乱草丛围。

他们悄悄地走近，

那"皇军"，醉了的守卫。

一声呼啸，

晴天的霹雳和棍棒齐飞；

从梦中，从酒杯里；

惊醒的鬼子兵，

顶上飞着血雨！

刀斧飞快地砍着，

没容敌人缓手，

枪还没有放响，

肩臂已经连枪落了地。

机关枪被夺过来，

那射手带着梦里的微笑死去！

房里和院落，

也在田垄上，

钢铁相击着哀鸣；

仿佛走近铁匠铺，

砧子和铁锤砸出火星，

那巧手的铁匠，

有意地把锤子敲得响！

一枪扎去,就少了一个仇敌,

不管那个胸膛透亮。

大刀挥舞,

像秋风吹着落叶;

只要风丝吹过,

就有沙沙的叶子飘落。

古剑的红绸带飘着花;

血从那些"皇军"的腔子冒着泡沫,

山林呐喊着,

流泉激起小石块;

夜枭惨笑,和着它的伙伴……

割着稻草;

翻起地上的土块;

那些粗壮的手臂——

鬼子头变成黄豆粒;

鬼子的身子变成高粱秸;

那么轻快地……

现在已经是天亮。

那高傲的勇士,

多么悲伤！

寻不见自己的同伍；

就像曙后的晨星，

零落的，全睡在泥土。

只是满天的云海，

那些复仇的好汉，

勇敢的刀矛，撒着欢。

拉下马兴奋地舞着猎叉，

没有一个鬼子逃过；

当他一抖手，

血就像红泉般喷洒。

他刚刺死了那"皇军"队长，

背后的鬼子的刺刀，

无情地刺进他的脊梁；

他大吼一声，

向后甩着猎叉，

那个凶手，就同他一起倒下。

血在他的身上流着，

他在地上挣扎，

要起来杀鬼子呀！

但是他倒下！

血水浸没他的腰，

他的脸埋在尸堆中；

泪水和血流。

天现出曙色；

岩石反映着光华；

雨住了，

初阳在头上；

涧水呜咽着，

呜咽着他那些战友。

"故乡是收复了，

但是拉下马死了！"

在垂死者的眼中，

他看见明天,和暖的明天！

这胜利悲伤的行列，

抬着拉下马的遗骸……

在望家山上，

用那杀敌的血手，

挖着土,搬着石块，

一个大的坟垒，

盖上蒿草层层。

"拉下马,我们亲切的伙伴！

你好好地睡吧！

敌人都杀光了，

故乡决不让日本侵占……

有一个人这样向死者致奠：

"听呀！长江的流水在你的脚下；

星星陪着你在夜晚，

月亮会照着你的坟头，

山鸟,太阳都会使你心欢……"

"死了,这儿睡着一个好汉！

拉下马是他的绰名；

一个农夫,一个猎手,

一个抗日战士,

死了,在这次收复乡土的战斗……"

太阳红丽地照在坟头,

温热的光映着古松；

山雀静幽地唱歌,

又仿佛昔日的田园,

那静静流淌的小河；

和平的风吹起；

山坡的羊群,

像天上的流云,

牧童扬鞭赤足地渡过水滨,

谷穗喷着香的秋季,

那安闲温暖的时日……

梦影和希望,

在这些胜利又惋伤的心间；

他们凝视远方，

希望的火和勇敢的心，

奔放和庞大地冲荡向天际！

火种在这生下根芽，

开着花，在山下的血地，

自由同战神结盟；

风和太阳约好，

四处传扬这悲壮的歌声……

一九三九年三月二十二日，皖南军决

注：

这首诗原载《暴风雨诗刊》第一辑《海燕》（1939 年 10 月，温州，海燕诗歌社）。

辛劳，即陈辛劳，原名陈晶秋，曾用名陈中敏。1911 年生于黑龙江呼伦。九一八事变后，流亡到上海。1932 年 5 月加入左联。七七事变后，积极投身抗日救亡运动。其间，写有《战斗颂》等热情激昂的诗篇。八一三事变后，又投身国际难民第一收容所工作。1938 年，他与难民所一批青年到达皖南，参加了新四军，在新四军战地服务团和《抗敌》丛书编委会工作。他被认为是一位"充满革命激情的文学素质深厚"的诗人，是一位"才华横溢"、"一身都是诗"的诗人。在皖南，他写了许多诗歌，其中，以长诗《捧血者》最为著名。他为聂绀弩、吴强等人朗诵这首诗时，常常被听众所发出的赞叹打断。因为有病，1940 年他先行撤离皖南。1941 年 5 月，新四军在盐城成立苏北诗歌协会,陈辛劳任副理事长。后来,他却被时任江苏省主席的韩德勤逮捕杀害。在狱中,他还作有《小夜曲》《插秧女》等。他的作品还有诗集《大地》《栅栏草》,散文集《古屋》等。

渡 船 前

——送绀弩兄

我知道今天为何没有晨雾，

　　那是怕遮掩了离别的面庞；

再珍惜地看一看吧！

谁知道相聚在哪一年？

　　我是正在患病，

　　你又去得这样辽远！

　　　　在河边，

　　　　竹篙已经提起，

　　　　你站在渡船头，

　　　　马儿依在你的身旁。

　　　　　别了

　　　　在小河口的河边

我没有勇气，

把这当个梦寐；

我不敢看你，

也不敢看远山……

　　在炮火中别了，

我咒骂那日本顽敌使我们分散！

　　　在河边，

　　竹篙已插入水里，

　　船儿缓缓地离了岸，

　　河水绕船荡着漩涡，

　　　漩涡！

　　　我心的漩涡！

那山头的草半枯了；

缀着红叶如花的树木：

愿比那苍松吧，

永远记忆——那么长驻的青葱！

　　春去了，春会再来的，

　　我们战斗，向酷冬！

　　　渡船上

　　　那撑船手哟！

　　　慢慢地划，

　　　慢慢地，

　　　　别这么急，

　　带去了我亲切的朋友！

什么呢,我无言语,

哪句话该说? 哪句话该埋起?

秋花向谁红呢?

为什么开得这样惨淡?

我们希望着丽日,

追求并且奔跑着向前！……

已经到了河中

那渡船,你

半低着头,也没向我看：

一滴滴水

从提起的竹篙流下,

流下来了！

流下来了！

为了祖国的娇艳,

要在风暴中锻炼；

更坚强一点吧！

这风暴会把我们锻炼得更好！

你去了！ 你去了！

再见在希望的晴丽的天！

渡船

那载着别离的重载的船,

渐渐远了,远了！

泪在我的眼边,

抑制着，

怕流入河水泛起波澜，

惊动你的渡船！

虽然明知明天会来，

若不死，我们明天会见，

企望着那欢聚的时刻吧！

但我病着，

我受伤并且凄怆，

隐隐的炮声响了……

望着对岸的竹林，

郁蔚地招引着船。

你在挥手了

渡船已近了对岸：

你又在挥手了，

我看看那

云雾覆满的秋天！

再见了，我挥着藤杖，

（从此以后将陪我攀山入海的手杖。）

不要牵记我——明天吗？

为了光明的缘故，我原谅一切，

一切将为了芳香的田园。

也向外边的朋友说："辛劳问候"！

船靠近了河那岸，

我转进丛莽，

悄悄弹去泪点，

隐约地看见了

你上岸，你骑马，

你转入竹林，不见了！……

你骑上那枣红色的马；

你坐在金皮的鞍；

你拉紧马嚼环；

你扬起我送你的栎木杖；

　　祝福着马

　　在窄狭的山路，

　　不要过分地飞奔；

　　在斜陡的山岗，

蹄子要沉重地放稳，

野草绊塞的路畔，

不要为枯草、小树诱惑！

更不要失路……在天云蔽荫下，

我的朋友，愿你平安！

一九三九年十月十七日，皖南病中

（原载绍兴出版的《战旗》第 84 期）

秋天的童话

来,来,我的好同志们!
我要给你们讲一个漂亮的童话。
虽然,我睡在病床;
——假如这会给你们一场兴奋,
并且也解解我害病的懊恼!

就是这样深秋的天气,
初冬,就要走到门前;
只看看那早晨和夜晚的风,
你知道:怎样的寒冷?
那么,你再看衰草上的秋霜。

冷了,真的,
别被那白天的阳光欺骗;
你见过那个是真正春天的阳光?

而，今日的阳光，是属于秋天的，

　　同志！

深秋的红叶，红得像朵朵最美丽的花，

警告你，同志，别看差了！

那不是花，

那是将枯的叶子，

正像夕阳最后一抹的晚彩！

秋山紫了；

秋云奇巧的轻袅和洁白；

秋草枯了，

秋日的铃兰，凄惨地摇曳；

但，战场边上，怎么样？我却惭愧的不知！

假如我知道——

那是病房里的药味，

和在此之中：沉寂与安静！

假如你还健康，

算了，不劳你烦心！

在那战壕之沿，

驰骋着金属的骚啸，

无论冬夏，天空凝聚着炸破的云；

像十二月的雪花，

当那枪火最激烈的时候……

为着侵略中国的沃野，

日本弟兄被军阀迫离了家；

为着使中国也失了自由，

忘失人性地向丰饶的大地拷打；

但用血肉回击，我们中国！

那天，那地，那河，

山狰狞着，草也劲健，

为了自由的缘故，

那老树刚挺出的嫩枝，

像枪一样，我说：像枪一样！

没有一颗沙粒，不阻着"皇军"的道路，

刺着敌人的脚趾；

连那荆棘和丛莽，

连那稻根，——呵——呵——

这简直是个民族的奇迹！

什么都是这样粗暴，什么都是这样异奇，

当放牛的孩子去当兵，

他母亲给他洗个少有的澡，用欣喜的眼泪；

当敌人冲到面前，

锋锐的利刀就刺进骨肉……

敬礼，中山先生！

在熔燃的土地，飞飘血的云霞，

绞成链子,踏着进军号角,

我们,英勇赴战的人们!

敬礼,列宁同志!

战马跳跃过哨岗;

流云反逐着急风;

秋天是个颜色丰富的季候,

而我看只有一种红的——不是因我病了!

这是个血与血比赛的世纪!

用血赌博,用血侵略,用血抵抗,

血换来我们的胜利,敌人的毁灭——

光彩,焕灿,

有一天世界飘扬着都是血旗,

自由——血与血——自由!

…………

完了,我的好同志们,

谢谢你们的耐性!

我的童话在这儿止住。

这不是明白!

为什么我们卷起抗战的怒风?

为什么我们在敌人的胸腹上跳跃?

为什么风带着血腥,草木染着殷红?

为什么到处高举着祖国的旌旗？

咳，真是愚笨，你还追问：

——我的胸又有点疼痛！

为什么欢畅的歌声响在我们中间？

为什么欢乐属于青春？

假如谁有希望，谁就勇敢，青春而且欢欣！

整个时代是一个优秀的童话，

秋天是这娟秀的童话一小节。

那已写在苏联土地上的，

那已写在伟大哲人的书册上的，

那是我们中国人所以不惜流血的缘故！

在这伟大的时代，

只要你把眼光愉快地放远，

——祝福你不是天生的近视！

抛开眼前建在别人悲惨上的享受，

真理的光辉就在你的视野幻彩！

那真理的手，指处，你看：

青春！青春的手臂……

为着建立幸福的童话般美妙的王国，

怎样干着？——

光彩飞扬的王国，我们都是这国里的王！

多么漂亮的童话,噢!

这着了火的土地,欢喜更多于忧伤,

　　花不是从前的开,

用勇士的血涂染了的,

　　草不是从前的绿……

　　　　　　　一九三九年十一月十五日,病院中

　注:

　这首诗是陈辛劳因肺病在新四军后方医院住院时所作的,原载《暴风雨诗刊》第二辑《风暴》(1940年5月,温州,海燕诗歌社)。其间,他还修改了被称为"呕心之作"的长诗《捧血者》。

山　路　上

山路上……

小草不要惊，

脚步轻轻，

即或带起块小石，

也不会惊动了草蛇的幽梦。

仰望着暮色的田野，

白月像块锡纸剪贴的，

高悬在紫色的山头，

呵，怎样的好看？

我想望北国的静夜！

快乐又忧闷：

我面前滑过小松，

小松青青，

那翠盈盈的颜色！——

呵,转过了个山头，

我想问：

还有多少路程?

（原载《前线日报》1940 年 1 月 14 日 第五版）

收　获

我们希望的日子，

我们希望的，我们希望的

日子来了！

看吧，春天来啦，

布谷鸟在树木深处，

杜鹃花使山岭红了，

耀着行路人的眼睛；

小孩子捏在手里，插在头上，

而爸爸锄头开垦今春的土块。

牛有了青草吃，

那青草没有杂色，只是青葱，

牛是会工作的，

牛拖起的犁下，一棵挨一棵

嫩绿的小麦和油菜；

在这样温和的春日，

不工作的只有猪吧！

小哥哥携着小妹妹，

到学堂去，到娱乐园去，

荡秋千，骑木马，

学着爸爸和妈妈，

怎样打退那曾来侵害祖国的敌人！

糟糕啦，小妹妹跌下木马来，

许因为她腿短木马太大；

（三岁或者五岁吧）

哥哥着慌了，或者姐姐着慌了，

但是，小妹妹没有哭，

她记起爸爸讲过，妈妈讲过，

在那艰苦斗争的岁月，

怎样流血不呻吟，

怎样把刀插进敌人胸膛，

那勇敢的人，一点儿也不害怕！

看哪，夏天是怎样美的呢？

大地没有一块空地，

不是庄稼，就是鲜花；

在过去的日子哪曾有过，

到处飘扬着阳光般的歌声;

木槿花,红百合

摇摇在绿荫下。

工作完了,

在翠荫扶疏的小道,

矫健的姑娘

还沾着土末的大手,

插在结实的小伙的臂弯,

他们幸福地笑着跑了,

向他们后笑着,

那小伙的爸爸,和姑娘的爸爸。

在叶子盘结的葡萄架下,

感动得哭了;

从血里,火里,走到那日子的母亲们,

为孩子祝福吧!

让血在我们流了最后一次,

世界也忘了血,和流血的残酷。

孩子一代这么幸福,

孩子的后一代连这血的故事

也不再听到!

他们无妨忘记——

我们给他们这个权利,

忘记人除了衰老,

再没有使自己使邻人

走进坟墓的路径！

看哪！秋日的田野，

金子的大海；

喷着香的稻穗，

对于人们到处都是巨大的诱惑。

当他行经田边，

一定要驻足观看，

那禾穗金黄，

那穗子喷香,那枝干低垂,

那肥叶啸响,并且跳舞般飘曳。

那个人还在睡房里，

在村中的房门全开了……

愉快的心,愉快的歌,

来庆祝这成熟的秋日；

果实洋溢香雾，

在枝头红宝石般明亮。

大地吹起亲爱的风，

田头上大桦树哗哗地笑着，

笑着,这为收获沉醉的人们！

飞起爱娇的红晕，

天空,那诗人冥想的花径。

在欣喜的黄昏，

一大捆,数不尽的大捆,

装在车厢,那快乐的小伙,

坐在车沿,赶着白马,

驰向炊烟环绕的村庄。

他们的爱人睡在稻捆上,

一边嚼着稻穗,一边唱:

　　"马儿向前,

　　马儿向前,

　　马儿更向前……

　　在我们时代,

　　饥饿成了神话,

　　哭泣是人世的奇迹……"

在那新盖的草舍门前,

迎接孩子们的,

我们献过血给祖国的,

英雄们全白了头发!

倚着门框,仰起头来,

眼睛眯着,一条含着笑的细缝,

我们是为新生的一代欢喜;

沉醉了仿佛走入云里。

拉过孙儿来亲嘴,

让他坐在怀里,

不要去打扰妈妈的工作,

哄他,讲我们争自由时代的童话!

天渐渐冷了。

炉火跳旺,

当天空下着雪团的时候,

在炉火旁烤烤我们为民族奋斗的创疤,

笑一个幸福的微笑。

小伙们姑娘们让他们自由,

孩子们也让他们自由,

所有一切都给予自由!

随便在哪个角落,

唱歌,调情,或者开玩笑……

在他们工作完毕,

该休息的时候!

祝福着吧! 祝福着吧!

这样和蔼的收获的时日,

世界上,还有什么更伟大,更幸福,更快活的呢!

在我们用血争来自由的土地上,

人们笑着,一切笑着,

永远地笑……

(原载《燎原文艺丛刊》1940 年创刊号 134—139 页)

我们的兵工厂

一

"呵！工人的汗，

战士的血，

建立人类永世的和平！"

在哪个土地，

在哪个工厂，

工厂里有着这

如春草的芬芳！

在哪个土地，

在哪个工厂，

工人工作着

并且歌唱？

工厂像个大学堂，

工人们像个阔少爷一样。

在哪个土地？

在哪个工厂？

荒山凹，

茅草蔍，

这是个什么住家？

我们的兵工厂！

二

"抡起大锤，

展开战斗的英姿，

一齐对准

烧红的钢条……"

阳光明亮，

我来拜访，

诱惑地爬过斗崖

挂着杖。

锤钻声，

锯锉响，

欢迎我的来，

还有那火星飞扬。

油脸那么黑，

气力那么壮，

幸福的笑

那是谁能想？

　　巡礼在刀板与炉旁，

　　我想问一问：

为啥愉悦？

为啥这么忙？

三

　　"为了抗战，

　　为了前方打胜仗，

　　我们要突破计划——

　　这誓言使我们的年轻工友疯狂！"

我们没有上战场，

我们造刀枪，

　　刀枪精锐，

　　刺透敌人的胸膛！

新中国的希望：

要过好日子啦！——

　　战士驰驱剽悍；

　　工人跳跃着臂膀！

　　一滴汗算得啥呢？

　　同胞们流血成河淌！

家乡呢？土地呢？

为这锤就要更打得有力量！

　　我们愉悦，

因为我们幸福；

为着自己的工作，

难道不,心花怒放?

四

"打好一把又一把,

计划不成,

工作不停,

拿出全部力量!"

锤子锤,

刨刀刨,

从敌人夺来的旧枪筒,

配好,再瞄准敌寇的鼻梁!

红光闪闪,

乘热"加油!"

炉中的煤火

活泼地——跳踉。

雷声隐隐,

野性的风箱,

扇猛点吧!

红铁腾激战斗的光芒,

钢锉钢锉,

溅散金星和小雾;

粗大的手,

像锉着冤家的脖颈儿！

五

"什么都可以战胜。

不怕流汗，

不怕烈火烤在胸。"

麻雀噪在窗台，

没人瞅睬，

　　美丽的共同思想：

　　刺刀快点插在枪尖上。

山上的松叶，

潮般喧嚷；

　　谁有闲心，为了突击，

　　为了突击，也忘了眠床。

　　枫叶像火，

　　向着夕阳，

工作着，从大早，

晚夜就借着灯光。

　　狂喜的眼睛，

　　和狂喜的眼，——

刺刀一寄到，

好同志，就多打几个大胜仗！

六

"戴上胜利的红冠，

巍坐在战士的肩上，

静看光荣的凯旋！"

在哪个土地，

在哪个工厂，

工作这样紧张？

愉快得像疯了模样？

在哪个土地，

在哪个工厂，

下了工就成了小白脸，

打球或者河边上荡荡？

认字和演戏，

而且还突击，……

在哪个土地？

在哪个工厂？

眼含着泪，

那是因为太兴奋，

昂然地阔步，

踏碎斜阳！

十一月廿四日，病院中

（原载《浙江妇女》1940 年第 2 卷第 34 期 54 页）

五 月 的 黄 昏

太阳在山头上，

亲吻那青草，

也亲吻那蔚翠的小松，

山下的河沟流着轻快的波浪……

　　五月的黄昏。

一个斑白头发的老兵，

坐在土墙角下休息，

低着头，他十分的安静。

一缕淡淡烟霭飘起，

当他仰视青青山下

　　那农民居舍，房顶上的烟囱。

那烟霭染上薄暮的霞色，

　　回荡，盘绕，

蜷曲而上升。

这个老兵的思想，

追着这烟霭，

　　回荡，盘绕，

也追伴山峰间的流云。

不是在怅惘

　　那像烟霭飞去的青春，

　　　　不是在惋叹，

　　那像流云般去了青春的豪情。

　　　　他在记忆，他在思想……

时而微笑透出唇边，

那是开朗的英雄的笑。

在他笑时，他的双眼，

就闪射豪气与快意的光；

也是想起了胜利的记忆：

　　　　当敌人的刺刀次次地

　　碰到回击发出火花的时候……

时而面色愁黯，

像碧澄的天空，

添上一阵灰云；

或像平明的流泉，

突然吹来几片树叶。

　　在他眼前：

那些同行的伙伴的死，

虽然是胜利的死——

殉难的血染红了这片那片草地……

但是，

　　　当敌人

还因梦想而叱咤的时候——

一个小号兵，

（被夕阳晒红了脸蛋，

黄铜的号在闪着光华。）

站在那边生着小花的坟堆上。

吹起，

　　呜呜地厮杀的节奏；

　　他站起来了，

他突然站起来了，

　　旺跳的生命

　　还像他头发未斑白时——

暮春，

杜鹃已不再啼了，

由于大地上的麦粒渐渐饱满。

河沟比这里流得更畅快，

小波上的水虫

正在互相追逐……

　　五月的黄昏。

他受着青春的命令，

像初生的马儿矫健，

就离别了家园。

然而，尽管乡邻骂他无赖，

也尽管诅咒这不肖儿子的

父亲的怒发雷霆。

他上山了

去创造人类的新命运：

因为他不忍

孩子们再受祖父的不幸……

太阳落下山腰，

留下了万里黄云，

给这老兵启示明天的道路；

——现在他是不忍

孩子们去做亡国的人民……

他离开土墙，又向前走了；

五月的黄昏。

一九四〇年五月一日，金华

（原载《现代文艺》1940 年第 1 卷第 2 期 85—87 页）

捧 血 者

为了祖国

不捧着生之鲜血，

那是

不爱国的人们

——裴多菲

序 诗

——献给家修和在炮火中走散的友人们

久违春日也久违故乡；

在旅途生长大了，

人们嘲笑我的浪荡。

在阳光里，我看时代：

在那黑大的眼中,我追寻梦!

欢快同我有了深仇,

忧患却成了亲切的友伴。

唱歌,因为我的饥饿;

看云,因为我盼望晴天;

借星光照我的旅路,

前行,却是因为人世的痛苦,

我不屈服于命数,

战斗,以我的坚韧;

在人前,我感到渺小,

而我心的博大没有人知道。

我不控诉,我不哀告,

在伟大的战列,我走得沉着。

我不艳羡别人的英勇,

因为我不相信我自己懦弱!

擎得枪放得炮,

面对我的敌人,我不会让他逃走,

用我们的歌声去袭击他们的灵魂。

阳光在哪里我知道,

梦什么时候开花,和它的颜色,

我敢说:我最明白;

然而我是忧郁的,

因为我走过的路都是那么艰苦；

我望着远方，我探索希望，

并不畏缩，虽然我很忧郁，

到阳光的家乡，走进梦花开的地方！

梦使我苦恼，然而我爱梦，

因为梦是我的阳光！

如果说，阳光在天上，

那自由的天空就是我的梦；

如果说，阳光在未来的时代，

那新的时候，就是我的梦！

我已准备好了，

幸福的心，幸福的双瞳。

我有个叫嚣的火热的灵魂，

在沉默与阴静之中，

让人骂我不是个战士，

让人嘲笑我的忧郁，

也让人指责我的一切缺欠，

——祝福他们！

何必夸耀我的勇猛，

何必宣言我的坚定！

我不惋伤童年的逝去，

我喜欣我的成熟：

更其喜欣：

在我壮大的年纪，

永葆有颗孩子的心！

我不诅咒不幸，

因为不幸不是我勇敢的对手！

从轻蔑里，我找到可爱；

从忧患里我解悟人生；

在阴惨的地底，

我不屑陪着悲伤流泪，

叱骂黑暗，正因为我熟悉光明；

酬报时代的孕育，

从准心向敌人看去！

祝福我的家乡，祝福自己，

一个庞大的希望，

赠给我们前进的时代；

在炮火停息之时，

和我那些飘散的伙伴，

祝福那相聚的明天；

更祝福我那最好的最好的朋友，

以一个少有的亲切的微笑……

第一章 行　人

那太阳有谁知道去了何方？

——Bridges

阴郁地走，
这流浪的青春。
在苍碧的山间
微风不敢惊动小草
这暮色中的行人，
是如此落寞,悄悄。

没有笑飘在嘴角。
无言,伫立,像个大理石像；
可又不像个行吟歌者，
腋下并不带有忧伤的胡琴。
更没有诗句唱向黄昏——
只一个竹杖,一个背囊随身。

远山拱迎着夕阳，
像金红的海水，
那袅袅的
万里的流云——
抑或失路的旅客？

而,他驻足并没有询问。

伫立在这青翠的山麓
静默地注视水滨。
溪水映入他的形貌,
一个消瘦的脸驻满风尘;
正像水中的树影,
那么孤寂,那么深沉。

野风无意地吹起他的衣襟,
苍破的衣上,沾着草梗,
一似他曾在山坡休息,
凝望过归去的农夫。
像似对于夕阳特别喜爱,
贪恋,流露出他跳动的胸脯。

炊烟掩盖前边的农舍;
广场上传来村童的儿歌;
归鸦呼唤,不曾引他回顾;
他只望着天际的流云。
云在那山头缭绕,
缠系着远树的四周。

就像那云涛是块磁石,
没有什么能牵动他的视线。

抑或,向那暮天红日,

寄注难抑的深情?

像鹞鹰怀想小鸡,

抑或那云岚上系个记忆?

曾傍过青春的河岸,

是否他又被怒浪飘奔?

在他的小小的生命船上,

是否有伙伴淹没?

他是波里余生,

惋伤同伴的消逝,才如此长默?

溪涧流水深深,

山石上有个黄尾小鸟,

它叫声优雅,

有如古琴飘洒的高吟。

但,是否这凭吊昔日,

这无语,默立的行人?

或,这山麓值得恋慕,

那枫树,那古翠的松林?

或,来自迢遥的旅路,

经过山村抖抖流浪的灰尘?

或漂流的游子,

归来辨认先人的古坟?

呵。为何无语,竹杖打着草地,

行人,天色到了这样时分?

　农人归去了,——

禾稻的香味沾着脚尖;

　烟袋飘出蔚蓝的烟;

孩子相亲在膝前。

　牧羊童打着呼哨,

天真地吆喝着羊群,

　山岩回应像音乐,

羊颈下抖动着银铃。

　呵,为何只望天上,

行人无言,何所思忖?

　村狗吠着狺狺,

暮色渐浓使它不安。

　听牛犊在长唤;

白鹅离别了水田,

　山风起了,

行人!夜要吞没了人间。

　山中虽无虎豹,

若是蛇呢?爬来,也会使人心惊。

　为何沉默;为何不行,

抑是约定？

　大昴星升上西天，
看见吗，无语的行人？

　若是你是战士去远征，
你的队伍呢，快快赶上！
　若是你思索人生的路程，
想有月的夜吧！月在云海中急行，
　一会儿黑，一会儿亮——
从这去解悟人生。

　若是你难舍残余的落日？
若是你恋恋暮红？
　全没入山凹了；
要看它，先看过明天的朝红。
　天空没有不散的云彩；
谁的鲜衣，经年不褪色？

　夜暗了。
呵，行人，你为何还无语思寻？
　若是你追寻记忆，
你可曾知道：记忆就是痛苦，
　不管昨日曾经欢喜，
有谁能捉住飞去的云雾？

即或青春河上碰过礁石，

我看你头发还没有一根苍白；

即或，你生命的小舟残破，

补好了，驰去！不要怕浪涛澎湃。

即或你还惋伤同伙，

假如生者能把死者替代？

夜已暗了。

山麓上无法看见远处古松。

若是你是个孝心的游子，

暗中无法认出谁的碑，墓。

若是你还得行旅长途，

该走了，山上已展开逐客的夜幕。

呵，你为何没有回应？

行人！若是你有所期望，

这样晚，谁也不会来；

太信实了，人们就笑：这样的痴呆。

山坡的小草柔软，

你姓啥？你可以自由坐待。

山风这样探问，

松叶啸响如潮。

小溪也说出关情：

你往哪儿去？——流水潺潺。

但像醒自遗忘之境，

无语，这行人挥杖前行。

第二章　月黑的夜

在艰难里没有出路好脱逃，

用手在锋口上，他抓起那刀

——萨弟

月黑的夜，

　　星星隐藏，

它不敢看这悲惨。

风也不敢刮大，

怕惊扰了离别的人心。

轻轻拉住门环，

母亲手扯住他的衣缘，

　　"去吧！愿：上天有眼……"

门儿轻开一半，

　　那一半支持着母亲。

"若是南风吹来块云彩，

我望云梢带来你的音信……"

（天呵，看不见母亲的脸！）

"无论怎样？"泪落如连绵的秋雨，

93

"也别忘记流血的乡土!"

　　小妹抱着他的腿,呜咽。

"狠毒的强盗,

　　(母亲愤怒地嘎着声音)

"昨天传去你的爸爸,

今天听说还在审问……"

(杜鹃暮夜的哀泣,

是小妹娇弱的哭声。)

"在强盗的手里,

　　哪还有人能在床上死去!"

"逃吧! 随便哪里!

只要你能够离开这魔鬼的土地!"

(青年摸着小妹长吁,

眼泪落着谁也不能计数!)

"不要想我!"母亲说:

"无论在什么面前,

你不要露出畏惧,

　　孩子,走吧,我不想你! ……"

(这不是个噩梦,

　　凄楚的,凄楚的夜空!)

"……把你看成眼球一样……"

(老狗叫着向外,

汪汪地像疾风,狂雨!)

"我们家的香烟……

妹妹年小……

　我们老了,还能活几天?"

"你想着你肩上的担子。

　走吧! 家中荒了的田产……"

"哥哥,你别走呀!"

(小妹拉着衣角——)

"你知道妈妈的希望:……

看看你在我入土之前……"

"妈妈! 小妹! 我走啦……"

门儿轻轻地无情地关起。

　月黑的夜。

黑暗掩盖他的脚踪,

好像是同情他的命运。

　夜是这般的深浓。

他用袖头擦干眼泪,

咬咬牙迈开脚步,

　让希望鼓励着行程。

　在熟悉的小路,

他摸索前行;

大步跨过豆地，

　　新生的豆荚吻他的双腿，

一似恋别，响着，苏苏，

分开齐腰的丛莽，

　　不知道什么树叫得呜呜。

　　他记起：地头上有棵白桦，

铲完地就在那树下休息。

那树的叶子大且青翠，

　　荫蔽过他的祖父；

荫蔽过父亲和他自己；

可是别了，

　　他想得那么悲凄！

　　钻进谷地，

谷穗叹息地摇着夜风，

他站在穗子中间，久久，

　　握了满把，

眼泪就簌簌坠下。

在他很小的年岁，

他在这儿骑着牛儿的背。

　　有多少幸福的日子，

祖父微笑地坐在山坡；

烟袋冒出蓝色小火，

在那样黄昏，

他们就围着老人家唱歌。

父亲站在山头眺望，

　　眺望谷地里缎般的浪波。

　　可是那日子逝去。

自从那个悲惨的秋夜，

谁呢，还有笑的心思？

　　羊呢？失踪了！

祖父阴郁地走进坟中！

而他，这般黑夜，

　　悲凉地悄悄逃生。

　　放下了谷穗，

他又摸寻高粱，

大长的叶子缠在手掌，

　　像条黑蛇，

凶狠地咬在他的心上。

痛苦地轻轻放下叶子，

要急急赶路，忍着心伤。

田沟的流水，

　　仿佛知情——

　　为了送行，才流响溶溶。

　　一阵乡风吹起，

漾起土地的香气,郁郁。

他痛苦地呼吸:

　　风控诉着血的回忆。

　　地上跑来强盗的马蹄,

家乡哪还像有人住居!

树木不再青绿;

　　若是还有太阳,

那太阳都被血蒙蔽。

阴天就常常飘着红雨;

　　云彩也为人们叹息。

哪一茎花朵,

还敢开得红红?

哪一片枫叶,敢同血相比?

　　树枝挂着人头,

江水不再苍碧,

野狗咬向夜月,哀呼,

战马吼叫着,鬃毛竖立!

　　若是今晚有月,

他就要更为凄楚,

也许要伏在地上,

　　(要到水边喝一口水。)

像水流般地痛哭。

脚尖吻过弯曲的田沟沿，

　　夜的黑影都不敢从他身旁经过。

　　土地是强盗的，

人们都变成猪牛，

养在圈里，草窝，

　　只要高兴，就送给屠手。

没有一棵小草，

不记着惨变；

更没有一个溪流。

寻块山石询问，

看那永也不干的血痕！

雪再不洁白，

落下来，就变了颜色。

所有的土粒，所有的风丝，

会讲起连串的悲哀，

　　问问：那岗上的山白菜。

　　月黑的夜，

愤怒的人们，

全悄悄地跑上山，

在大森林里，

嚼味着干树叶当黄烟：

野风呼啸他们的乡仇，

不顾山石把脚底磨烂。

没有一个青年，

能安住在自己的古房，

像没有个女孩，能做黄花姑娘，

　逃亡，流浪。

在异乡路上——

到哪儿？哪块让他休息。

　他正向黑的山岗。

　走上山坡

看不见路径，

膝盖破了，石头阻碍行程，

　他不敢吟哦，

摸索，前后一片黑茫，

突然，他想起追骑，

　害怕，他伏在草莽。

　远方有个闪光；

炯炯的什么发光？

有一阵大声震激草棵，

　来了，可不！

身畔的小草畏缩；

哗哗，不知哪棵大树，

　喧叫，野鸟受了惊吓……

声音渐渐近了。

什么播动着草?

山石吓得落下。

碰在溪中。

什么,叫得那么惨切?

牙齿互相敲打,

他战栗,头不敢抬起。

想起了恶狗,

敌人养了怎样凶的狗?

若是被他们搜去,

或,在铡刀底下;

或者他就穿起红衣;

像草人样的,

让恶狗抓破肚脐。

完了,他想:

身前的小树动摇,

像死了样,他的心冰冷,——

若是再进一步,

他就像小鸡一样被捉。

死了,也许不要等天亮,

也许先砍去会逃的双脚?

风停了吹刮，

停了呼息，心跳动，

自己可以数得清楚。

　可是，等死吗？

突然他抓起防身的短刀，

不，不，反正是死，

　他不愿做羊或猪。

　期待着，

像死囚期待刑期；

想象：凶手这样，走拢？

　他要怎样扑去？

先扎那个喉头，或者……

瞬息地，有点焦躁。

　在死的面前，他很心急。

　要同生命开个玩笑，

像小孩子燃放花炮，

怕又欢喜，这冒险的安慰。

　挽起袖头……

但是，山风又吹起

没有什么追骑。

只有条草蛇爬去。

　宿鸟没有惊飞：

山溪平静地流响山间。

这是一场可怕的梦幻。

　他掇起短刀，

向夜空长长吐气，

嘲笑自己，多么胆小！

　向前，

但，他却爱"傻子的勇敢"！

月黑的夜，恍惚，

　他跳上海船，

　"这才心安！"

船身随着浪花，

　海浪掀天。

　海水黄色变成碧绿，

　黑色又变得白如银……

时间：夜与白天流换。

　走着，他琢磨：

　他又踏上了陆地。

　槟榔花红在山上。

野鸟笑在低丫。

　碧茵的草地，

　暂歇息他的疲乏——

流云是他勇敢的游踪，

　长风是青春的好战马！

（向天涯！）

第三章　我　　爱

我与太阳一般流浪，

愤怒——

但也太阳般自由！

——嘉洛

在祖国的海岸，

欺骗着家里；

他说：像故乡一样温暖。

都市的灯火，

他说，是亮在他的心间。

可是生活？就是生活吧！

没有一封信，敢提起他的灾难！

假如谁能够算：

一担谷子有多少米粒？

他的愤怒和深忧

却不能用升斗估计，

在繁华的暗角，

阴晦，苍白，

他忘了什么叫欢喜！

家乡的血影，

　伴着饥饿；

没有春树为他绿，

　一块破布片，

为人们轻轻抛弃！

　什么呢？——问着。

　当他空肚子投在床里。

不屑流泪，

　也没有想到死寂

在异乡的地窖，

　有朵花么？

曾为他开得秀丽？

　那么——怎样？

　死了有谁感到哀惜！

就像寡妇垂着面幕，

　人们嘲笑他的忧戚！

对于不幸，人们愿意：

　降给别人，

幸福却应该属于自己。

　而，他并不要求

　向天风播送他的热意。

低着头，

给自己鼓励。

可是人们只看见他的阴郁；

　　因此，在沉醉于自己的幸福之后，

人们把他的不幸，当作话题：

　　红色加一点点墨绿，

　　那就至美之上，更有惊奇。

　　是这样，

　　在流亡的路上，

这不幸的旅客，永骑着哀伤，

　　那匹古怪的劣马，

颠簸得他骨碎，筋疲。

　　从没走近太阳，

　　在黑夜里驰驱。

　　即或，见些光影

　　它立刻驮着他走避。

山岗是丛生荒莽，

　　夜里磷火荧荧，

即或，白天也走在荒场，

　　让他舒服地吐口气，

　　好像只有这样地方！

　　山石才有些同情，

　　流水才似乎关心，

他爱松树,他爱古枫,

　　只有黄竹

才像他的坚硬。

　　荒火是他的伙伴,

　　敢嘲笑威严的夜风。

希望开着奇异的花,

挑战地流浪天下!

(久违,我爱!)

　　海水般的悲怀,

噙了泪,站在异乡的山崖;

　　当他想着家,

酸辛的泪,愤怒地压下。

　　踏着落叶,

　　攀扶挂雪的枝丫。

　　站在山麓,

　　这儿冬雪银白的飘洒。

远山顶上一片白霞。

　　倚着竹竿——

天在落雪呀!

　　飘飘像荞麦花。

　　(久违,我爱!)

家呀！

（久违，我爱！）

看不见一块黑土，

　　在哪儿，雪中的古屋？

院中的李子树？

和那蹒跚的小肥猪？

　　和那啄雪的鸡雏？

　　祖母的烟袋，

　　神话讲不完又滔滔接下。

妈妈慈爱的眼睛，

　　鬓上有没有白发？

爸爸脸上添多少皱纹？

　　（久违，我爱！）

　　小妹怎样出了嫁？

六月荷还开吗？

　　（久违，我爱！）

李子树结果有多大？

　　高粱红不红？

黄豆、谷子和荸麻？

　　棉花，怎样，

　　在黄熟的秋阳下？

　　多少人死啦？

　　邻居还存几家？

被害者的尸首堆了多高?

　　江水还流吧?

死者的坟上生多长青草?

　　(久违,我爱!)

　　小孩子有没有心思吹喇叭?

　　(久违,我爱!)

　　在梦中:

不止一次回到乡里。

　　他杀敌

就像用镰刀割草……

　　抱着母亲,

　　像个婴儿,哀哀哭啼。

　　驰骋着铁骑,

　　披上钢甲,

光耀地挥着国旗,

　　蹄声震动,

骑着英烈的骏马,

　　跑进新生的古城里。

　　(久违,我爱!)

　　光荣的红了,

　　故乡的明月。——

像农夫站在田脊,

想起：

盼望七月的连雨——①

　　要骑大马归去！

高呼：

　　（久违，我爱！）

第四章　奥　秘

　　　　骠疾过往长住的风，

　　　　他直往而前，

　　　　不停，不歇。

　　　　　　　　——夏蜡

"我很穷困，

　　但，我胸中很为丰富，

　　是世界上最丰美的宝库！"

"什么宝库？

　　但，你这么猥琐，

　　在你的心里，不值得探索！"

"不，我心的博大，

　　可以比尽天涯，

　　没有人能走遍我的心崖。"

"心大并不可夸，

---

① 关外民谣："五月阴，六月旱，七月连雨吃饱饭！"

　　　但，人心都是一般，

　　　　　你不要讲什么心大！"

"我胸中藏着美丽，

　　　珍珠会显得黯淡，

　　　黄金你不必谈起！"

"美丽是什么？

　　　看看你的衣衫，

　　　苍白的双颊……"

"我有个崇高的愿望，

　　　这是一个神奇，

　　　你不要以为我在说谎！"

"你的愿望，

　　　是不分皂白的色盲，

　　　我很可怜你的愚妄！"

"可以发誓说：不是！

　　　人间什么最为痛苦？

　　　话语塞闷，沉默之时。"

"人世竟有这疯狂！

　　　——宝藏，心和美丽，

　　　什么是你的愿望？"

不是绿荫，是醉了的斜阳，

　　　风摇曳的天竹粒，

　　　珊瑚游行在海底下，

晨霞飞洒，

那般美丽

酒徒的酡颜；

又像暮云弥临在远山；

娇女深冬的颊上，

想起昨夜偷试嫁衣，

那村中新妇的羞赧，

长裙拖地，

巫师笔上的朱砂；

少年爬上树梢，

摘枝上圆大的山楂；

夜莺染着玫魂……

绿叶丛里的番茄；

山头望，一片跳荡的高粱穗；

枫叶满山飞；

年夜频垂的烛泪，

春联则贴在门框，

三月的桃花探出墙，

樱桃托在手掌，

石榴初放；

少女的嘴唇，刚化好妆，

雄鸡冠子映着阳光。

凄冷的冬夜，

高山跳跃的野火的光芒；

这般红——

这般动荡，

在心里流得河般长。

"形容得太多，

　　我还不曾知道：

　　你要说的什么？"

"我的青春，

　　非常高贵，

　　幽美有如金云。"

"青春在你胡髭根上逝去，

　　难道留在你的心里？

　　你不发昏说谵语。"

"我的心，非常洁白，

　　犹如孩子或冬雪，

　　虽然我在忧患里奔波。"

"洁白有何可爱？

　　冬雪使人寒冷；

　　"谁称赞孩子的痴呆？"

"我的美丽是思想，

　　从天上撷采明星。

　　编织是大地的阳光。

"思想是什么？"

　　"不需要阳光，这世界习惯黑暗，

　　而且星在白天就隐没。"

"在生活的火中，炼得刚强。

　　世界需要光明，

人类该生活得像太阳。"

"但是什么是你的宝藏?

你却只说些星星,月亮,

说吧! 什么更能惹起我的赞扬。"

"我应先向你再描写,

"只有炉火和朝露……"

"够了!"

"那么热和壮丽……"

"什么?"

"我的血!"

走过了热闹的城市,

遍问过居民;

又到幽僻的乡村,

访候那些辛勤的农人,

在海岸,

他拜叩过渔夫,

但,回答都是一个字:"嗤!"

不等他说完,

就走了,像风吹进了山谷。

像是为捧血而生,

他幻想血的神圣

在胸中血泛澜;

生之血朝夜哮,喊,

当他经历人世嘲笑的星霜,

血喧嚣不安!
想起来他就战栗,

血不愿住在腔中,
要到广大的世界上去!

到世界上去!
在他忧郁的路上,

仓皇疾走,

仿佛他又在故乡逃避追骑,
但,这追骑在他的心里,

日夜捶打着心扉,

他无法抵御!
走着,他狼狈,

望着远方,他又望着脚底。

迎面来了一排兵队,
前边飘扬着国旗。

傲岸地前进,

灰尘咆哮地飞起。
从他身旁穿过,

没有人看,也没有人理睬,

好像生了翅膀,
那兵士,闪耀的刀枪。

谁关怀路中人的忧郁,

上前线去,都那么心急!
队伍像蛇般从他面前逝去,

队尾有一个少年士兵

独驻足向他熟视。

他那憔悴的容颜，

枯暗与希望什么的大眼，

焦躁地揉着胡髭。

"朋友，你有何痛苦？

这样紧急的时候，

还在路畔悠闲地踟蹰？"

那少年兵士眼珠炯炯，

沉默一下，又开言询问：

"我看你很为面熟，

好像你是我的乡友；

是否，你家住在山里？

是否，你们门前有片豆地？

是否，你曾逃跑，

在那黑漆的夜里？

是否你曾流落在外，

家中很久没见你的信息？

是否记得你的旧伴？

同玩在山畔的小溪？……"

他看：那青年兵士，

自称为旧日伴侣，

从那眉眼他仿佛记起：

在山上，曾骑着大牛，

掷着石块，

嬉戏着并且骂詈——

呆然地,他不知是喜欢,抑是伤凄?

看那旧友的面庞,

虽有风霜,还是昔日般的秀丽,

他颔首,无语,

那兵士惊奇地叫,跳:

"呵哈,怎样的奇遇!"

一个热情的拥抱,

他们携手走上道旁山坡,

坐好,幽幽地讲着自己,

幸福或者悲惨

逃亡里的故事,

少年兵士讲着战争;

为了乡仇,他才跟随军队前行,

在那战壕里面,

人们怎样要从血路走上明天!

他也讲起血的咆哮,

流浪的失望与难安……

于是,少年兵士劝慰,带着笑。

"你知道,强盗的血手

怎样伸进家乡?

屠洗了我们多少城园?"

"我的血!

117

我的血！

　　我的血！”

“你听北风里：

　　国人的命运，

　　惨叫传扬到天外！”

“我的血！

　　我的血！

　　我的血！”

“你看强盗的劣马，

　　踏坏了田园；

　　破碎的祖宗的坟堆！”

“我的血！

　　我的血！

　　我的血！”

“你看大地的颜色；

　　暮夜的火，

　　江河的流水。”

“我的血！

　　我的血！

　　我的血！”

“战鼓敲响了，

　　咚咚响如雷，

　　助着沙场杀敌的声威！”

“我的血！

　　我的血！

　　我的血!"

"吹起来了,

　　英雄的黄金的号角,

　　召唤爱国悍勇的男儿!"

"我的血!

　　我的血!

　　我的血!"

"我希望:

　　伟大的战野

　　增加一个新的伴儿。"

"我的血!"

　　"那些战友会为你预备快马。"

　　"我的血!"

"骑着冲上前!"

　　"我的血!……"

　　仿佛有一个新芽生在心间!

第五章　林　　雀

在这鸟儿的勇猛的叫喊里

阴云听见了欢乐。

　　　　　　——高尔基

坐在山坡,静静地坐,

为他的血忧郁。——

面前:山溪的流水,很急,

太阳光落在水波上,

成为耀眼的涟漪。

有一个洗衣妇,在石上,

衣杵的声音,砸在他的心里。

什么呢,血和血的生活?

阴郁,苍白,想起来就使人战栗!

背后有片高大的松林,

松叶翠碧,像秋日的晴波;

呼啸声有如潮来,

仿佛在海上,海水打着榈崖。

一个鹫鹰暴戾,凶猛,

傲岸地在头上飞行。

又飞回来了,

高高地掠过尖峰,

盘旋在低低的山凹,

黑翅膀扑击着大声。

林雀都静默,

舍了最爱的溪涧,石岩,

知道,来了个大灾星。

藏踪在树叶里,

没有唱，也不再飞翔。

就像活人走入了死的安息。

鸷鹰撒野地盘旋，

疾下就像闪电——

林中跌落一个鸟巢，

碎在石上，有一个死鸟。

（它大概刚来这世界？

就遇到不幸，看那稀微的柔毛。）

林中起了可怕的悲鸣，

是母亲吗，哀伤幼子的哭泣？

抑是哀悼同伴的长离？

他被这声音激动，

想起人世的不幸，

更甚于他自己的不安。

愤怒地，他向水里投去小石，

因为那鹰又冲向天空，

高傲地追逐山风。

"怎样残酷的，恶魔！"

石子碰碎水中的太阳——

他说：若是这石子能够飞到天上？

静默，好像太阳都变了颜色；

追忆着一个悲哀的印象：

在那血云中,好像涂血的脸,

血泪伴着死流满了鼻边。

有眼睛,有思想,那时候,

只看见和想到血点斑斑。

太阳都流了血,这时代!

天上哪有一块蓝天?

那个难忘的仲夏——

哪块云彩还能独自悠然?

在那只有血的天上

日夜飞着血,火和烟……

就像雷鸣那巨炮声;

流弹生了翅膀,

坐在房里也危险!

谁都知道,谁都不知道:

就像这林中的雀鸟,

死,什么时候掀开门帘?

那枭磔贪狠的山鹰,

又回来了,更大声扑着羽翼,

有如盘旋在他的心里。

可悲的林雀,知道吗?

你们的敌人……

躲起来呀,快,到最深的林荫!

鹰的铁翅耀闪着太阳，

猛烈地扇动，盘旋，迅疾，

向可悲的林子探下铁爪。

战栗着，同感林雀们的命运，

仿佛也是这林雀，

呆然，喑哑，不敢呼吸。

鸷鹰傲岸地钻进树丛，

他闭上眼，幻想那牺牲……

但，鹰飞起来了，很惊惶，

大群的林雀列队像铁骑。

奇迹呀！当他鼓勇睁眼——

林雀们的尖喙正啄得很勇敢。

吵叫是它们的战歌——

歌颂自然的喉咙，

变得那般可爱的粗野。

啄着，搏斗着，鼓着翼，

奋勇扑去，它们灵活娇小的身体，

翅膀密列星般的闪得奇异。

那凶鹰狼狈地闪躲，

威严尽了，只剩血洗不尽的罪恶；

它大翅膀流着血点，

颓丧地带着创伤，

慌张地逃走，

在远云中还畏缩地回头——

山麓上黑色的翎毛飘落。

想象：这近于人性的战争！

那些林雀把战血送给溪水，

清幽地唱起欢快的曲，

环舞，从一个绿枝跳到一个绿枝，

黄的，蓝的，灰的和红的⋯⋯

奇异的云般娱乐大地。

太阳欢欣地停下，

更光彩地照着这个山坡。

风轻轻地吹送花香——

像走进一个企望的国，

金色生光的童话——

枝叶颤着绀碧的叶波⋯⋯

想着林雀们，想着未来的世界；

他毅然站起，

（一个古骑士怎样握起古剑，

到溪边，沾水在石上洗磨；

直到那锈的剑闪出光华，

向天风挥一挥——

有古歌伴送他的征程）

勇敢地走过山头,隐没……

（向太阳!）

第六章　古　歌

那象征自由的神鸟,康兜——

在那里筑巢哺着雏子,

翔舞太空中,自由!

　　　　　　——嘉洛

春风吹遍了

郊原;

嫩草上染着鲜红,

那是

神圣的民族,

高贵,

英勇的战血!

我的剑不能锈在鞘里;

我的血不该随生命衰枯,

要奔放,流向天野,

染红一块布——

镶上幸福,光明的祖国的旌旗。

奔驰在沙场,

那些

捧着鲜血的人；

怎样

牺牲了自己，

生命，

为了民族的光荣。

我的剑不能再停在手；

我的血不能静默；

要飞溅，溅成花朵。

就像初春的晴阳，

播送金光给大地。

为了崇高的思想：

丽日

天蓝的自由。

挥起

我们的剑吧！

洒成

壮异的血海。

我的出鞘的剑；

我的未罄的血；

渗进那血海中去；

哪怕一个浪沫，

也在澎湃吼叫的红色的战壕。

远山又青绿，

但，

战地的月色，

照着

誓死爱着祖国的英雄；

为了

永远人类的和平！

我的血热如火；

我的血涌如波；

上马，去合伙吧，上马！

我的剑射出火星，

走到伟大人性的战列！

祖国新生了

在那

血映的曙色，

在那

血和剑放在手上

那些

不愿做奴隶的人丛。

伟壮的鲜色奔流：

血！血！血！

复仇万岁！

我的闪光的利剑，响动，

刺向仇敌无耻的前胸！

闪着奇丽的光芒，

我们

呼啸的血，

和着

喝饱敌人血的剑，

跳跃

防卫祖国的田产！

碧血冲荡高山；

红霞辉煌着剑环，

让我的剑尖系朵玫瑰，

就像我的血染，

我们剽悍地高举国旗喊：冲锋！

粗野的拉手，

我的

和你的血交流，

唱吧！

我们血的战歌，

祖国

需要你和我。

斑斓的剑搭成十字架，

在我的坟上，等我死后，

那时呵，不需鼓乐，

也不要块墓碑，

盖上一面血染的国旗吧！

黄金的喇叭，

吹起

光明的号召，

踏着

鼓声前进，

前进，爱祖国的人们！

《捧血者》后记

这部诗是在去年暮冬和初春之间写成的，前后用去了两个半月的时间，而得到这部诗的感情和境界，则是前年那个深夏天，在那个深夏天的长途跋涉中，就开始思维和酝酿了。

这部诗能够写出来，得感谢我已离开的那个军队，给我那么多闲暇的时间，更感谢绀弩兄，那时候我们偶然地相逢，并且住在一个小房子里，——我所以对绀弩的感谢加个"更"字，并不是因为他给我写了序，而是因为在荒僻的山村中，他给我的慰藉和鼓励。

在那个荒僻的山村中，我的环境是好得特别的，别人匆忙，我闲着，别人歌唱,我静默,山在我房子后面,田地在我的房子前面,山上有青蔚的竹林,山下有静静的小溪,尽容我在竹林下望着远天的云彩遐想,或坐在小溪旁边构思,田地青翠,油菜花正开得香,在那个春天我有足够的时间在那儿徘徊复徘徊。这样,我的诗就慢慢写起来了,虽然我那住房又黑暗又古老又湿霉。

照原来的计划,这部诗要有现在两倍的长,但是不幸的,我连那山,那竹林,那小溪,那青翠的田地,也不能不告别了,不要说诗,因为我忽然吐起血,不知为什么!而且更使我惊愕地是有了肺病,也不知为什么!

于是,我到医院去了。

于是,我从医院,有一个秋天,桂花刚落的时候,走出来,"转地疗养"来了!

在身体稍稍好点的时候,我努力想把它续写下去,但是我失败了!

因为现在"捧血者"还是要"捧血",还没有到"收获"的时候,而我要写下去的就是"捧血者"的"收获",所以我只好搁笔,等候那"收获"的到来!

这部诗,在《东南战线》(序,序诗)、《刀与笔》上发表以后,收到些零碎的意见,而我宝贵着这些意见,感谢并且更加自励。

这部诗写了一年多,在今天提笔写后记的时候,这又是暮春的日子,外面在落着雨,这也是去年我在医院里受着病患与感情的变乱所胁迫的时候,而这也是三年前一个愉快的现在,成为凄然的记忆的月份,我不知道我该写什么呢。

我要想的是:希望我的病快好点……

憧憬和企望着健康与收获!

一九四〇年五月三日于雨夜,金华

握手，我回来了！（上）

握手，

我回来了！

在杜鹃叫得正凄切的时候，

　　我吐了血，

映山红照红了山坡的时候，

　　我离开

带着惊恐与哀伤：

　　我的褪色的青春

　　我的被胁迫的生命

　　我的久远辽阔的希望……

走进了忧闷的病房，

禾稻吐着青绿的嫩芽的时候，

　　我就睡在病床之上！

病床，不是最好的眠床，

那不是母亲的摇篮，

也不是亲人们的臂膀。

　　病床，

那与死为邻

只隔一层薄板；

　　　睡着，

不会像秋叶在风里凋落了吗？

病房，不是个温暖的宿舍，

它建立在生与死亡之门槛！

　　　这算什么住家？

一见那白色的被单，

白色，就使我害怕！

——听诊器，温度表，

　　　药味，火酒味，

　　　呻吟……

像铅，像铁，

沉压地欺负着心；

当邻床的同志，

　　　接受了死神的款待，

　　　去赴那邪恶的酒宴！

我就看见死的姿容，

向我微笑，微笑……

　　　在半夜，

在早晨，也在黄昏，

拖出去，拖出去那死了的，

晴朗的日子，

　　　　雨雾的天气。

有一天会是我吧？

　　在这儿威胁，

在这儿奔驰，天天夜夜。

　　病房里到处……

像塞北的大雪，

　　　拜访着大地，

死神在这儿拜访着人们！

病床上，我想着一朵花，

一朵红色花的诱惑；

　　那是开在：

战壕的边沿的；

　　　故乡的山坡上的；

祖国的原野上的。

　　但，绕着床缘；

青色和灰色的，

深黑色的，

褪了色，并且是雾一样……

　　床向着迎山的窗子，

顺窗，我久久地遥望：

　　山青了，山黄了，山紫了；

　　绕山的云带，和那淡淡的曙红；

难能使我愉悦呢？

　　我嫉妒河滩上的沙砾，

那碧澄的流水,我也嫉妒!

什么能使病人愉悦呢?

是那勇敢通信员送来的信札,

是那充溢着挚爱与关怀的字句。

　　带来阳光与云霞;

我嗅到那久远的草香:

仿佛黎明的小唱,

　　壮伟的金属的哮鸣……

　　战马的嘶啸,

从那一拳拳打造的

　　祖国基石的战场……

嗷,多么想望!

在人间,

我才经历了廿八个冬天,

见过雪,见过霜,

什么时候曾见过娇艳的太阳?

夜路还有好处?

——没有活够!

我要活,为活战斗,

　　因我希望并且我爱:

要看看春天的颜色!

参加了,有幸的,

在这伟大的战列之中,

假如我死,

　　要在祖国的处女的黎明

为了自由的缘故，

　　死在雪亮的刀锋之下吧！

　　　我的血，流入圣洁的血河，

　　　　开着大的，光明的花朵！

冲锋号是我最好的送葬乐，

　　我临闭上眼睛，

　　　我的刀还在敌人的胸膛，

让我死在为祖国而战的一伙！

　　　即或死后，

就葬在一个平常的坟堆里，

和那一切为此同一神圣的我因而死的人在一处！①

我要回去呀！

　　　不然，我要死在家乡，

（多么怀念那云水苍茫的家乡哟！）

　　　在我们凯旋，

战后的阳光自由而美丽，

就埋在白皑皑的山脚下，

或者喷香的原野，

　　　榛枝和玻璃树的根上吧！

我艳羡那些挂了彩的光荣，

　　　在交锋中拼斗的英勇，

就是掉一只胳膊或者一只脚吧。

　　　但，但是今天。

————————

①　匈牙利诗人裴多菲的名句。

我不愿意!

　　　我应该有阔远的前程,

　　　毕竟我年轻。……

这个病啊,呵!

　　　像虫一样,

啃着我并不是桑叶的生命!

我飞回去呀!

　　那光明在着的,

　　那花朵开着的,

　　那松鼠跳跃着,

　　那铁的行列滚流着;

　　那人类的良心,

　　　那自由的脉管,

那祖国的血液跳动,

　　　生长并且青春的地方!

我不愿

　　年轻轻的让床埋葬!

　　　　春花落了,

医生,

那好心的大夫,

告诉我要静静休养;

　　　稻子黄了,

　　　医生,那病患的仇敌,

　　警告我要战斗并且提防!

凋落了,夏日遮阴的绿树,

秋天来了!

飘着桂树的香。

我睡在病榻,伴着焦虑与忧伤!

（原载《前线日报》1940 年 8 月 21 日 第七版）

握手，我回来了！（下）

秋霜染红了枫叶，

衰草里开着凄寂的秋花；

当我散步在田野，

割完了那金黄的早稻和晚麦；

是回去的时候了，

　　　飞倦了的乌鸦戏耍着暮霞；

我要回去呀！

　病破坏了我的青春，

警戒着死神的邀请。

　一百八十天了，

一百八十天在病床！

我要回去呀！

　"回来了，

在茶花刚落的时候!"

　　这样一个清晨,

雨雾告诉我们今日天空还不是蔚蓝;

竹排放在小河,

满雨雾的小河上,

(站在排头,

　　我想到鲜明的鱼鳞中,

　　　　长矛绰在手上,

　　那古骑士的远征!)

　　　　冰冷的风吹着衣襟,

排顺着静水——

　　努力,我亲爱的撑排手!

山,不要挡路;

别向我引诱,岸上的樵夫;

　　你迎着风唱的翡翠,

我无视向你垂青,

　　告别了病房,

　　也告别了病床和病吧!

我只准备一声高呼:

向这活跃的土地——"久远!"

那山,那松桥,

　　一切和那里的伙伴,

"好吗?"

"都多好啊!"

我不向他们敬礼,

准备好了一个火热的拥抱!……

　"对吗,我胖了一点儿?

　　没有胡子,我就年轻,

　　没有病,我得健壮……"

伸出依旧,多加青春的手,

　　凭着它创造芳绿的天地,

青春的手,合起来!

　　合起来!

握手了!

我回来了!

　　　　(原载《前线日报》1940 年 9 月 4 日 第七版)

土　　地

这块土地是谁的？——

黑的土上长着绿的庄稼；

地头靠近大路，

那大路通到天涯！

老榆树高耸，

枝柯托着云彩，

星和阳光落在叶上，

问问土粒，它们都会回答！

这块土地，谁使它青翠？

芟除了荆棘；

成熟得像一匹母马？

是谁？教会了这处女，

怀孕，吐芽，放叶，开花，

结果子，让收获者

欢喜地载运回家?

铃兰摇头,用着优雅的姿势,

蒲公英也只能沉默;

用沉默来藏拙,

无论是那些野草,那些闲花!

这块土地是谁的?

成熟在谁的手里?

历史都记着杀戮,

没有写下农夫的艰辛;

他们怎样生活过来?

问问土粒,它们都会回答!

像老农夫的脸上有多少皱纹,

也像他手上有几块疤痕。

第一次锹尖落在土地的胸上,

年轻农人的汗珠滴下;

土地像在新婚的初夜,

幸福驱散了迷茫;

跟着锹尖的起落,

土雾喷散,

二月的风荡着酸米酒的浓香!

同夏的原野比赛,

土地忘不了第一次

在人世披起绿苗的衣裳。

秋日的树木结了红果,

像无数宝石挂在枝头；

土地的新装金黄，

在农夫的眼中，这是太阳！

年轻的农夫死了，

土地把他拥进胸怀，

骸骨和魂灵。

还是那个锹尖，换了一双手，

　　落下还是那样有力，那样年轻。

又换了一双手，又是那么年轻。

没有褶皱的手埋葬了充满褶皱的手，

地头上的老榆树，

掩荫不了这么多的坟头；

但，土地愉快，

因为父母永远给儿女们

留下了青春的火。

但是，这块土地现在是谁的？

在这时候，没有人播种，

也没有人犁田？

破碎并且憔悴，

荆棘野草和荒烟。

老榆树歪折，打坏了坟墓，

满地白骨，是新的还是旧的？

是被屠杀者的，还是刽子手的？

那些从祖父承受了土地，

从父亲得来青春的农人，

哪里去了？

他们忘了么，土地的气息，

像酸米酒一样，

在春天，当锹尖激起来一阵土雾以后？

那通到天涯的大路，

冷静，没有人走；

多久，没有听过，载粮，或载旅客的车声；

和那马儿项下，羊儿颈边，

叮叮当当的铜铃！

住过祖父也住过孙子的草舍全塌了，

塌了，那些爬满牵牛花的篱笆！

这是为什么？

再问问土粒，它们能不能回答？

不，不能呀！愤怒！说不出话！

这些给了土地生命，

又从土地得来生命的农人，

上哪儿去啦？

但是，度过冬天的树木，

新生的叶子要比落去的青；

谁不知道呢？

今年的树荫要比去年的大！

土地并没有死！

虽然是荒废：

就当多过个冬天；

也像婴儿,她在安静地熟睡!

　　　　土地

会再碧绿；　　土地

会再碧绿；　　土地

会的,再碧绿!

　　　　那些

扛起枪来的,和那些

跟着扛起枪来的,

(像老的母亲刚下了葬,

年轻的女儿又做了母亲!)

为了土地含着泪

去复仇的人们,

有一天会枪尖挑着胜利

微笑地回来；

当新的锹被握在

放下枪杆的手里的时候,

那时候,土地呵!

因为敌人血的补偿,

麦子都要结成双穗!

　　　　　　一九四〇年初冬上海

(原载1941年1月15日上海出版的《奔流文艺丛刊》第一辑《决》)

145

岁　暮　集

年　夜

没有红烛，也没有鲜花，

我将这般冷漠地度过新年；

我的屋子将格外静谧，

那静谧犹如秋日的森林。

那时间，我将操起诗琴，

向那逝去的日子和记忆告别：

我要唱一支歌，

给自己不给别人。

我的诗琴将模仿溪涧的幽咽，

又似瀑布的激荡，

冲击着山石——

我的歌喉，将永不这般喑哑。

时光的鞭子像驱赶着奔马，

拖着这人生的车轮；

沿路载着石块,血,肉,还有垃圾。

我给时光的都是空白；

所以时光把我这般虐待；

在这新年夜晚，

时光却不肯把我留下，

让我这样冷寂地走向年老；

这是它给我的惩罚。

然而假若迫近那年岁的峰顶，

我却要反抗向下，

我的地位。

　　黑夜的星，

　白天的太阳，

予我生命的最强，

人们将承受我的剑。

我的路的延长，

那比我更勇敢的，

就回答了时光！

我的诗琴弹到这儿又停下了，

没有别的,这是我的信仰：

一愿诗琴弹出健康的声音，

欢笑像嫩青的桦林。

二愿诗琴常在手中，

直到必须把它转送给更青年的人！

除　夕

夜了，

在那院落。

枇杷树的枝叶上……

倚着楼窗，

我向前望，

荒火燃烧着远远的山岗。

除夜这般安静，

我不能睡着，

这般的冷夜，这般的难过。

我不回头，

我向前望。

因为一回头会勾起忧伤！

按着胸中的疼痛，

呼吸这除夜的风，

我失眠，因为人类今天郁郁得不好！

我倚着楼窗，

树梢上挂着月亮：

有了自由，我们才能健康！

这不又将是春天了吗？

听那叫着的鹧鸪，

"布谷"在血洗的大路……

花朵又将重新开起，

过了冬天的原野，

又将发绿在春日的风里。

风不再会这么冷了，

我要到野地上去，

我要出门去，找寻太阳！

那弦乐低低震颤，又转高扬。

在这个年夜晚，

我不是告别，而是唱着开始；

太阳照耀，我微笑，

伸出手来，

迎送青春飞回脸上。

我向前望，

我在伫望,

明年早上,有个金黄的太阳!

夜了,

在那院落,

枇杷树的枝叶上……

(原载《力报副刊·半月文艺》1942 年第 17—18 期 38—40 页)

星 子

星子像对我特别有点因缘,不然,为什么我对它们每个都那样留恋呢?

不是吗?黄昏深了,西天角上第一颗星——大卯,是那么冷静的,是那么疏淡的。夜尽了,天明前的太白星,是那么冷静的,是那么疏淡的。

我爱它们,正如我爱我一个漂流的好伴;我是正在漂流途上漂流着的。我留恋它们,正如我留恋我久别的破碎的家乡;从前的那破碎了的家乡,时时使我无尽悲怆着的。

是的,现在还能留恋从前的那碎破了的家乡,带着悲怆忘了血的记忆,从前一样的吗?现在还能留爱在一个漂流的好伴,忘了更多挤在饥饿线上,我也是一个,从前一样的吗?

这也就是我的弱点哪!我有我偏私的爱好的;我老爱追抚着故乡的那破碎了的血的实事,血的记忆,虽然已经并不完全含着无尽的悲怆的。

而,我是渐渐开始爱那更多的星群了。

当地平线隐没了太阳,最后的一条光蛇,只绕了过的土地上,消退了煊红的新鲜的……天野罩上一层阴郁。

黄昏来了,又走去。夜风吹起,那些可爱的星子,多么像端谨的女神,凝伫在天空,鸟瞰着人间下界的这时候,我仰望着,从来忍不住的,会坐在坍塌了的铁床头,或平卧在柔软的草地,那静默的无言的星群覆着我,互通灵思了。

——那晶亮的大的一些,灿烂地闪着光圈,想起了深幽的古屋,或美丽的森林,突然燃着了一支白色烛火,那银红色的光芒雾样的,更跟来个神秘的黑影。不是还有些微微绿的小星,像旷野的古墓飞起的磷火,那么惨淡,然而又都是庄严的。那红的,那白的,那黄的,那各种颜色变幻闪烁着的,我想那是有些象征着光明,有些象征着晴丽的愉快或者其他的;可惜我能想得太少了。

不怪有些人为着星子编造许多美妙的故事,讲给孩子,也讲给成人,难道那是被这星子的神秘的美丽诱惑了,像我一样?

更有些人为着星子漂流着,流着血,像晚天溜下的霞流一样的,漂流着找寻,像找寻太阳一样的,难道那是被这星子的火炬诱惑了,像我一样?

我爱星子,是更爱它们永古的冷凝,永古的严静,那孩子一样活泼,又带着温柔的。

人生不该是这样的:冷凝,严静,孩子一样的活泼,又带着温柔的。然而,人生是这样的,即或这样过吗,我们看得到的?

人说:最像漂流人的,是天空时而驰过的流星;那条条银线,唰的一闪,墨汁色的天空,木然的沉默,星群木然的沉默,不太像吗? 流到东流,到西星,一样的,许陨落到茫碧的大海里,许陨落在摩云的高山上,地球上每个角落都张开广大的怀抱,对于星子都是陨落的诱惑。也许有谁羡慕这似是的自由,然而这真是自由了吗? 陨落就是流星的归宿,然而陨落就是流星唯一的命运吗?

我爱星子就从我离开家漂流着开头的。自从那常年飘着雪花的家乡被又伍之后,就更酷爱它们了。

我平卧在广柔的草地上,故乡也是广柔的。在头上的夜的星空,这过去,现在也是,灿昭在故乡的,此时灼在头上的星子,仰望着,从前是使我美丽过的,犹如每颗星子亮在心上,我冥想了,摸索着了,我的梦,旅途,故乡的山坡,白雪,甚至故乡的羊铃,甚至家人的每个和蔼的微笑,甚至旱烟的辛辣……许多、许多的。

然而故乡的山坡还满开野花吗? 平坦的乡村道上,也还有暮晚的羊铃吗? 那黑色的土地还荡浪似的漾着青禾吗? 家人们,土红色的农夫们还有含着旱烟的余暇,微笑的心情吗?

从前一样的? 从前一样的?

不是,我的旅途更漫长的延伸开了?

不是,星子已不只心里美丽,是那么苦涩涩的乡思哟!

不是,星子撑起了一个通红的火炬,光明了我,以及许多人都看到愉快起来的?

(原载《创作》1935 年第 1 卷第 3 期 155—157 页)

田　　园

一

流言像开春的荒火，起风燃烧着，广大地燃烧起来了。

在这小村镇里边，全体惊动得不安了。狗在半夜里咬，鸡，刚一落太阳天边模糊的时候就啼了。

恐怖，像突出垻口的水流，流着，流着……

敏感着骚乱和破坏，因而担心死亡的来临，人们悲惨地想……忧愁和怨咒着。

"什么年月呵！……魔王都下界收人啦！"

在三奶奶更会举出许多事实证明这是什么魔王下界的年，远而至于某天晚上天鼓响，某天晚上满天过流星。近呢？家里猫三天没有抓到耗子，院子里的李子树被风刮倒了，压塌了黄瓜架……

更其，三奶奶的儿子小五眼向来天刚刚亮就要爬起来做活，但是今天起来了，没摸犁，也没碰碰锄头，含着旱烟斗，在地下转，转得三奶奶怪心慌的。

"转什么呵?"三奶奶不明白,"你这懒鬼!"

年轻轻的不做活,也不下地,只在地上转,一听见门有点儿响动就跑出去,开开门看看,原来是风吹的或什么碰的,就又跑回来还是在地上转转。问急了他就没意没心地说:

"妈妈你不懂。"

年轻人大模大样地,三奶奶生了气。

"鬼邪了心! 不懂,好像我比你孩伢子少活几年似的。"

叨叨着往院里走。她想着他死去的老头子,也是这么倔头倔脑的。为着两个人闹别扭,不知道她挨过了多少冤枉打。时常是"你们女人家别问"!现在又轮到儿子来说这话了:"你不懂!"

可是老头子毕竟使她过几天安和的日子,现在日子却越来越坏了,像这一家子的福气都叫老头子带到棺材里去。

小五眼,并不是赶不上他爸爸,也是一般勤快,下得气力,只是这时候不是从前的年月,勤快和气力,是不能从土地伸出更多粮食,来满足地主的仓房的,想到这儿三奶奶长长叹口气。

太阳像团炭火一样,把地面都烧红了。火苗一样阳光,在她的白头发丝上反映着银亮,脸上堆砌着皱纹。

把眼睛挤成二条细缝,因阳光的强烈,他们几乎是闭着。她用老皱的手遮在额颈。

院子,靠着板院墙东边种着气豆角、黄瓜,还有几棵大芍药花正开着。西边种苞米,还有几棵甜高粱,穗子都红了。那棵李子树是压在东边的黄瓜架叶子都软了,还打碎了好几条老黄瓜。靠东房头是烟囱。像马脖子一样从窗根下伸出来,向着天。在那脖子旁边是鸡架,狗窝就在架底下,黑毛狗趴在窝伸长红舌头喘气。

三奶奶到后院看猪圈里的猪正睡着,马靠着柱子磨楂儿着后瞅,一群鸡静静地走。她从西边转过来,小五眼的嫂子正往绳子上晒衣服。

"孩子睡了吗,他嫂子?"

"睡啦。"

"他爸爸没回来?"

"没!一夜没回来。"这年轻女人,一边说着话一边晒衣服。

"唉,这年月,神佛保佑吧!"三奶奶记起了昨天商务会长到她家里来,说这几天有一股马胡子要轧街。

上边命令按家抽人,没有人的就出钱——她的大儿子李福成就被带了去。

这年头简直不让种地的人活了!从前没皇上,种地的还能剩下点,不剩也总能活呀!现在皇上来啦,该比从前更好点啦,可是更不及了;不用说剩点,仅是吃都剩不下。马胡子越来越多,越来越凶了。这街上商团就有七八十,还有外国鬼子的守备队,除现在又抽民团,一股脑儿怕不有几千;但是胡子还要来轧街。

轧街的事情,三奶奶是经验过的。那还是她当姑娘的时候。马胡子来了,要金戒指,要金耳环,要好吃的,要这个,要那个,还要姑娘,女人陪着睡觉;喝醉了混打人;临出街还要带几个肉票……

三奶奶想起这古老的记忆,新的恐怖在她那皱纹的脸上颤动着,眼珠恐怖困惑地和安宁的企望地向着天,并且合上两只记述她几十年辛劳的老手。

"神佛是有眼睛的呵!"

清澈的七月的下午的天空,一块黑云从西北角上飞过来,云彩散展着,一会儿遮了个天,在远远的天际,线样的雨脚,流下来,流下,在不知的地方。云彩往近前飞着,风吹起来了。

三奶奶赶快拿起酱斗篷盖酱缸一面叫:

"大媳妇,快收衣服,要落雨啦!"

风猛烈地吹,云彩走得更快,立刻把火红的太阳遮住,大地罩上一层黑灰色。三奶奶的白发丝飘起来。

"小五眼哪,快出来把马棚盖;柴栏子会漏雨的。……"

"大媳妇快抱柴火吧,这雨说不上下多久？……"三奶奶一边忙着一边说,汗珠顺着老脸流下来。

"真热!"

大媳妇收下晒干的衣服。小五眼光着个膀子,衣裳袖没穿好,从里跑出。而已经开始滴着点。电火像红线一样时而划破阴黑的天体,风更狂大,破窗洞呜呜地叫,院子里吹得叮当响。三奶奶慌慌张张赶着鸡,一边叫唤一边喘。

经过一阵匆忙,一阵慌乱,他们才把这些雨天的准备做好了。雨落得大起来,窗纸上一大块一大块润湿流着水,像火炮一样的雷响,胁威这屋子,墙壁、窗棂、衣柜、桌子都震得发抖。屋子黑暗起来了。睡在东屋里的孩子,从梦中叫醒,大媳妇赶快从炕上抱起来,拍着。

三奶奶点上洋油灯,缩在炕角。

小五眼又点上烟,阴沉着脸,非常烦躁地从东屋到西屋,坐在炕沿上。

"咚咚咚",大门有谁在敲。

"谁呀？ 不是你哥哥回来啦,小五眼?"

小五眼跳出去开开门。

李六福,被雨淋得头脸都是水,蓝色的短衫子贴在脊梁上,露出那健实起块的筋肉,一边用手抹着脸上的水珠,一边向屋走。

"西屋。"

小五眼怕三奶奶又唠叨耽误他们的事情,把他拉到西屋。

"怎么?"

"铁道线都预备好了,只等……"

"谁来啦?"三奶奶隔着房子问。

"六哥!"年轻人颇不高兴老太婆来打搅。

"我呀,李六福来啦。三婶娘没睡吗?今天可好大的雨。"

"有什么消息吗,李老六?"

"没有。大兄弟他们可忙啦,挖了一夜战沟,全堡子都挖上了。"李六福回过头来,又向小五眼说:

"别同老太太说。我见到那边头子了,是个女的。"

"女的?"

"女的。听说也姓李,能说啦,她讲的话我都学不上来,什么洋鬼子来了,地都不能好好种,老百姓慢慢都会像朝鲜一样做亡国奴,什么要想法好起来才成……"

李六福讲了许多那边的义气,那边的好话,当他表弟赵老疙瘩同他见女头子,怎么接待他,同他说些什么话,好像他一个嘴不够用似的,说不完他想说的,这个丢了那个忘了。

在小五眼的眼中,站在面前的李六福,突然长得伟大了。他呆呆地听,不停地咬着紫色嘴唇,擦着手,在他眼前浮现了李六福给他描的怎样英勇的姿态,那些兄弟变得可爱和他们的信仰一样可爱。他很兴奋,很急切,这些人马上就站在他面前才好。连李六福也变得可爱和亲切了,他很想抱一抱他,或重重地打他一下。

李六福被小五眼的过分激动,呆住了,立刻就明白了,他也重重地打打小五眼的肩膀。

"这样干总是对的。"

李六福冒着雨走了。

小五眼面前闪烁电一样的火花,这是从前他梦里没有,也没想到过的。血流膨胀着,飞速地流动,像加下煤的锅炉,机钮以高速度的奔驰,曳动。身体里突然增了一种力量，一种自信。这都是从来没有过的，他想着一个新的事情。

李六福去了好久，他还凝定地站着，握着拳头。

雨更大起来。院中积了水，像小溪一样流着，黄瓜叶倒的李树，都泡在这小溪中，许多木片、草棍漂游着……

二

李六福始终是那样兴奋地感觉到一件非凡的事情就要来到。土红色的脸被凉的雨点敲打着，感到清新和振奋，走在泥泞的街上，忍不住只想笑出来。像在套上的驴马，有着想叫喊的感情。

大街上非常沉默和冷清，听不见声音，看不见人的影子，像死了的屋子，烟囱冷清地冒着烟。商店都关了板。其实这时若是晴天好太阳，晚霞会很美丽映照着房脊、烟囱尖以及店里的幌子。若是往常，街上的人是有的，特别是小孩子，玩耍着吵闹着，当他走在这街上，就会有许多人招呼他，这个让他抽烟，那个让他讲点车站的新闻。小孩子叫叔叔的、叫伯伯的都会围上他要他讲笑话。但是现在，只有吵闹的雷雨和闪电。在灰白阴沉的天空底下，更加感到死的恐怖；这些房屋、土地、树木、牛圈、柴栏……都死了。

天空的雷雨叫喊一样招呼着这死寂的田园。

——复活！复活！

李六福有这样一个感觉，但是他心里没有这些字眼。可是他很愉快，很愉快地有这样一个感觉。美丽和光明地想着：到那日子，到那日子里边——女头子向他讲过的。

在她的话里，在李六福的眼前展开了一个崭新的田园，那里有比从前更青秀的田禾，是荡在温和的金色丽日中，鸟自由地飞和歌唱，人自由地工作和歌唱;和悦的温流注畅在每个奔流的动脉,一个多么美丽的灿烂的童话一样幸福的世界。他完全神往了。但他记起现在的田园,荒凉得像块不能生长的土地,每个种地的农夫,都被忧愁封锁着。即或庄稼也是那么可爱的青秀,到冬天还有多少人家没有米做稀饭,而且到处和所有生活在死的边沿上,生活得像猪一样……

他像往那憧憬的美丽的田园奔跑一样,急急走。

天是渐渐黑起来,雨下得更加繁密,雷响得很猛烈,电火更为清明的,在积水的街,时而反映着青白的明亮。

他已经看得见巡逻兵,像软壳甲虫一样,在木栅前黑影里摇摇蠕动。他知道怎么通过这检查。他突然地把身子歪一歪,像喝醉了酒或者每个放浪人的姿势,吊儿郎当地唱起情歌来:

"正月里来正月正

家家户户呵点红灯……"

"站住!"

他很镇定地看清了面前,拿枪瞄准,向他吆喝的年轻人。

"哈,老三,我呀,李六福,要回车站,七点要上班。怎样?辛苦啦!"

"六哥吗?吓了我,以为马胡子呢。这雨天还乱跑,真是的!"

他通过了这个关口。出了堡栅,他狡猾地骂一声:"小傻瓜!"

堡栅外的道路更坏。天已经完全像黑染在白纸上,一脚水一脚泥,什么都看不清爽。但是他很急促地走着,几乎是奔跑地,像那巡逻兵会发觉他的秘密追来一样。他不时回头望着那耸立在身后的堡栅,像古代的野蛮民族防兽的阱苑,那里枷锁着土色的勤恳的大地的子孙。那些猪一样,在泥中,像这道路一样地陷埋着的农夫,什么时候才知道,那将来崭新的田园的幸福呢?

走过田野,走过树林已经模糊地看见车站上耸立雨中的建筑物了。车站的指标塔远远竖立在那边,像巨人样的伸出胳膊,遥遥的北边那个也一样,像对这阴沉的天气,决斗的姿势,威吓着怒吼着无声的言语——"晴天吧!"

隐隐地,他的细长的眼睛,接触了站上的路灯,明灭不定地,在雨雾中特别惨淡。路警都躲到站房里,站台上就更显得冷清。没有机关车声,没有笛声,什么声都没有,车站也像死了,时而雷响一下,这就成为唯一的挣扎的叫喊,雨的沙落的微声,像许多人、建筑物、铁轨、土地……的呻吟……

他走过了木栅,走过了站房,走到靠着指标塔下的木板房的门口。从屋里传出许多粗野的、不同的、几乎是吵闹的语声。推开门,一般烟草气和汗味,浓厚地扑向他的鼻孔。看见他,许见等得不耐烦的人们欢呼起来。

"哙! 我们以为你被扣下啦,或者,你又喝醉了酒? 我们知道的,你一灌了黄汤子老娘家姓什么都会忘了的。"

"怎样?

"小五眼? ……"

许多急切的话语,都像大雨点似的向他浇来,他分不出谁的声音,要先答复谁的话。

"等等哥们儿!"

他脱下湿衣服,拉过另一件披上。裤管顺着黑腿流着水。

等在这里的,有搬道夫,查车的,扫车的,修路的,各种铁路工人。像李六福一样都是农夫出身,有的种不起租来的田,有的自己有地,被债主没收了。现在等在这儿,这些工人,一个样,破乱的,过着泥里火里的生活,生活得苦恼了,他们被生活压挤得时时想尖叫,他们都变得烦躁和易怒。他们横起一条腿,倚着个头,吸着烟,抱着胳膊,像要打架握着拳头,各种姿态挤在这屋子,他们是一样为着就要发生的事情,感觉到兴奋和美丽的光明的展开的思想。这个机会的到来,他们是盼望得好久了。他们像小孩子等在新年的前夜的情感,每个土红色的脸,凝结成一个表情,一个愿望,一颗焦急的心。

现在是渐趋安静,各个都伸长脖子,怕放松了一个字句。

李六福开始说了。从进堡子的盘查,说到会见小五眼,小五眼告诉他是有许多人,以怎样热心预备做这件事,说到他怎样在黑胡同里贴布告。

"幸好街上人都不敢出来,我就不管倒正贴上了。管他妈,反正会吓他们一大跳,等明天。"

末了,他又说到堡子里的准备。

"战沟很宽,会跳的兔子都跳不过去,像埋人坑。那些兵就埋在里边。好的,这是他们自己挖的坟茔地,正够埋下这些城隍庙里的衙役。只要你一走过木栅,他们巡逻的,就会把枪端平。"

李六福,学着巡逻兵的姿势把膀子端起来,突然用力地:

"站住!"听着的大伙儿吓了一跳,他接着说,"嗬! 那神气,就像见他妈妈多少钱似的,摸这摸那,这些尖鼻子的猎狗,凶啦!"

大伙儿这明白了哈哈地笑。

"商务会长说啦:'安心吧! 胡子不会进来,不会的。瞧我们这堡子的准备,北面是山,西边也是山;这么深的战沟,栅栏多结实呢! 还有这么多的机关枪,外国兵也在这儿,专为保护我们的。不会的。'"

"洋鬼子也说啦:'马胡子的,是不会来的,你的不会糟蹋的,皇帝的子民,你的不要害怕……'那么我们来啦,拿出酬谢吧! 送几个好看的姑娘吧,哼! 他妈! 谁还信,这些像俄大鼻子的羌帖似的话。以前也是说:皇帝来啦,皇帝的百姓是要过好日子了。好日子? 鬼的皇帝! 鬼的好日子!"

"大街上,像坟茔地,大白天,店都不敢开板,从街东到街西,只有灌酒的鬼子兵,横着走,像黄皮的蛤蟆,乒当乒当地跳。"

"有时候,像死尸一样的商务会长,跟着鬼子官的屁股后,东家、西家地遛,鬼子头说这个好,他就弯下腰说是的。鬼子头说那个不好,他就弯下腰说是的。像没有骨头的癞狗,只会打哈哈。"

李六福说到这儿就弯下腰,张开嘴,一边佝偻着走,摸着下巴比方是胡子。

"你们看,这多好的一尖尾巴的癞狗?……"

这群破乱的人物,从青铜一样的胸脯,迸裂出大笑。

"真像,尖尾巴的癞狗!哈哈……"

突然,李六福态度变得比较慎重地说:

"可是这堡子恐怕要费点儿事的。"他点着一支烟,喷了一口,接着说,"就说那堡栅吧,都是人抱来粗的大车轴,还用铁条穿得紧紧的。"他用手比量着,许多眼睛跟着他的动作,他手向上一伸,大伙眼睛跟上来,那黄昏昏的灯光,就显明地照映出这些面孔的紧张;他向下垂,大伙儿的心也跟着沉下。

……

李六福的声音变得低了,向大伙低低地说:

"我得去告诉他们这种情形——堡子里的准备,老全等等上班时,你替我告个假,说病了或者有事,随便你撒个谎。"他转过脸向那坐在床角上,吸着烟,支着一条腿的老全,一个矮小的中年人,满脸长着黑点,厚厚嘴唇像老太婆一样撇撇着,嘴角上生满胡楂子,像贪吃的孩子描了个黑圈圈,在他暗淡的眼睛里说明他的诚恳。老全答应了。

李六福披起雨衣匆忙地跑出去。

他顺着铁道线走,缩着头,完全忘记了头上的大雨点,脚底下的泥水,许多,从生以来,他脑袋没有装过这么多的事情,这么多的思想,他感到太过分的沉重,走过道岔子的小板房,走过一沿荞麦地,他没有看一看,一直向前走。

三

那天,这离堡子二十里地的土山下,走来这群人搭起帐篷住下了。

土山上,长满草和树木,榆树、玻璃树、白杨树、榛子树……各种野花开放着。山下是田地,在从前站在山坡上,就会看见那密的星子一样的高粱穗在好的天气、明亮的太阳中,通红地动荡着,像红色海水的波浪,在那浪之中,晒得黑红的农夫,匆忙地勤恳地工作着,鸟叫着,孩子们在地头上玩耍着。一群猪一群牛在山坡上咬着草,游荡着,多么恬静安悦的田野呵!

现在呢,铁道线不准种高粱。地都荒芜了,牛群猪群也看不见,山上的草长得很茂盛像从古来这块就没有见过人烟。鸟雀们安心地自由自在地飞舞和鸣唱。

但是鸟雀们惊骇了,站在树的密叶中偷看着新来的一群。

从什么地方跑来的,这群叫花子? 破破烂烂的。有男人,有女人,有光着头,穿着破夹袄,有的穿着单衫戴顶破毡帽,有的穿着上衫露着肩膀,有的穿着破裤子,穿着没有袖子的短衫子……

各种破乱的衣服中包着一样不同的黑瘦的筋肉,黑瘦的面孔,骑着马,有的揣着枪,有的拿锄头,有的拿棍子……马身上除了人还背着大的小的挂满灰尘的包、锅、大篮子……

这杂合色的队伍在山坡前停下,一个圆脸的女人,向后边的说了句话,于是这些人下了马,搬东西,遛马的,立刻像闹集一样纷纭和忙乱起来了。

鸟雀们不知这是什么事,惊慌地立刻飞散。这里只剩下斜照的夕阳,和这新来的一群。

大队长张富山,有三十多岁。短短的身材,狭长的面孔,鼻梁凹下去,浓黑的眉毛中间,聚了个黑疙瘩。眼珠缠满红丝,可是很有神气地说出了他们的精明，一件白汗衫已经成了土黄色，在胡子嘴里一笑，就会看见黑处的牙齿。他的外面带有着粗莽，他还有许多没有教养的坏脾气，但是从他的粗莽里会找到他的固执的诚恳、爽快。他正指挥着人们搭帐篷。

"这个地方，呵哈，该加个钉，怎么啦，王贵子？混头！"

"嘿！这绳子还要拉紧。喂，那条，那边那条。……"

他匆忙地指指这，又帮帮那。

他对于这事是非常熟悉的。不仅他做土匪头很有几年学来的经验；从前他的出身是个木匠。在那一年，他赌得很高兴，就像有鬼扯着腿一样，一落太阳，就跑到河套的板棚子去赌，赌呀！赌呀！把他赚的钱都输光了，还欠了一大堆债。于是他一口气，就上了山，当起马胡子来。……

"嘿，柱群！把柱子支得高点！笨脚鸡似的。"

他转过身向着李司令：

"很疲乏了？"

李司令坐在山坡上。她用大草帽扇着。实在她是感到疲乏，从老营到这里怕有一百几十里，腰被马颠得酸痛，头胀胀的，可是她摇摇头，表示并不。她黑大的眼睛微微闭闭，弯弯的嘴微笑了。

这里，是不允许她说出疲乏的字眼的。本来女人在男人的眼中，惯常认为是不中用的一种附属的人类，同时她是这七十几个集合在一条战线上的集体的领队；并不是她想做英雄，在这情形下她不得不稍微矜持点，为着这走在艰难路上的集体。在前面，更难苦过于地狱的，她都要不许畏缩，这疲乏算得什么呢？

想到这儿，她微广的额头光辉起来了。现在她不是女人，她是在动乱的时代篇中人类的光荣的战斗员，海水一样巨流的一个微分子。展开的憧憬的火炬，使她女性的心弦弹起欣喜的歌唱。

田野的风清爽地吹过来，土山上树枝树叶互碰着响，秋天会叫的虫，油葫芦、金钟儿……在草丛里唱,山沟的溪水匀静地奔流,也歌唱一样地传出清脆的声音。夹杂着这些远古的移民,沉厚的雄浑的嘈吵和歌调:

握着复活的把手,

扯动新光欣喜的我们哟!

要上世界去——呵! 妈妈哟!

你一块去吧! 大地的松林哟!

你同我们合伙吧!

太阳落在远远的地下面,天空霞彩红丽地映着田禾,土地,山坡,波动的群。土红色的脸,为工作,为歌声兴奋得像一大块烧红的铁。

晚鸦在远处缭绕地飞。林子后的住家的烟雾拔上黑色的浓烟,被霞染紫了。……

她听着她做的歌词,在这些雄厚的喉咙唱出的声音,和这美丽的晚景,她清爽了些,仿佛是她从前曾经有过这相似的情景。从身旁拔棵青草,用牙齿嚼着,偏扬起头追想。

帐篷已经搭好,每个人匆忙搬卸马上的东西。另一边山坡下,安好锅,点起火来烧饭,新斫来的树枝浓浓地冒烟,烧饭的伙夫,一边揉眼睛,一边奔走。

她坐在山坡草地是很柔软。她左手抚齐了风吹起的头发,脚在轻轻地点着地,鼻子里低低哼着歌。

谁说:我们永远做人家豢养的奴隶

……

时间是快的,她进军校时候,是如何青春、泼辣,在青春旺盛的脸颊,是奔放怎样无限辉耀的光彩。毕竟她是女人,同一个同学过到一块了,而这位同居者在某一次战役中死于流弹。她孤零地回到家乡,可是不久家乡又变了颜色,于是她就又燃起入军校时的热情,离开了母亲,到山里,碰到张富山,她用话说服了他,她就同他们合伙了,而且做了他们的司令。

可是等在前面的是怎样的艰难,在这片广大朴实的土地上,正像这时的天色一样,断断灰暗起来了。敌人的力量是那样雄厚,而他们呢? 却是太单弱点。然而却是不能不顽强地向前走,正像旅行沙漠中的行商,总会有见着水草的地方的。难道能等着风沙,活活埋葬? 或者沉默地睡在地上等死?

她站起,弹去灰土和草叶,走下山坡。大队长张富山迎着她走。

"都好了?"她站住问。

"好了。今晚的口令? 哨兵派好了。"

"夺家!"她偏扬头想想说,"就是这个吧。我们都是为夺回老家来的。要他们记着我们要做什么事。你吃完饭,到帐篷来商议怎么打堡子,好吧?"

她走进帐篷里。

帐篷里已经点上洋烛,火苗摇动着,在黑色布上描出细长的影子。大队长吃完饭,巡了遍哨,来了。他们展开地图商议。他们探得清楚,这堡子有很多兵,附近还有铁路守备队。而他们只有七十三个人,廿条大枪,二支匣枪,十个手榴弹,一支手枪,子弹也不多的。若讲实力,就是把他们的手脚都变成枪也是不成的。但是李司令非常坚决。

"张队长! 我要不打下这个堡子,就要存在不住,你想想看?"

"嗯! 不过我们的力量太不够。自然,你的话我很信的,才把这些兄弟交给你带,不过……"

"我知道。比如说:我们这几个人就想把家乡救出来,能办到吗? 这是一个样,你想救,我想救,等到所有的人都这样想的时候,就有救了。张队长! 一个心的集体的力量,是可以把什么困难都打退的。……"

"不过……恐怕要损失太大!"说完话,张队长在他那狭长的面孔显出愁苦来,从皮袋子里拿出旱烟袋,重重地吸着。粗粗手抓着头皮。

"如果,那也是无法避免的!"她声音虽然低沉,但依坚持她的主张。

"但是……"

在狗皮褥子底,她掏出纸烟来,就张队长的烟锅点着,她立起身,在帐篷里徘徊。偏扬着头,喷着烟圈。她的影子就在棚布上移动。张队长不停地抓着头,支起一条腿,时而咳嗽。

帐篷里是这样静,帐篷外也是这样,时而从风里传来别的帐篷里低低谈话的语声,和哨兵的走路声。

"嗯! 我想这么办……"李司令喷一口烟这样说,她的眼睛为着欣喜增加了光辉。

"什么?"张富山从地上跳起来,站到她的面前。眼珠像要跳出眼中的红网一样,瞪着。

"我想。"她把头偏过张队长的眼光说,"我想先找个人到堡子探听探听,有机会联合里边的人——有这样的人就好了?"

"那么,我?"

"不成。你生长在附近,又当这多年土匪头,怕认识你的不会少吧?"

"最好,是弟兄。"她补充说,"能同堡子有认识人,又不为他们注意的。"

"我问问看。"张队长像突然年轻了些,跑出去。

一会儿,张队长带着个像才出煤窑里钻出来一样黑眉黑眼的年轻人。站在李司令面前,他时常用手拉只有半个袖子的破衫角。

"赵老疙瘩愿意去,他有亲戚在这儿。"张队长向李司令说。

"报告司令!"那个年轻人说,"我有个表哥在这车站上当伙夫,他叫李六福。矮矮个,老实人。头几年我当胡子,他骂我。后来他老婆死了,地也不能种,到车站上当伙夫。有一次见着他,他就说:'老疙瘩呵! 我也想当胡子去,说不定多暂就去找你。'这话有一年多了,我信他能帮我们。……"

"好! 万一就同你表哥到这儿来见见我。"

"是!"年轻人立个正,转身预备往外边走。

“好兄弟！要小心点，早点回来。”张队长重重地拍着赵老疙瘩的肩膀，送他出去。

四

第二天，下午落起雨，直到夜深还没有停。雨点打在棚布上像打鼓似的嘭嘭嘭。夜里的野风，吹得土地都有点发响。哨兵都伏在树林里，用布衫包着脑袋。

可是李司令下道紧急命令：

“出发！向火车站。”

于是缩在树林里，安睡的鸟雀，又遭受到一阵惊吓……

在火车站，李六福从李司令那儿赶回来，就匆忙地召集铁路工人们，铁道折坏了，剪断电话线，五个站警都被他们缴了枪，把站长、票务员、电报生一块捆在候车室。老全拿着枪瞪眼，比着他们威吓着：

“不要动！奶奶的，不要动！”一边问李六福，“来了吗？别骗人！”

“不会！”李六福像热锅上的蚂蚁，站不住脚，一边向外跑，确信地说，“准来！”

用手挡着雨点，模糊地一个黑影跑过来。

“老疙瘩！”

“六哥！来啦。司令找你。”

李六福赶快又跑回候车室，关照老全，刘全柱向财，看好这些俘虏，同着另外几个人跟着赵老疙瘩跑出来。迎着李司令带领着大队的马头，他们站住了把这里事情都报告完。于是李司令下命令了。

“赵老疙瘩带十个人抢大门，完了守住东山墙。”赵老疙瘩带着人先走了，她叫张队长带十五个人去抢前窗户；李六福带领十个人守后窗，西窗户

169

留给她自己和其余的人。她又嘱咐着：

"不见人影不要开枪！我们的子弹不够用。"

马匹交给留下的人。他们悄悄地向着守备队前进。

铁路守备队部是在车站北边。他们也知道这几天有股土匪要轧街，他们防备着。但是他们只知道要轧街，而且自恃火力很强，人多，枪好，还有两架机关枪……过一天没有动静，他们就说："他们不敢来碰我们，两拿一个也拼得过。"

落雨天，就使人发困，尤其他们提防着，提防着，两夜没有安宁睡好，连长第一个就到西屋休息，弟兄们也就照样，有的竟把裤子都脱了。守门的岗兵，躲在岗楼里，他是不想睡，可是一坐在凳子上，往壁上一仰就抱着枪打起呼噜来。风怒吼着，电轰闪着，甚至老疙瘩他们来到近前他都在做梦，他梦见他回到家去，家旁边的小山还是那样青，河沟的水还是那样流，他的老婆抱着孩子向他抱怨，为什么这久没有信，也不回家……突然房子倒了，房子塌了，他的肩膀被房椽子压住……

"不准嚷！"赵老疙瘩的手枪逼在他的胸口，两个膀子被人掐紧，他的枪早跑到别人的手上，子弹袋也背在别人的身上。不容他思想，他已被绑起来，堵上嘴。

赵老疙瘩他们把岗兵安置好，就悄悄地斜着身子前进。在东山墙下伏下。别的队伍都赶到，照着计划守着。

屋里都睡得很甜蜜，时时传出睡话来。

张队长说话了：

"屋里的朋友们！我们来了。"

"喂呵！胡子来了！"从睡模糊中一个人嚷起。接着许多人扑腾扑腾地跳起来。枪响了，渐渐密起来，机关枪也 TuTuTu 地扫射着外面，窗格子打断了，窗纸同火线乱飞，可是伏在外面的没有一个受着伤，还是不还一枪。

猛烈地响一阵，就停下。李司令在西窗下说了话：

"朋友们！不打了吗？我得告诉你们，我们并不是胡子，我们是保卫家乡的军队。我们不打自己的人，也不骚扰老百姓，我们对头人是洋鬼子，不是你们。现在老家都完了，你们甘心做亡国奴吗？若是你们有良心就赶快把枪扔出来，同我们合伙，我担保决不伤害你们的。"说到这儿她停停，等着屋里的答话，一边告诉附近的人把手榴弹准备好。屋里没有声音也不开枪。她又说：

"现在你们这队部完全被我们包围了，你们一个也不能出来。给你们两分钟考虑的机会，不然，那就对不起，要叫你们尝尝手榴弹。"

屋里静一会儿，像在商议。突然地屋里的枪更猛烈地向外面扫射，把屋顶震得簌簌地响，枪弹的火线像流散星云一样，把雨点都照得透明。

"弟兄！放！"李司令有点儿动火，吩咐拿手榴弹的。

Puang！

屋角塌了一大块，湿泥、铁瓦皮、钉头、木块飞腾着，像落着的雨点似的。屋中同时发出一声尖叫。枪停了。

"再放！"

Puang！

屋子另一角塌了，有人答话！

"好啦！朋友们，我们缴枪。"

"缴吧！一个不许出来！"

Ping—Ping—Pang—Pang……

枪都从窗洞扔出来。

"数数看！"

张队长数完报告："不少，同人数相合。"

"好！你们出来！"李司令命令着，"把门扯开！"

被缴械的守备队,背着手,一个跟着一个走出来。

"靠那面墙不许动!"

张队长就进屋里去搜查了一下,什么都没有。

"配枪,配子弹。子弹都指出来!"

这时候没枪的都有枪了,一个个笑得咧开嘴,精神百倍地站在一排。

李司令转过头来向这些守备队说:

"你们愿意回家只管回家,不然就跟我们走。"

这些被缴械的人起初是担着心,头都低下。现在抬起来。

"我们愿意跟你们,只要肯信。"

"好的!"张队长给李司令一个暗号,意思她小心。可是她依旧说:

"好!就这么办。我完全相信你们。你们有多少人?"

"一百五。"

"连长?"

从队伍里走出来个大个子,留着两撇胡,他行个举手礼说:"我,何连山。决不愿意做亡国奴,就是我带的弟兄们也没有一个人肯,从前是没办法,现在,报告司令,只要肯相信……"

李司令同张队长商量几句,就向他们说:

"拿枪吧!"

于是全队就向堡子里出发了。

大雨点淋着他们,雷巨大的轰鸣,电光闪闪地照耀这杂合的集群,错乱地在泥水的路上迅速地进行,这行列,像黑凝的铁流一样奔流着……

五

在堡栅里。

小五眼送走李六福之后,就跑得战壕找他的哥哥。

"怎样?"找着了,他有意地问。

"上边命令叫打!"

"打?打谁?打自己的人,反去……"

李福成赶快止住他,看见有一个黑影走过。他拉他到黑暗里说:

"小五眼别胡说!"

"不是的。"小五眼抗议着,"方才六哥来了,他说城外的不是胡子。"

"我知道的,但是……"

"听说司令还是个女的。"

"女的、男的都管不得,上边命令是这样。"做哥哥的有点奇怪起来,为什么小五眼说这些,于是不耐烦的:

"有什么事?"

"就是这个,人家可是为着救国,而且咱们祖宗都是中国人。你呢?要明白现在是打谁?"

年轻人的血都是容易热的。李福成思想着他兄弟的话,脸上一阵白。他看着这雨中的黑栅栏和喷起的土堆。遥听着街中的房屋黑沉沉地像在石盘下的生物压抑得很疲怠,很狼狈。"依你?"他盯着他弟弟。

"依我,我们都……"小五眼仔细地向四下望一望,李福成也跟着,他的心跳动了,感到神经的震颤。像小五眼的话说了地面就炸毁,这些房屋、木栅都要沸腾起来一样。

小五眼附在哥哥的耳朵上:"依我就这么办,你联络联络他们反过来算了。"

"那?……"

"我们已经准备好了,老张家的顺成,于秃子,黄狗子,白家的二弟,很多人……"

李福成还考虑着，弟弟着急了。

"就这样！这块布留给你。"小五眼说得非常干脆，走了。

李福成想要招呼他弟弟，看着他已走远，他把伸出的手缩回来。看看手里的红布条，想一下，就塞在乌拉里。

回了壕，李福成就试验向同壕弟兄们宣传着。睄着洋鬼和团总不在这里，他就讲这个，说那个，先抱怨：这样雨天，不知胡子究竟来不来？尽管他们在壕沟里守死尸似的守着，可是商务会长、民团总都在房里陪着洋鬼子喝洋酒，玩女人，抽鸦片。他又说到地现在也不能种。比如他自己的几亩地，本来是种高粱，现在却得种旁的，这不算，种到年底都得给人拿去，自己家里好了只能吃豆饼……

"今年可得吃草叶了，地里豆子一定泡出芽子来，这场雨多大！"

他又说："我们也不知替谁打仗？打谁呢？外边无论如何都是咱们家乡人。为什么替他们在屋里的守着壕沟？放着地不能去割，让豆子泡出芽来？虽说外边的是不打我们的。其实他们来了，我们又谁怕？难道谁会把房山墙抬去？或者把锅台抬去吗？"

"这年月是没道理！"

他的牢骚引起很多的同情，别人的牢骚也发泄出来。

一个红疤眼说他的家里昨天晚上就揭不开锅，这里不许他回去，不知怎过去的呢。

"我去年就拉了一大屁股眼子债。指望着打好粮食，还还。谁想！年成倒很好，结果还是债堵着屁股，像我地里没有长一个庄稼粒。"

别一个秃头的说。

"说什么？这年月道理都叫猪吃了！"

……

从东边车站上的枪声传来了。民团总匆匆走来说："快预备！上来啦！"

大伙站起来,趴在壕沟,把枪从柱眼伸出去。

远远地枪渐渐密起来。停了一会儿又猛烈地响起。但在 Pueng—Pu—eng 两个大响之后就又安静。

"怎么?退了?"好久再没有声音,大伙儿这样想。于是大伙儿抽出枪坐到休息壕上。团总去报告商务会长。一个弟兄找些木柴就在壕里生起火来。夜深又是雨大,有点儿秋凉了。在东壕里这一大伙儿就围着火坐下。抽烟的点起烟。困了的抱着枪打盹儿,不困的挤在一起谈话。

大伙儿的话锋,由笑话到个人的诅咒,渐渐又转到外边的队伍身上。李福成没放过这个机会,就把小五眼的话,添上自己的话,避去正面的话,说得大伙儿心活了。你看看我的眼睛,他望望你的神色,互相考查起来。

每个面孔扭动着,眼光散乱地,谁都躲着谁的搜寻的眼睛,怕看出他们每个心理现在的所想。——不愿意打,感到对外的那群的亲切。

火堆非常旺,把壕沟,遮雨的席子下面的这群,身上、脸上,都照得一样通红,这正像他们的血管和心脏也燃烧得非常旺。他们越谈越起劲,越感到接近的亲切,话声兴奋地低小。

突然地——

Pa——堡栅外穿上天空一条通明的火线,接着不知道有多少喉咙呐喊起来。

"堡子里的朋友们开门！开门！"

"家乡人不打家乡人！"

"……"

"……"

火堆旁边一群惊得跳起,又赶快卧下。很少人往柱眼里塞枪,稀疏地还着枪。

在南边,在北边,在西边,枪声广大地歌唱起,黑色的天空交织飞起的火网。堡子外人呐喊着,堡子里人号叫着,狗咬着……

雷响,电闪,雨点更大更浓密……

Pa——PaPaPa……

TuTuTuTu……

天空怒吼了!田园咆哮了!人疯狂了!

从堡子的街心,像石头街道翻了身,迸裂一样呐喊着外面一样的话语。

"××军进堡子了!"

"家乡人不打家乡人!"

"……"

"……"

铜锣声,炸炮声,像风一样被一阵急促沉重的脚步带过来。

李福成伏在地下,没放一枪。在这逼近的喊声里,他听出小五眼那沙沙的嗓子。于是他突然跳起来,放开嗓子喊,挥舞着枪。

"别打了!快给自己人开门——呵!"他们声音刚喊出口,民团总走进壕来,掏出手枪把他打倒。他挣扎着还用力喊:

"开门呐!开门呐!"

他的同伙都红了眼。团总正要打第二枪,他自己就被人打倒下。小五眼也赶到了,看看他哥哥已咽了气。停一停咬着牙赶上这疯狂了转变的群,像一股蓬激的火山口爆炸的熔岩,蜂拥地把东门拉开了。

"城外的哥们儿,快进来!"

小五眼沙哑的嗓音混合在这轰响的欢声中。他扬舞着胳膊上的红带子。赵老疙瘩带着人冲进来。他们互相看一眼,立刻就汇合了,一个完整的烧红的铁的溪流。

李司令、张队长得到报告,骑着马跑来指挥着:一半人往南攻,一半人往北攻。

遭遇战开始了。

赵老疙瘩带的人,李六带的人,何连山带的人一枪不放,只往上硬冲,这个倒下,谁也不看,红着眼睛,那个又上去……

枪声一会儿大一会儿小,渐渐缩减了。

天色朦胧的灰白:雨小了,雷也不是刚才的粗暴。

北边的缴枪了。南边的缴枪了。

于是集中火力进攻西边,那些顽强抵抗的鬼子兵。

像突发的山洪,这些人趁着胜利的欣喜,拥上去,每个人都像肋骨生了翅膀,飞跃地奔跑着挥舞着通红的刺刀,冲上去,可是退下来;对方的机关枪,像雨点一样密,立刻就组成了一个危险线。这边最前的一个一个倒下了。于是李六福、何连山搬个机关枪来也向对方还击着。

TuTuTuTu……

TuTuTuTu……

机关枪协和地共鸣起来,唱在完全明亮的天空底下。替晴天歌颂着。

何连山倒下,赵老疙瘩挂了彩,挣扎几下没有再起来。

李六福红着眼睛抱起机关枪冲上去,后边呐喊雷一样和声跟着冲。那边枪火压住了。

突然,那边枪不响了,过一会儿把枪扔出来。

完全胜利了!

李司令、张队长检查着自己的队伍,从一个一个身旁走过。

这些战胜的英雄,排成一大排,血沾满了他们头上、脸上、手上、脚上,胜利的笑挂在他们紧咬的嘴角。李六福站在最末尾,血抹了个脸,头发都是血,手像杀猪的屠户,脖颈上的青筋还跳着胸脯还喘动。张队长走过来,重重拍了一下,表示他的感谢和称赞。

血水变为红紫的小溪,傍着尸体静静地流着。

有人抬过自己伙儿的尸首放在沟沿上。

李司令、张队长慢慢低下头，低低念着死者的名字。眼泪从他们，从活着的伙伴的鼻窝流下来。

大伙静穆地低下头，心里咀嚼着悲哀。

过一会儿，李司令抬起头，深远地望着像要放晴的天空，有力地说：

"这是必然免不了的。"

"立正!"

"向右转!"

"走!"

他们带着胜利品，带着战胜的欢喜，带着死去同伴的尸体和悲悼走上远方，更远的途程去。

粗大雄原的歌声飘响在天空上。

握有复活的把手，

扯动新光欢喜的我们哟!

要上世界去——呵! 妈妈哟!

你一块去吧! 大地的松林哟!

你同我们合伙吧!

一九三五年六月九日改作

（原载《文学大众》1936 年第 1 卷第 1 期 17—51 页）

饥 饿 的 伙 伴

像天空一朵流云，

趁着风的波浪，

像暗夜的海鹰，

追逐光明……

夏原把他巨大的身体，躺在靠板壁的铁床上，用他那最高亮的嗓子，向着棚顶的空虚唱着，手指敲着板壁，配合着他那忧郁的音阶。跟着他那歌声，他浓黑的眉峰时时抖动，就像有一条线在空虚中曳扯，若不是那清亮的歌声从他嘴里唱出来，我会不以为这世界他也是活的有着一切人的需要的活人。他瘦削的两个颧骨像小山一样突起于地面，两腮就被显得凹下得那么深，从侧面想找他鼻子，真太小，小得若是你不注意也许会以为他天生来就没有鼻子的。嘴角突出，上嘴唇却又紧紧弓下去，紧包他的整齐洁白的牙齿。他年纪同我比起来是老了点，可是他并不算老，昨天他才过完廿七岁的生日，这样一个年轻人头上的皱纹，就是他不抬起眼皮来，就看得很深和清楚，在头顶，有两块已经秃上去，他那卷曲的头发是非常美好的。现在他停止了歌声,用他的枯瘦的手揪着他的美丽的卷发,绕着手指,拉长,一直拉到鼻尖,松开手让它们卷回去,又拉长……

这是青翠的六月,快近黄昏的夕照扫射着屋子,屋子闷热而静穆。前边是一排新造的西班牙式的大洋房,把我们该享有的一点儿天风,一些较清新的空气都剥夺了,就是阳光也被剥削只剩车轮大一点儿印在板棚上,板棚是土红色的,被蛛丝灰线网络着。那快成干陈血迹似的颜色,就像我的朋友和我一样已经是该进旧柴堆被柴商卖给仆妇们,去烧热太太老爷的早餐。然而他们同我们都没有这样。——只有太阳照到的一块,特别新鲜,像天空流霞,流到这板棚上,日影渐渐移着,移着,屋子黑暗了。

夏原和我各人躺在自己的床上,谁也不想说话。

我们在黑暗中。桌上的表嗒嗒……嗒嗒走得连气力都没有。窗外的夜风吹进来,很清凉,然而一定带进一二个蚊子,来吸吮我们贫血的肉体。

楼上,钢琴悦耳地响起,那美丽的姑娘又练琴了。

夏原在黑暗中的床上,转动着,床被压挤出噪耳的声音。时而我听见深长的呼吸。

"我们"——我低低地说。

夏原在床上并没有回声,于是我就不说了。我们的肚子正在燃烧着,那些反叛的肠子,像顽皮的孩子似的翻滚咆哮着。

"这简直是一种病!"我又说。

"病?"夏原今晚好像不怎么高兴说话,说出话是这样简单,像从地底,从旷野,从什么遥远地方抛来这么低沉的声音,若是我站在水边上大声喊的回声也许比这大。

"是的。"我努力要引起话来说,"这实在是一种病,若是在别人也许就好办了。好啦,走到饭铺里,坐到桌子旁,告诉堂倌,给我来点什么,比如说烤鸭子吧,或者一碗炸酱面……"

"好！那么你不饿了吗?"夏原从黑暗里笑出声,讥笑地说。

"一定!"我感到侮辱似的大声地说,"一定!"

楼上的钢琴叮叮地像流水一样敏捷地流着。像阵清爽的海风吹涌着,夹杂着海水的呜咽,而那夜一定有月亮,并且明亮像银丝线似的轻盈穿射沙滩细小的各色的沙粒,突然地狂风抖起了,海浪狂奔着,眠在海波上的鸥鸟惊跳地飞起来,而那月亮呢? 月亮呢? 我简直不能想象该有块乌云盖上,或者没有。我伸手把裤带紧一紧,站起来,把电灯开亮,倒一杯热水下肚里,这些反叛的肠子才稍微安静。

夏原在床上翻个身说:"给我支烟!"

我把烟递给他,在一支火柴上把我们的烟点着。我就坐在凳子上,向电灯喷着雾似的烟圈。

楼上的琴声停止了,接着一阵缓缓的楼板响,一直响下来,楼梯下门重重地响一声,就再没有声音了。

夏原起来,走到窗前站一会儿,并不回头说:

"琴弹到这样,不坏了,你听,你说不是像水流一样跳动得很敏捷?……"

我面向着房门也并不看他。

"是的,很动人!"接着我讥嘲似的说,"至少……"我老想他不是夸赞琴音而是赞美在琴键上敏捷的手指和它们的主人。

"什么?!"

"不,至少,是很动人的呵!"我狡猾地笑了笑。夏原也就再没追问我。接着,他的话就多了起来,好像一个沉默的酒袋,现在都流出来。

"在哈尔滨,"他说,"哈尔滨你总记得吧? 你的老家,那是怎样好的地方。我有一个俄国姑娘,我们怎么认识的呢? 哦!"他想了想,"我在电话公司做接线生,那姑娘是我的同事,既然同事了,这不是很容易吗? 我们就认识了。"

他走回椅子上坐下。他那两个眼睛被记忆的火燃烧着很明亮,在那枯瘦的颊上浮上些因记忆而兴奋的红潮。这时候他是很年轻和美好的,我望着他那巨大的身体。

"以后,"他点起烟接着说,"以后就常到她家里去,她家住在大直街,记得吗? 南岗上的大直街? 街是那么直,这里就没有那整齐的街道。她家里有一架钢琴,她弹得很好,我敢说还没碰见第二个像她弹得这样动人的。有的时候我们顺着那直线一样静穆的颇有点异国情调的大街走,有时候她弹着我唱着,虽然我唱不好,可是,可是我们是怎样快乐! ……"他把香烟屁股吸一口,扔在地下踏灭了又接着说下去:

"那时候,那姑娘同我说,她要回国去,她是怎样怀念着祖国,她常常讲起家乡,用她像雪一样清亮的声音说:

'夏原你跟我走吧! 我们家乡里有比这还大还好看的雪。'

因为那时候我是很爱雪的,于是她就这么说。

不久,她就真走了! 走的前晚还那么催促我:'去吧! 一块去吧! 夏原! 那里多么好!'但是……"

夏原他异常怅惘地说:"我没有去! ——若是我去了,你猜会怎样? ……"

"至少,你的手总会换点活干,不会闲着只留给你自己的裤腰带。"我接着他的话替他后悔着。

"那是真的! ——不久,"夏原接着说,"至少她走不久我免了挨鬼子的嘴巴。是那年秋天吧?"他想了想,"哈尔滨已经不是我们的了,于是我同一伙不甘心当鬼奴的人们到绥芬河,在绥芬河我真干了些事情呢。有一天,前线上正紧包的时候,电话突然断了,我就同两个伙伴到树林子去接电线,刚下过雨,道上的水泥分不清,直没到膝盖,我们还不敢直起腰来走,前边就是敌人,若是看见了,你想,我还会有个没有开的尸首吗?……"

夏原讲的话实在太多了,他讲着他的那晚上冒险的工作,和那些英勇的战关,最后他说:

"这一次,可看见了民众的力量,民众真是了不起的呀! 他们……有一次,一个弟兄受伤了,很重的伤,从前线抬回来,人就问他:'伙计疼不疼?'你猜他怎样答复的,他说:'他妈拉比,好了再干!'你看吧,是怎样的英勇!……

然而,终归有一天,我们被打散了,打散了,并不怪我们,若是你也经过那生活,那生活就不是人的咧! 最糟的是没有枪弹,拳头毕竟还是肉长的,而敌人是铁呀!……"

他说得有点口干了,喝一杯水,走回床上。

"我告诉你,我真想那生活,有机会谁愿意在这里挨饿!"

说完这句话他就躺下了。

楼梯又一阵响声响上来,一直响到头上的地板。

"回来啦!"夏原在床上翻个身说。

"回来啦! ……可你依然不得不饿着肚子过夜……"

听了我的话,他嘴动动,我知道他又要抗驳,我很快地灭了灯,拉上被单。

楼上传下轻微的笑声。夏原在床上翻转着。

几天后,夏原从外边回来,满头汗,在他瘦脸上有为我少见的与兴奋的光彩,一进门,就向我说:

"我要搬了。"

"搬?"我脑里震动这个字眼,我很疑惑,但,他说得很郑重。

"有个地方学跳舞,白吃饭,白住房子。"

"真的?"我记起了他前几天向我说过的。这时候,我真恨我身体的丑陋,若是我也像他一样巨大的身体,优美的姿态……我不敢想下去,我知道我现在又该寂寞了。

同夏原认识是在春天,那时候,我从一个黑暗地方回来,进那里是因为太好流浪出来的呢! 还不得不流浪的时候碰到他,只就这一个线索——饥饿就把我们拉到一块了。一天他向我说:

"我们一块住吧,饿肚子有个伙伴也好。"

"好的。"我说。

第二天我们就搬到一块来住。

春天过去了,夏天也快过完了。现在他要搬开,搬开吧;有饭吃,有房子住,使我阻止的勇气都吓跑了——吃饭! 住房子!

他提起破行囊向我说:"我过两天会来看你的。"

夏原走了。我感到屋子突然这样大,空洞洞的。

过三天他来了,他的兴奋的光彩,已经没有了,瘦脸并没胖了一点儿反而枯黄,简直黑了。

我向他说:"忍耐吧! 忍耐吧!"

第六天,他把破行囊提回来,他说:"再不能忍耐了! 再不能忍耐了!"

这结果,我早知道的,向有钱人讨怜悯,还不如向木偶烧香求求福,或者比较值得安慰的,因那根本是太缥缈的企求呵!

夏原这一下把他的希望都打消了。他把床铺在原来的地位,又把巨大的身体躺下了。已经六天没有听见的歌声,又响起来:

…………

以我们饥饿的火焰

把夜天烧红!

"我们还在一块吧!"等他唱完了,我向他这么说。

太阳又剩车轮大一块,板棚一角又映得鲜明了。楼上的钢琴又叮叮地悦耳的响起。……

我们亲切地沉默着。

一九三六年七月十七日

（原载《小说家》1936 年第 1 卷第 1 期 150—157 页）

强　盗

一

在这风景佳美的小村子里，只有十五家人家，合起来连老带小不到五十个人。

这村子有山，有水，还有一片苍郁碧翠的松林。

山并不高大，一半是土，一半是石头。山上有松树、白杨、山刺梅、玻璃树、榛子树……

水是指着环绕西山坡的小河，最深的地方也不过齐到成人的胸部。水色非常清碧，有小虾和青鲫鱼。河身并不阔大，河水在无风的时候非常平静，在山风吹来就微微泛着翠色涟漪。

河的西岸是一片空阔的草场，茂茂丛丛地长满了草、羊蹄、荏草、紫云英、虎耳草、泽漆、狼尾草……

靠近草场就是松林，成年成月忧郁地呼啸。

村长的家屋就在松林旁，每天他要到松林前散步。每天早晨，当那朝露夹着晴和的金色漫过山头时,他那短肥的衣衫就包紧他的身体走在林前的小路。

他散步的姿态,老是这样:狭长的脸带着和蔼和自信的笑容,眯起眼睛,好像怕太阳光似的;右手拿着旱烟袋,左手拉着他的儿子三敏,这是一个八岁的枯瘦的,鼻涕流满大襟的孩子,眼眶很深,老像惊异什么似的瞪着眼珠瞧着他爸爸。

"爸,你看那雀,嘻,那雀跳咧!"

"嗯!"村长就眯起眼睛瞧着在碧翠的针杆上跳踉的灰色松花鸟。或者:

"爸,你看,那耗子,同我们家里花猫捕的不一样,大尾巴……"

"嗯!"村长就眯起眼睛瞧着玩弄松塔儿的松鼠。

在林前徘望一会儿,就顺着草路走到田地头上。

"早呵,村长!"

"嗯,于老六,忙呵!"

他和蔼地同地里工作的农夫打着招呼。

远望着青毡似的麦浪或者捏着金黄色的谷穗,他那土红色的脸就更红些,眼睛喜爱得只剩一条缝了。

他在这里要耽搁许久,许久,直到三敏捕满把蚂蚱、蟋蟀,才一道走回家。

二

这天,李村长又带着三敏在松林前散步。三敏拔了两棵狼尾草要他爸爸给他编花篮。于是李村长就坐在一片铺地锦上编着。三敏一边跑着拔草,一边唱似的嘟囔:

"报报报,前边有座庙,庙里有老道,黑压压,雾沉沉,要问……"

嗒嗒嗒一阵马蹄声,把他的歌声打断,他吓得跑到爸爸的身旁。

"爸!"

"嗯!"

骑马的已经走近了。勒住马头,跳下一个穿皮外套的人。

"大鼻子!"

三敏低低地说。

那个穿皮外套的人,在松林前望了一会儿,李村长就向他们走过来。

"请问这村的村长在哪儿住?"

"嗯!"李村长停住了手,把旱烟袋拿下来。眯起眼睛,最先看见这个闪亮的黄色外套和颇高的鼻子。

"你先生找村长什么事?"

"你就告诉村长住在哪儿得啦!"那人说话非常急躁,带点儿辽宁城里的口音。他说着还用手遮着额角向他来时候的地上看。

远远地又有一匹马带着土雾跑过来。那个高鼻子的大声招呼一下,于是那跑得满身汗淋淋的黑马,就被勒住,跳下个小个子的中年人,灰色西服,黄马裤,戴了个硬平顶草帽,在那饼子似的脸上挂满了土沫。

"小鼻子,爸!"三敏不明白这两个人干什么的,他倚着李村长的大腿,手里还攒了把狼尾草,瞪着眼睛瞧着。

高鼻子的等小个子下了马,就指着这片松林叽叽呱呱说一会儿,于是并排走过来。

"村长在哪儿? 这片松林……"还是高鼻子的说。

"我就是村长,这片松林怎的?"

"嗷!"高鼻子的显出惊奇的神气,望着这穿黄色短衫,眯着眼睛的人。回头向小个子低低说一句,小个子就用黄色小眼睛狡猾地向李村长搜寻一下,走上来。

"贵姓?"

高鼻子说话客气多了。

"好说,我姓李。你先生?"

"我姓张,这是中村先生。"高鼻子指着小个子,小个子就谦虚地行着礼。

"我们是国家木材厂的,中村先生是采办部主任,我们是……"

"嗯!"李村长说,"那么请到家里坐吧! 三敏,快回去告诉你妈说有客来。"

"ei"三敏 ei 一声就跑了。

高鼻子同小个子商量一句就答应了李村长的邀请。

太阳的金光正照着浓绿的草场,草场上几个放猪的孩子正唱着:"li-ao——a——liao……a……"山、河和应着回声。一群猪奔跑着。

三

晚上,村长一个人跑到松林前坐了很久。像是特别忧愁似的,在黑影里静静抽烟。

第二天早晨他就没有到松林前散步,三敏看他爸爸阴郁的脸,也不响了,悄悄地跑到草场上跟放猪的玩,直玩到晚上才悄悄地走回来。

李村长正同几个邻居说话。他弯着腰,脸焦黄的,好像一夜一天的工夫就老了许多。

"村子卖了?"

村长说:"不卖怎成呢? 他们是××人哪。××人要买,别说还给钱。……咱们东北这大地方,不都得给人家……"

"咳! ××二大爷……"

邻居们都低下头,想着自己的房屋、田地和菜地。

第三天松林前就出现一批人带着斧子、锯,还有些背枪的××宪兵。

叮叮当当在松林前搭上了帐篷。

在同时,村西的土地庙前的老榆树上发现一张告示。大的黑字,尾巴上还盖了一枚珠红色的长方形的印。

说些什么呢?

大伙围着会写豆腐账的马二先生,听他笨笨吃吃地念,念了好一会儿,听的人不懂,他自己也不懂。

于是急躁的人就说:

"别费劲啦,你就讲讲大意,或者挑你认识的念出来。"

马二先生涨红了脸。

"仿佛是这样?"马二先生说,"现在有皇帝啦……现在是'满洲国',不是中华民国,底下……嗯。"马二先生深深叹一口气,用蓝布衫袖揸揸额角上的汗。

"底下,嗯,是告诉老百姓,安居乐业,就是说种地的种地,做买卖的做买卖,别排斥××人,别当胡子,别藏胡子,有的时候要报告……别……要是藏了,或怎的,就枪毙……"

"哪出的?""皇帝吗?"

"不,是××什么司令。"

"皇帝呢?"

"谁知道?"

"皇帝姓什么?"

"谁知道?"

"不要皇帝也是××人吧?"

"谁知道?"

"……"

四

自从这批人来了,自从土地庙榆树上有了告示,人们的心就像符咒禁住似的阴郁地结个疙瘩。

什么呢? 谁也不知道。

松林彻日彻夜地响,Ka——Cha! La——Cha! 松树一棵棵地倒下,像叫喊似的,这声音震撼土地,震撼村人和村长的心。

村长很少出来,整日地在屋地、院子里走,晒太阳。他像越发老了,狭长的脸没有和蔼的笑容,头上突然添了白头发。

村长的老婆在屋里炕上絮棉花。三敏倚着门槛低低地唱。

"村长在家吗?"

高鼻子的辽宁口音。

"谁啊?"李村长拿下了旱烟,停住脚问。

"请进来!"

门开了,进来高鼻子和小鼻子,还有两个端着枪的宪兵,各个脸上都带着严重的样子。两个宪兵就在门旁站好。

"嗯!"李村长迎上来说,"有啥事吗?"

小鼻子挑一挑短眉毛,饼子脸往前动一动。

"是的。"高鼻子说,"是这样,不知谁把土地庙的告示扯了。"

"嗯,呵!"

"这还了得!"高鼻子接着变得非常严厉地说:"这简直'目无国法','目无国法'该是什么罪名? ……"

"这个人的,一定是马胡子的!"小鼻子好像他确知是谁干的似的,用手揩揩唇上的一撮胡子,眼睛狠狠地向村长看一看。

村长吓了一跳,"嗯"一声。三敏吓得藏在他妈怀里,从窗户洞往外看着。

"请村长把这个人查出来,非严办一下不可。"

"明天听回信。"说完了他们就走了。

村长待在院门旁,直看他们走远了,他才喘了一口气。向院墙底下重重地吐口吐沫,拖着沉重的脚走回屋。

到哪儿去找呢?

五

村长扎上腰带子出去了。

三敏看他爸爸走远了,就也悄悄溜出来。

这几天爸爸性质变得古怪,老发脾气,不许他出来,不许他乱跑,也不带他到松林玩,也不给他讲故事。……他很寂寞的。

顺着门前的草道,向松林走。

"哦!"他用衫袖抹抹鼻涕。这很奇怪! 许多大松树横在地下。还有许多人用锯拉,用斧子砍那些未倒的树。

"为什么砍我家的树?"而且指挥的是那个高鼻子。

"嗯,这……那……"像个管家似的,高鼻子吆喝着那些短衫的木工,就像吆喝他那匹灰马一样。

小鼻子夹着硬厚的簿子坐在一块木头上,也用手里的铅笔向高鼻子比比画画地说着。

几个戴红帽箍的××宪兵抱着枪,像守营门岗似的在那儿逡巡着。

"这是什么? 准是强盗,像爸爸讲过的。"

他想:"这得告诉爸爸去,爸爸准还不知道。"

顺手拔个荭草穗,用手摇着向空草场走。空草场上今天这么冷静,没有猪群,没有放猪的孩子。

到哪儿去了呢?

在空草场上插着些小红旗,三角形的随风飘摆着。

“这又是什么?”

他用手悄悄地摸着,摸着四下看一看,松树林那边正忙着斫树,草场上没有第二个人。他伸出舌头把嘴唇舔一舔,收回去还做一个响 Bu!——他很爱这小红旗。若是他有一个,他想明天玩抢山的时候,他就要当大王,因为他有旗。大王能没旗吗?有旗当然是大王了。

他摸摸索索地用背挡住松林那边人的眼睛,手就猛地拔,一面小旗已经在他手里了。

“哪儿跑?小杂种!”三敏没有走几步,他的领子就被揪住,接着 Pa 一个耳光,打得他愣眉愣眼的。

拖到小鼻子面前。那个捉住他的高鼻子,就把小红旗递上去并且叽叽呱呱说了些三敏不懂的话。说完了就把三敏往前一耸,三敏这才哇一声哭了。

“不是,是捡的……”

许多斫木的围过来。

“什么?”有的就想说情,看见小鼻子阴险的脸就不敢了。

“做活去!做活去!”

小鼻子拿着小红旗挥舞着。

“小马胡子的……你们中国的马胡子多多的有!”

六

晚上,村长跑回来。他的老婆在炕角上哭:

"我们的孩子……听马二先生说,叫××人抓去了。……"接着老婆就抱怨:

"都是你,这老不死的,卖林子,卖林子……现在连儿子也……我活不了啦……"

村长从外边就带回来一心烦躁,进门来又听见这,他就把烟袋向炕沿上磕一下,把眯着的眼睛瞪开。

"真的?"

"马二先生还说谎? ……你去给我要儿子……"村长老婆咧着嘴放大了闷里闷气的嗓子,一边哭,一边骂:

"你这天杀的……我的儿子,我的儿子……"

村长就又走出去,找高鼻子的。

"真是真的,不过不要紧,中村先生说,拔旗还是小事,要紧的是问明白了有没有人指使。"

一进矿木头的木头房子,高鼻子就向村长这样答复,接着就问。

"扯告示的人呢?"

"我想不是这村子的,这村子的都是安分守己的人。"

"那……"

"可,三敏不过是个小孩子。"

"中村先生说,小孩子不管小不小,指使人倒许不是个小孩子,说不定同扯告示的一鼻孔出气。"

"可那……"

"好啦,你明天来吧!"

七

第二天早晨村长就又到木头房子来,据说都到土地庙去了。于是他又转回身往土地庙去。

土地庙前涌动着许多人。

小鼻子拉长了饼子脸挥着胳膊,站在土地庙台上用他半硬半生的中国话讲演。

村长走得满头汗。到那里,他的老婆拉住他,问他儿子怎样。他摇摇头。老婆的眼边都哭肿了,又揉起眼睛。

小鼻子身后站了好几个拿枪的××宪兵,枪口端平了,就像预备放。

"为着保护你们'满洲国',"小鼻子故意把声音说得恳切,就像管儿子这是父亲的责任一样,他接着说,"为着保护你们'满洲国'受你们老百姓的请求,我们大帝国的军队才开来的。你们自己管不了,我们来替你们管这是天职,所以马胡子的,是要严办的。"

说到这儿,小鼻子就向身后的宪兵招呼一下。从土地庙后抬来一块木板,用红布盖着。

"什么?"人们疑惑着。

"这是个小强盗,抓到强盗就要这样办。"

村长的老婆听见这样话脚就软了,她就想扑到木板去,村长拉住她。

这时候,红布揭开了。人们像触了电,身体麻痒了,说不出是悲哀或是愤怒,有的人咬着牙响,小孩子吓得叫了,女人都流眼泪……

一个新剥下的人皮用钉子撑开,还鲜红的,血流凝了一板子,太阳正射在那平扁的脸皮上,嘴皮咧开,像挣扎,像说什么,像叫喊……风荡着血腥。

每个心挨了一锥子,每个心疼痛!

"你们才是强盗!"村长的老婆像疯了一样扑上来,抓住小鼻子的领带,一边打一边骂:

"强盗!该杀的,我的八岁的儿子……u……u……u,我的儿子……"

"滚!马鹿(混账)!"

两个宪兵抓住村长老婆的头发、肩膀，一脚踢在地。拥簇着小鼻子走了。

村长抱住他老婆哀哀地啼哭。她在地下滚着，用拳头敲着地，敲着村长的胳膊。

邻人们围着她，没人劝，没有人说话，全都流着泪，全都低着头。"强盗"的字眼在他们心里响着。谁也不敢看人皮，谁都带着惨痛……

强盗？谁是强盗呢？

……

榆树上又贴了一张新告示，对面三敏的人皮，滴滴地渗着血……

一九三五年十月一日

（原载《光明》1937 年第 2 卷第 7 期 1236—1241 页）

自 由 以 后

一清早,他就被提出号子①,在一间简单的办公室里受了最后的训诫,以后从保管处得到他几乎不认识的东西——一顶压得扁扁像破布的毡帽,一条皮带乌黑的,一条破了屁股的青裤子,一件变成土黄色的白衬衫,最后主任交给他一卷湿卤得黄渍渍的旧信。——他像做梦一样脱着公家的囚服,穿上破裤子脏衬衫,他接了发下的路费,捏着旧信,夹着帽子走出铁门。

——外头见②呵!——铁门在他身后哗啦关上,从里边送出看守兵的道别。

——外头见!——他没气没力地回头说。

他现在才意识到他仿佛是自由了。他回头看关紧在六月的太阳下闪着光的黑铁门,他想起了铁门里这几年的生活,那些仁爱的囚伴,在那黑暗角里每天只从天窗射进一线阳光的屋地,以及那鞭打,叱骂,镣锁声……他都记得很清楚。

---

① 牢房里的单个小屋,有号头的简称号子。
② 坐牢的忌讳说再见的字眼,告别的时候说外头见,即祝他也快点出牢的双关语。

——这是真的吗？他像做梦一样，站在一棵大叶梧桐树旁想。

——这，也许不是做梦？

梧桐树的大叶子在沙沙响，天是那么大，像未进狱以前的天空一样的大和海水一样蔚蓝。夏云舒卷着，而且这里是这样明亮，明亮得他睁不开眼睛。他环顾他的身后有没有看守兵的眼睛。他的脚下是丛绿的草地。

——真的？可以自由走了！

他走着，有点儿不灵便，还像带着镣一样，一拐一拐地，身体奇怪地摇摆。脸灰绿色，眼珠发黄，头顶被拙劣的理发匠不经心，一看就知道当时是如何匆草剪光了，和尚头，他的微凸的鼻子，不时抽动。翻起的嘴唇时时像要说话一样启颤；老半天张着——是一种惊愕或者一种疑惑焦虑的现象。

他张望着这重返的世界，到处都开着花朵，那林荫，翻飞的蝴蝶；特别是那青的草地，他感到一阵喜欢之流的奔腾，他是多久就渴望着草地，在那黑暗的暗室中，常在梦里梦见——睡在草地上，草那么柔软——他现在坐下，把柔软的草轻抚着，他趴在草地，用草把脸盖上，一种变态的心情，他用嘴咀嚼着让那草的青汁在嘴里流荡。于是他又坐起来，嘴里喷着草末，他把旧信一封一封地翻开。以读报纸的兴趣，或者温习旧课一样温习着往日的梦；从那渍黄褶皱的每页，褪了色的字行间，展开他的追想。

重温着：从失掉自由的前后，直到现在他是自由了，坐在块青草地……很快地在他发胀的头脑跑过旧日的朋友，那大块头的老伍，怪里怪气的老方，斜着眼睛的小孩，许多许多的青草地，白杨树下，工人的棚房，河畔，××路，六个黑大汉子蹿出来架着他的胳膊，于是他的头脑里又奔跑着下等茶馆，汽车，看守兵，暗黑的小房子，审讯，拷打，哀叫……像一块一块黑痰粘着喉咙，现在他一口一口吐出，于是他脑袋感到轻松，胸心空旷得像片漠野，孤独地看着天上云丝，在无边际的天幕荡着，他是无边际地荡着虚和渺茫。

他又躺在草地，仰望着天，蝉声沙沙沙地叫，眼前景物都像在海洋，都像浪花一涌一涌地。这世界到处闪着金光,到处动荡着花朵,不知名,不是他想望的花朵缭乱地使他困惑又不安。

附近的火车站,火车放了到站的汽笛。

这声音惊动他,他由草地坐起来,又站起来,伸个懒腰,伸伸胳膊腿。

提着他脏破的东西,一只手扶着树,他想哼几句,他有唱喊的冲动。

太阳热辣地射在头上,在那印着叶影的草地上晃着他拖长的瘦影子,于是他嘲笑地说:

——自由啦!

他咳嗽一声,吐口黏痰,懒懒地向后边看,向那耸空怒视的灰色的监狱再说一声:

——别了!

他拖着不灵便的脚步向前走。

——哪儿去呢?

他没有家,没有朋友,现在自由了,他的穷的枷锁又锁着他的心。摸着袋里的官路费——这点儿钱活不了两天。——到来的生活使他为自由的喜欢变成忧郁;这时候他并不将自由特别喜欢了。在牢里他天天算着墙上的铅笔道,一道一道算着,他盼望有一天划到最后一道……

这天早晨,他划完了最后一道,于是他喜欢了,他想到衣,想到水,想到朋友们……

他把这还告诉他的狱伴,那个瘦瘦的狱伴;也是个爱国犯,同牢同犯,就像同栏的马似的他们很要好,听说了,他们就拥抱着,那狱伴滚着塌在眶子的眼睛瞪着他。

——老宁,出去啦,别忘了送点啥来。

——一定的,猪肉,鸡蛋,糖……我知道你要啥的,放心! 那狱伴感激地抱了他。

他拉着那狱伴,充满惜别的情怀,在屋地走着,三年来走着的土地,屋角的灰网,墙壁上的臭虫血……他向他们所有,陪伴他三年寂寞日子的所有告别。他欢喜又惶恐,被要自由的预感把心弄乱了,跳得非常厉害,像要跳出腔子里。像往常,三年如一日地坐在屋角静默思索的安静,完全一会儿也不能。

他更有点儿凄楚,要哭的凄楚。

时间一秒一秒地过。这时间很长又很短,又是很可珍贵地要由囚人变成自由的幸福刹那。他盼望立刻见着太阳。

终于,看守在外边叫他的名字,他同那狱伴又抱一下,抱得那么亲爱有力,他就出来了。

现在他顺着草地向火车站走。

生之勇毅鼓励着他,他决定再到 X 埠去。那些旧日的朋友都走光了?要是碰见一个就好,也许?他怀着一线新生的强力走上车,不管人们怎样注意他的怪样子,他静静而坚执地在座位上,点起久别的纸烟,在他的烟圈里憧憬一个新生的灿丽。

一支烟,一支烟点燃着。火车一站一站地停着。

沿路的风景:青青的田圃,碧绿的竹林,开花的坟头,垂荫的桦树,麦浪中红色的农夫……

一切依旧使他有点感慨了。

到 X 埠已经是晚上。

在站台的甬道上,他寻找着灯光下可以看清的脸孔,没有一个熟悉的,跟着人潮他走出车站。

顺着马路,他记认着有点陌生的街路,用感慨的眼睛看着新的楼房,更灿丽的灯光……

现在他又会晤了,别开三年的城市,还是骚闹的,嚣乱的,匆忙地,动荡着——没有变,三年前也这样。

——我回来了!

他心里预备这句话,盼望在一个熟人面前的第一句,就这么说:

——看,我回来了,是我呵……

那个朋友就将会惊喜无限地欢迎他,拥抱他,紧紧握住他的手仿佛怕他逃跑了似的,直到他痛起来。

——呵哈,你……

他渴想着这安慰,无论谁他都情愿这样拥抱、握手,之后就讲起三年蕴蓄无尽的话语——苦痛和愤怒,静默思索得的人生的结论。

他要人知道:他又存在了,在这世界上。

以是他整夜晚敲着记忆起来的门口。

现在是十一点钟,在这繁华如昔的城市,除了警察没有人多看他两眼,没有人收留他。

他坐在江沿的小公园的椅子上,揉着发酸的腿。

左近树影中许多纳凉的流浪汉,码头工人,仆妇……讲着话,高声大笑。江中黑脏的板船,船手们赌博着,舱房里妇人们拍着孩子呜咽哼着,这里混乱和污秽……不知谁在唱,沙哑的声音很凄怆的。

二更儿里来心如割,

没家的汉子受折磨,

嗳嗳嗳…

歌声带着夜雾落到江心里,响应着,直响应到他的心上。

自由了,怎样?

他倚着栏杆望着江水觉得身后有脚步声,他马上回头;警察刚撵走那些纳凉的流浪汉,工人们又向他这儿走来。他就到园外买份小报重新坐在椅子上,点起烟,像很悠闲地看报,警察在他身旁逡巡了一会儿没有招呼他走到园外。

他才把眼前报纸拿开，走到一个黑影里，斜躺在椅子上闭上眼。

沙哑的声音还在很凄怆地唱：

……

长年长月睡在江沿：

嗳嗳嗳……

八月廿五日，上海

（原载《小说家》1936 年第 1 卷第 2 期 85—90 页）

草 场 之 夜

暗夜徘徊在草场上。夜风吹拂着乡村的气息：新谷草味，马粪味，被猪踩烂的烂泥塘冒着骚臭……

从许多草房的屋门飘出煮熟的苞米的香气。从马圈，传出马的嘶叫；不知哪个院子里有一个小牛犊在悲伤地 ma－ma 地叫着，时而配合着驴的粗大讨厌的叫唤；狗也吠；草场边上的白杨黄绿叶里秋蝉也在沙沙沙地唱着夏去的悲歌……

在草垛上拉下三捆谷草，摊开了，我们坐下。走了很多路，我们很疲乏的。何老三把瘦胳膊向上张开，仿佛要接着天上掉下来的什么似的伸展着，长长呼吸一口气，把尖头摇摇，向后躺下，转着快要掉出来的黄眼珠，仰望着郁蓝的夜空和周围的夜景说：

"嘿，要死了……这夜，就像女人一样魅人。"

"别吹牛了！"于成山在他旁边嘲笑地，"你见过女人吗？"

"你见过？"何老三挑挑短眉毛，支起一只手来反驳着：

"这都是你的女人，这……"

四野的野狗,和怀春的猫和应地拖长声音嚎着:L－ao…ao…

"滚你妈的蛋!"

"瞧,还抱屈!"何老三推一推我转脸向于成山说:"就凭你?"

"难道凭你……"

"别说啦!"我劝解着。

两个人背过脸躺着,沉默下。不知哪家雄鸡咕咕地叫了。对着草场二十几步远的院子里隐隐地有人在咳嗽。

"今晚就……"我瞪着眼睛看着天上的星星低低地说。

于成山坐起来,用多毛的手扶一下嘴巴子,打两个哈哈报复地嘲笑着:

"哈,老三今晚肚子喝饱西北风啦!"

"嘿你才……不的,这样晚,去吃土?"

"有理! 有理!"于成山厚嘴唇翘了翘,还是嘲笑地。

我沉默着。我知道这实在太晚了,没地方去讨要,半夜三更地更不用说拉开场唱一回。我有点埋怨,我们在那山坡上流连太久了。实在怪谁呢?那傍晚浴着晚露的山峰太美了:当那鲜红的晚露像一盆朱红颜色的溶液似的浇洒在青碧的山峰,全都变成紫的了,满山黄昏的风吹起来,在风里白杨树、玻璃树、榆树、松树所有的灌木和草、蒿子,和野花都风情有致地摇曳着;一这么摇曳,那许多花、叶的馨香就都放出来,到处使人沉醉地弥漫着,而几个白色蝴蝶都从花、叶的深处吹起来,软弱楚楚地飞舞着。站在那山坡上,向山下看一眼,那展开的金红的田野,未收完的庄稼,形成各色的波浪,在这波浪间,农夫露着赤红的肩背,挥舞银亮的镰刀;地头上马在啃着地头的小树;几个放猪的孩子骑在猪身上嘿嘿咧咧地喊着。……而在远远的天际,染成紫色的、金色的鲜明的云,堆砌着各种奇异的形象,几个黑色的老鸹飞叫……

"这样……日子长哪,还成? ……"于成山站起来拍打一下屁股,推我一把说,"你也说晚吗?"

他不等我答话往草堆后边走。

"哪儿去?"我问。

"……"他答一句,我没有听清楚,他脚步走远了。

"等着吃吧!"何老三点起旱烟袋,映映眼睛,微微笑地重复着于成山的话;以后又批评地:

"于成山,这小子能干倒还能干,就是嘴……"

我点点头,就翻个身,面向着天,天空温柔地沉默,星光莹澈地闪烁着,有几个星星很像何老三烟袋锅里的蔚蓝的小火。何老三吧嗒吧嗒地抽烟,衔着烟袋,唔噜着:"嘿,这夜呀……真……这夜呀……"

夜的声音,和夜雾,像索软的黑流一样,流荡在草场,"若是没有黑夜……白天也显不出来……"

何老三眯着眼睛,向旁吐口痰,翻一个身,身下的谷草簌簌地响。唔噜地着:

"黑黑夜,

真难过——

最糟糕,

白天也得摸索

那浑黑的

……"

他们俩是卖唱的流浪者,从前跟我一道在地里做帮工的,因为有一次他们俩喝醉了,吵架,被东家歇了工,我们就分手了。这已经是去年夏天的事情。可不知怎样他们又和好了,在一道流浪着。

昨天,我顺着脚走到前边那个村子,想找活做,就又碰见他们。

走进那村子,就听见在空草地上一阵笑闹,投好声,混合在这里边,有两个在合唱。那正是黄昏,许多从地里工作一天的农夫,吃完晚饭休息的时候。

八月里来秋风凉,

秋风凉来百花苍。

细而沙哑的声音暗郁地接着:

百花苍来雁成行,

雁成行来正农忙。

一听见这歌声,我就觉得很耳熟:"这是……这是他们呀!"

粗声颤抖而高扬地又唱着:

八月里来秋风凉,

秋风凉来好打场。

我已走近这人圈子,更听得真切的,这是何老三的声音:

好打场来叶子黄,

谷子黄来交租粮。

狗在外圈吠着,许多晒得红黑的农夫,蓬松着头发的女人们抱着小孩子,倾侧着身体,有味地听着。在地下跑的小孩子,指指点点地,低声学着哼:

八月里来秋风凉,

秋风凉来树叶光。

何老三的低沙的声音,像哭泣似的哀诉着:

树叶光来粮也光,

粮也光来泪汪汪。

刮打板(注)刮打,刮打地震响着,像老太婆唠叨似的碎嘴子(注)哆哆哆哆地伴奏着。两种民间乐器配合着诉说农夫的苦痛,悲伤地发掘埋在农夫们心里的忧郁。一个老太婆用手抹着红眼边,倚着棵柳树叹着气。

"Cha,Cha……"一个新推得光头的小伙,手摸着下巴咂着嘴。另一个留着苍白细辫子的瘦老头,含着短烟袋点着头,看着新垛起来的谷草垛。

一个长脸上抹着锅灰的女人,拍着怀里的孩子,不让她叫唤……

我站在外边,往里望:于成山还是那么小个子,小小鼻子唱歌鼻孔张缩着。油黄脸挂满土。他是布裤子,右裤角被狗扯了一个大缺口,露着满腿的黑毛。老鼠眼睛映着,向空望着。他多毛的手抖颤着刮打板,另一只打碎嘴子。我几乎不认识了,那变瘦了的何老三,他微凸的嘴唇还是要哭的咧着。他那根乌木烟袋插在腰带子上。我不想马上招呼他们,——于成山又启开厚嘴唇,像号筒的嗓子这已经是又在唱着:

八月里来秋风凉,

秋风凉来去逃荒。

像小破锣的声音,何老三变得完全哀怨地接续着:

去逃荒来饿肚肠!

饿肚肠来没衣裳!

何老三把刮打板、碎嘴子曳在腰上,抽出烟袋点着。于成山端个碎草帽向四围人要钱。

听唱的农夫们,有的扔一二个铜板;女人们有的放里一个鸡蛋;还有许多远远地躲开;有的不走讨到他面前只红着脸摇头;小孩子们往场子里抛土块……

何老三看着跑开的唔噜着。

"都……都白听……"

"回来吧,不跟你要,他妈的"!于成山讽辣地说着,走到我的面前。

"嗯哈……巧啦!……你?"

"老于,还认识我?"

何老三也看到我,就走过来拉着我肩膀:

"嘿！你怎也到这儿来啦？"

"好吧，老三？"

"怎么不好，吃江湖饭啦……你做啥呢？"于成山一边收拾东西一边问我。

"啥也没啥。"

"跟我们走吧！"何老三拿起破钱搭子说。

"我真想开了，"于成山说，"所有的地东家都不是好东西，替人帮工多咯都受气。要你时候，说：来吧！不要你的时候，就说：滚吧！——一个大小伙子怎么都活得了，何必低三下四的……"

"这样，我们就……"

"老兄弟，跟我们走，包你饿不着。"

我就说："好！"

我们很快活地自由地在田间，在山野……走着。

今天，我们在山上耽留久了，直到现在还没有吃晚饭。在草场上躺着，我的肚子咕咕地叫唤，我翻个身爬下，把鼻子，嘴埋在谷草里呼吸着谷草的香气，和透上来的泥土气味。

何老三的烟袋顺嘴溜下来，要睡着了似的唔噜着："……这太阳落下去了……"

我把他的烟袋拿过来放衣嘴上，一口辛辣的吐沫咽下去。

远地狗汪汪吠一阵，接着于成山就跑回来。

"喂！"我坐起来招呼着。

他兜了满布衫萝卜、白菜、香瓜……。放下，放下就打了何老三一下：

"起来！看睡死了？"

"嘿"！何老三碰起来，揉着眼睛说，"这小子！……"

"吃吧！"于成山递给他一个香瓜，他就不说什么了。

"这白菜很甜……想挖点土豆,又得点火,费事!……"

吃完了,于成山向草上一仰说:"这得学学,从荒土上找得出饭吃,不然,还能吃江湖饭?……"

何老三一边点,一边反驳着:"偷我也会。嘿!"

"滚你妈的蛋!"于成山骂一句翻过身去。

"我们合唱一个。"

"吃饱了?"

"别废话!"何老三就用烟袋敲地,打拍子并且开始唱:

嘿,今天睡在草场;

明天又宿荒甸;

走遍了大小村庄;

坐过了高低山岗;

呵嘿,我们歌唱着流浪!

我快活地接下去:

顺着大江,

心头涌起波浪,

白白的波浪嗳……

于成山明朗地颤抖着粗音:

嗳,白白的波浪,

一条鱼儿来往。

到我这儿就停住了。

"接呀!"何老三催着。

"怎样接呢?"

"怎样都成。快!"

我看看草场边上的白杨树在夜影里摇拢着,我就唱:

秋风抖落了白杨，

飞儿吵吵飞响。

何老三把烟袋重重地敲一下摇晃着尖头幽怨地接着：

那天碰见个瞎眼老丈，

他笑我贫穷；

油黑的模样；

他更问起我的家乡，

嗳嗳我的家乡……

他的声音拖长下去，像水缓缓流着碰着石子发出的凄楚的呜咽。但是于成山奔激地：

嗳嗳我的家乡——

告诉他在太阳底下，

……

夜深的风有点儿冷情地呜呜吹着白杨树哗哗地响着。二卯星已经快没下了。

注：刮打板、碎嘴子——北方用竹片做的民间木器。

一九三六年十二月九日改作

（原载《女子月刊》1937 年第 5 卷第 1 期 86—91 页）

小　薇

一

　　春天。

　　像老寡妇的脸,天空老是阴沉又挤满云皱;时而从阴郁得灰白的云幕落下霏霏的雨点。正是柳絮飘舞的时节,可是它们都被雨水浇湿了,又被人踩在脚下。

　　没有太阳;没有星光;没有月亮。

　　这在小薇的心上,并没有起什么感应,正像树叶子绿了,花朵开放了,这一些成人心中爱恋以及忧戚的,与孩子们有什么呢?

　　在孩子的世界没有忧愁,只有美丽和宁静。

　　她,圆圆脑袋,黑黄色头发,圆圆小脸;大眼睛,像她妈妈一样,黑葡萄似的眼珠,莹澈地闪着使烦躁人也会安静的光辉。弯的嘴唇,时而会咧开微笑,一笑起来就露出嫩红的牙床。

　　她,两周年了,她会笑,会吵;她具有孩子的可爱与可憎。在这家庭里边,她是最被尊重和爱戴的人物。她的哭笑,都会影响这房里的空气。她的爸爸很年轻,在工作之后,就会抱着她在地板上安静地走来走去,并且慈和地唱着歌;而年轻的母亲,一有余暇也要抱着她,逗着她咧开小嘴。以下,奶娘、小哥哥都把她亲爱和重视。也许她小心理理解到她占在一个优越的地位,所以只要稍有一点儿不如意,譬如说:奶妈好久没有抱她;小哥哥抢了她的橘子……她就要哇哇哇地哭。她很富有她爸爸在生活面前的倔强,不做到她要那样做的,她是不肯让步的。她唯一的武器,就是哭,哭得使人又烦躁又凄凉。

这时,她正静静地睡在白藤条编的摇篮里。她做着梦,时时从她嫩小的脸蛋泛上欣悦的光彩,她咬小嘴唇就宁静地笑了。

薄灰色的天光,恬静地罩着这屋子,屋中的家具都像泡在牛乳里,那么温和。镶着雕花白石的座钟,嗒嗒嗒地伴着她匀称的呼吸,小胸脯在红色毛衣下面,微微起伏。

渐渐,她梦中的美丽褪了色,她的小血管又开始奔流着。她从梦里回复到她还陌生的才踏了不久的世界。她慢慢启开小眼皮,最先看到房顶,那乳白色的天花板上,一个苍蝇爬着,爬得很迟缓。

她把眼皮闭上又张开,伸开两个小手向四下抓着,仿佛落到水里的人想抓点什么,一根草,或一根棍。她想凭借什么立起来,拉着奶妈的手,在地板上走着。但是奶妈没有在这里,没有把持的她还不能坐起来。于是她愤怒了,奶妈抛了她,又有点悲伤于自己的孤独,开始哭起来。

奶妈,那矮矮的、扁脸的女人,就咕咚咕咚地跑进来。一边叫着:

"嗷嗷,小姐,宝贝,来了,来了!"

小薇已经记住了这熟悉的红紫的脸,疏薄的头发梳在后脑勺上一个像饼子似的发卷。奶妈手一伸到面前,她就扶着站起来,把小头伏在奶妈的肩膀上,抽噎着。

抽噎着,她又大声哭起来。

她有点儿生气了,为什么奶妈不把奶瓶拿给她？她是饿了,她要吸那乳白的奶浆,她回味着那甜甜的滋味,她的舌头在嘴里搅着,她哭得声更大。

她还没有学到人类的言语,她的心里没有"奶瓶"、"饿"、"要吃"等字眼,但她有她自己的言语——哭。

奶妈抱着她,用粗大的手拍着她的小脊背。顺手拿起红色玲珑的洋娃娃送到小薇的手上。

她起初拒绝地推着,她看,这不是那像条鱼,透明的,里边吸得出乳白甜浆的奶瓶,她气得把小脸背过去。后来,她抓住洋娃娃的小腿,用她所能用的力量摔在地板上。

吃过奶,小薇是安静了,拉着奶妈的手在地板上,像蜗牛似的缓慢学着步。她感到很快乐,很高兴。体味着做人的滋味。她现在是跟奶妈一样的走着路了。

突然她小心里起了一个意念。于是她抛开奶妈的手,扶着皮手车的车把手站住了;试探地推着车往前走。——她冒险成功了,她很高兴,咧开小嘴那么爱娇地笑。面向奶妈说着,用只有她自己才懂得的言语。

她在絮絮叨叨地说着:"看吧,妈妈！我这样走,不久我就像你一样,跑到大街上,跑到像那天你带我到的那片草地上,像那些小人儿一样在木板上摇,在沙地堆小山……看吧！我不用你扶着,这样走,这样走。真高兴……"

她的话,有的意思,没有到嘴边已经变了;有的这句没说完,又接着,说出另一句;有的只"呵"一声;有的只"嗯"一声;就是"呀"一声,在她就是代表许多的意思的。她手扶牢手车,不能在她的话里再加上手势,可是她认为这够了,别人一定懂得,连她没有用声音表达的思想;而且她觉得她是说了很多话,很多话。她静下来,仰起小脸蛋看着奶妈,奶妈正对她微笑着。于是她相信奶妈已经懂得了。

她满足地低低地唱起来,活跃地推着车在地板上,在她算是跑一样地走着。有时候故意把小腿抬高一点儿,耸起耳朵听那落下去踏出的响声。

走一会儿,她是疲乏了。她就坐在小板凳上,呆凝着地上的洋娃娃,在她的小脑筋里波动着孩子的单纯的梦。

门开了,爸爸走进来。

小薇并不知道这是谁,只是她天天见到他,面孔很熟悉,对她很慈爱;在那深黑色的眼睛对她凝视的时候,她感到是亲切的,是没妨害的人。于是爸爸一进来,她就伸开小臂膀,用不正确的声音:

"波"这声音听不出是"抱"还是"爸"。

爸爸立刻咧开紧绷的嘴唇笑了。在黑褐色的脸上极尽慈爱和欢喜地皱一皱。放下帽子就把她抱起来,重重地亲着娇红的嫩脸。小薇笑嘻嘻地用小手抓着爸爸高起的鼻梁,张开小嘴像咬奶头似的碰着爸爸的脸。

爸爸把洋娃娃捡起来,放在她的怀里,她就抱持着摇起小身子,低低高高地哼唱起来——唱得很有味,这未来的小母亲!

二

小薇病了。

在她细嫩的皮肤上起了很多疹粒,又是那么痒,痒得她除了奶瓶以外什么都没有兴趣了。

"为啥这样痒?"她想。

就像针突然戳在皮肤上,那么一针又一针地,从脚跟,直到脖颈,像火苗烧着,热辣辣地使她非常烦躁。她不明白,她同这顽强的毒菌挣扎着,尽她所有的力量,用小手不停地抓住,两个手不够用,脖子痒,胳膊痒,脚也痒,没有一个地方不痒,越抓越痒;从心底,从血管,从每个神经,从每条静脉,像万千条虫手在爬,在咬,像大量的热开水浇在她的身上。

她想:

为什么那扁脸的奶妈不帮她抓? 为什么那狭长脸,黄褐色头发的妈妈不帮她抓? 甚至连那高大的爸爸? 这不是很奇怪,帮她穿,帮她吃奶,帮她走路,这痒却不! 她想:"多么寂寞和孤独呀!"

她怨恨着。

几天之后,她的小脚趾有的地方溃烂了,流着黄水,她只有哭了。

于是爸爸妈妈着慌起来。

三

在一个礼拜六的下午。

小薇睁开眼睛好像这宇宙全变了。首先她感觉到不同的,她睡在啥地方呢? 不是藤摇篮里,不是皮手车里,不是奶妈的怀里;她睡在方床上,像鸟笼子似的,是白色的;被褥是白色的。她再一看周围,墙是白色的,玻璃上都像冬天挂的霜,看不见外面,透进来的光非常柔和。其次,在她身边没有洋娃娃,她哭了一声,也没有像往常一样奶妈咕咚咕咚地跑进来抱她;她很奇怪,这是为什么? 准是发生了什么事情,在她小脑筋里想。

这时候,一个穿白衣服的女人来抱她,她看这不像妈妈的狭长脸,头发是黑的,扎着一条很好看的白带,两个布角像苍蝇翅膀似的翘起来,只是没有像苍蝇飞动。没有给她奶瓶,也没有哼着使她爱听的声音。给她换完衣裳,就走了。

她哭着,她扶着床栏站起来,非常悲伤地,泪顺着她的小脸蛋往下流。奶妈到哪儿去了呢? 她的熟悉的面孔,她的洋娃娃,她的奶瓶……

"都到哪儿去了呢?"

她闪烁着小眼睛看着她陌生的屋子,这屋子排列了很多像她睡的一样的方床,都有栏杆;一个、一个……她数不过来。每个床上都睡着一个小人儿。靠近她床头上一个头上也缠着白布,可不像方才走的女人一样好看,也没有布角翘起来,反把耳朵压上了,很丑的。在西边,在西边的西边,在南边,在北边的南边,都缠着布,脚上、头上、胳膊上……她低头看看自己的脚也缠着布,就坐下来用小手揪着。揪呀,揪呀,揪不动,她就呆住了;不知道这变化是灾祸,是什么? 没有奶瓶,没有奶妈,没有洋娃娃……

她又哭起来,大声地哭;这陌生的变换,在她的小脑袋里做成许多问号,这许多问号就成为她哭的理由。她看着白色墙壁,看着许多睡在床上望着她的小眼珠,她敏感到无助的悲哀,她那无告的泪珠流着,她的小手,时而摸着耳朵,时而摸着脚,又摸着嘴。

一个胖胖的妇人才缓慢地走来,把小薇按到床上,喂她稀饭。

小薇这才停止了哭叫。

那胖妇人,守着小薇睡着了才虚虚喘一口气,走出去。

小薇睡着了。她做着梦,——仿佛她睡在铺着织花毛毯的床上,枕着她的红花小枕头,抱着洋娃娃,她吸着鱼样的奶瓶,爸爸递给她一个金黄的橘子;突然小哥哥走来,把洋娃娃从她手里夺去。——她从梦里叫一声,并没有醒,继续做着梦。——仿佛看护头上的布角生长在许多孩子的肩膀上,像翅膀一样,她也生长了这样翅膀,比别的孩子大,比别的孩子好看,她爬着,爬得很轻捷,许多孩子都追不上;在草地,在沙堆,在地板,又像在家里的方桌子上……

小薇做着梦,睡得很香甜。

柔和暗淡的灯光,照着这些病了的孩子,他们静静仰着苍白的小脸,闭着眼睛。

壁钟沉穆地敲响。看护安详地走进来。

四

礼拜一的下午,小薇出院了。因为小薇的爸爸、妈妈付不出头等住院费;住在三等病室里,看护小姐又嫌小薇太爱吵闹。

（原载《上海生活》1937 年第 1 卷第 3 期 43—47 页）

二 月 的 田

二月在北方是寒冷的，特别是今年格外的寒冷。

道旁的杨柳树，已经快到清明了，还没有发青的意思；而且，被老太太称为木介，是兵灾的象征的冰条子还明亮亮的挂在秃枝上。

在往年，这时候，盖着田野的雪，已经开始融化；今年，却照旧白茫茫，像新落的一样。

在往年，这田野的垄沟上，早就有勤恳的农夫，在堆粪施肥料了；在向阳的地带，那休息了差不多一年的犁杖，又由一匹瘦马或水牛拖着，在半开融的土上翻土。今年，这地上见不到一个粪堆，也没有犁杖，这时候，除了我们这辆二套马的斗子车，连个狗影都没有。

田野，是这样荒寂的啊！

坐在车上，我的心里暗自叹息起来。

我的车夫，一个三十多岁的中年人，他把矮矮的身子，整个卷在皮袄统里，只露一个小圆的脑袋，给又被皮耳朵帽子罩着只剩一个窄条脸，嘴包藏在皮统前襟里，以是说话，就唔噜唔噜像隔着一道墙壁似的。鼻子只露了一半,若不是为了看路,我想他一定不会露出半个鼻子的。那两个长条眼睛,像没有睡醒时的眯缝着,眼毛又挂了很多霜,以至他不时用皮统袖子在眼睛上揉了又揉。

"喂乖乖儿见!"

他管靠左边的小黄马叫乖乖儿。

"喂大麻脸!"

他管靠右边的全身黑白掺杂的叫大麻脸。

"加劲,喂,乖乖儿!"

"大麻脸,还没睡醒呀? 不对,靠左……"

"喂,乖乖儿!……"

"喂,大麻脸,野种凑的……"

从城里出来到我要来的山城堡走了有一半路,他是没有停过嘴的。隔一会儿——

"喂,大麻脸,得失心疯啦,往坑里走!"

隔一会儿——

"喂乖乖儿,你的眼睛哪……往东……"

再不然,他就低低地唱着。

斗子车,没有篷子,田野的风,虽然已经立过春了,却更加锐利和寒冷。风,狂大地一个旋、一个旋从我身前身后掠过,卷起的雪、沙,灌得满衣领子,打在脸上像碰小石头似的,火热和疼痛。简直不敢放量呼吸,不然就会灌得满鼻子满嘴。脚在车斗子里面,虽然用皮褥子包着,也冻得像猫咬的一样,屁股颠簸得僵麻,渐渐从心里冷起来,下巴开始瑟瑟地抖着。

行走在这荒寂的田野上,举眼所及,是雪。除了风的呼啸,就只有车轮的辚辚声,就只有车夫与马的独语,就只有寒冷。

心里感到寂寞和空旷起来。于是我就侧过身子对正向马喃喃的车夫

问:

"车老板你贵姓啊?"

直到现在,同车差不多有两个钟头,还没有和车夫交谈什么,连他姓什么也知道。因为我一向在刚离开的城里做情报工作,今天早上,突然一个伙伴敲开门迎头一句:

"你快走,马上,警察署已经把老李抓去啦。"

他是说,我的另一个伙伴的名字,被鬼子的狗抓去了,并且也在搜捕我,我必须马上离开这里,照那送信的伙伴的意思我应该回山城堡总部去走,而且马上。

于是,我就单身到车市找车。

时间太早,又是个阴天,总算找到我现在坐的斗子车,用最高的价钱回绝了他的推辞,我们就赶路了。那时候,只一心悬念着怎样安全,脱离这危险的地带,别的全没心情想了。

现在,车夫也许两个耳朵塞在大皮帽耳朵里,又包着皮统领子,也许从城里到现在我没有说一句话,他以为我是不爱说话的,所以直到我再问一遍并用胳膊肘拐了他一下,他才——

"呵,老客,还没到呵,呵。我? 好说,姓张,呵您?"

我答复了他。他立刻转过了脸。这时候我才看清他的脸,是麻子。无怪他尽骂那黄白掺杂的马,是大麻脸,他的脸正像那马,麻子而外,还有一块一块白斑,他反问着:

"哪个张? ……弓长的张? 呵,那是一家子①!"

我看见他说到一家子的时候,他的眼睛挤到一道,半个鼻子皱一皱,虽然看不见嘴,我知道他是热情地笑着了。他抽出他的短旱烟袋递给我说:

———————————

① 即本家。

"抽烟吧，本家！"他不再叫我老客，叫我本家。

"本家，别客气！"

"本家，你是哪县的啊？"

"本家，你是念书的吧？"

像装满的酒袋，一下砸破了，就滔滔不断地流起来。他索性从车夫位上移到我的旁边，一边吆喝着马，一边向我絮絮叨叨地说着：

"本家，——喂乖乖儿，瞎啦！——你到白家店做啥呀？……听说离那二十里多地，就是山城堡是胡子窝呀，头子，叫啥？……叫占山好，好！占山好，你知道吗，占山好，是咱这地方人——喂，大麻脸，不是人凑的！拐拐——从前也是种地的，——喂乖乖儿，大麻脸！……"

车正走到一个斜坡，斜坡完全盖着雪，铁轱辘溜在雪上顺着斜坡往下没，人的身子都跟着往前仰，偏偏大麻脸又打了个失脚，车几乎没翻过去，大大的雪块就洴上车来，他赶快站起来，抖着缰绳，用着小鞭子，吆喝着，把他的话打断。

下了斜坡，车轮又落在平坦的雪道上，他的话又来了。

"他妈的，这道，就像……就像……"

他想做个比方，半天没有比方出来，又接着方才的话说着：

"本家，你知道，占山好，从前在这块谁瞧得起他，土里土气的，说话慢声慢气，一锥子扎不出血来的人，现在，可不同啦，听说带五六千人，鬼子都忌他。这块地，还有前边就要走到的一块都是他家种的，你看，现在多荒凉啊……"

他指着身后经过的一片白茫茫的田野，和前边颇为感慨。

"唉，人就怕没有法子，狗急还跳墙哪，何况人……就拿占山好说吧，若不叫鬼子逼急了，这地也不会荒凉这样，他也不会当胡子，——乖乖儿……"

他从我手里接过旱烟袋，点着，用力吸两口，把烟向大野喷去，把小鞭子耍两个花说：

"如今晚，年头是没公道啦……就说马吧，还有尥脚子的时候，鬼子却不这么想，恨不得一下这地上没有咱们人……嗯，你许不是……"

说到这儿，他把眼睛向我打量，嘴紧含着烟袋，好像深悔自己说话冒失似的，不该说出心里藏着的话。

我笑了。

"你以为我是……"

"哪里，哪里！"他看到我猜到他心里的意思，不由得在那纯朴冻裂的脸上红起来！重复地解释着：

"哪会，哪会，我们本家，不会做汉奸的，哪有几个像那丢祖宗的脸的东西！（注指张景惠）……喂，大麻脸，丢脸的杂种！"

车行在平坦的雪上，仿佛架雪似的，进行得很迅速，颠簸也显得轻微。车夫因为方才那些话弄得不好意思了，沉默着，向四外望着雪亮的田野，又向天空望了一下说：

"呵，怕要下雪呢？"

田野的风猛烈地一个旋、一个旋地卷刮着；空的冻白了的云彩，像雪块似的，在天上滚着。

看这样天气，我也有点担心起来。

"怎样？本家！"我催着车夫，"能快点吧？"

他用甩起的鞭子答复我，啪、啪耍了两个响，那乖乖儿和大麻脸两匹马，就把蹄子加快起来，雪更扬得高了，落了满衣服，满车斗。（注：即车厢）

车夫又把嘴放到皮统领襟里低低地唱着。

车这时候，拐过一个苍绿的松林，前边又展开一个白茫茫的荒寂的田野。在那田野中间有一个突起的高堆，车夫看见这突起的高堆又忍不住指着说：

"本家,这块地也是占山好家的。你看,那白堆吗？是坟……嗯,是坟,埋着占山好的老婆……这有段故事哪,你知道不知道？"

"不知道。什么？"

我虽然跟占山好在一阵出生入死几次,也听弟兄说司令有段伤心事,成日忙,却没有工夫谈到这儿,于是我就好奇地问车夫:

"什么,白堆,有啥故事？"

"不知道？……嗯,说起来,不怪占山好去当胡子,实在鬼子太恶咧,若是我,我也……"

"啥故事？"我看他把话又要拖长,就截住钉问:

"是这样:占山好的老婆长得很漂亮,有一次到小榆树去看娘家,偏巧那地方正在'清乡',这女人就被那个'清乡'的鬼子官看好,是那样一天晚上吧,也是二月里,那鬼子官喝得醉醺醺地闯进来就把这女人……反正这还免的了吗？现在只要鬼子放个屁,人们就担惊几天,强奸一个女人算啥！……"

我看他又把话题扯远了,发起牢骚来,就提醒他:"后来呢？"

他把鞭子又耍了一个响,骂两句马,接着说:"可这也不是冤哪,这也不是孽。偏偏送回来,就有啦,你说这怎么办呢？生下来吧？是个野种;不生呢？又挖不出来。这女人天天哭,要死要活的,占山好也是天天生气,发牢骚,——大麻脸,野种！——有一天他说那队的'清乡'又来了,他更火上浇油地,联合邻居几个年轻小伙子,半夜三更,把这伙'清乡'的全收拾了,回家老婆也自己吊死了！他把老婆埋在这儿就当胡子去啦……后来,鬼子派兵来把这屯子无论房子,人,鸡鸭鹅狗……全用炮轰啦！你瞧,那雪盖的杨树后边就是……"

车夫指着车行进的杨树林,树都是摧折着,半断树根都埋在雪里,若不是车夫指给我,我真看不出这从前有过村舍,有过人,有过树林,有过……都是被敌人炮火摧毁的血迹……

车正行在一个高坡上，天空突然裂了一条缝，从那狭窄的青天射下来一道晴光，田野立刻辉煌起来。

"本家，你到白家店做啥？还回来吗？"

车夫，看着快到白家店的时候问我并且揽生意。

到白家店本来是假话，所以我的答复使他扫兴。他重新回到车夫的座位上，又开始同马独语起来。

我沉默在座位上，想着：这被摧残的田野，什么时候才能恢复呢？……

车又走到斜坡上，顺着滑驰下去。

二月，田野，是这样荒寂的呵！

一九三七年一月廿二夜

（原载《一般话》1937 年第 1 卷第 3 期 134—136 页）

归　来

林昭已经踏到家乡的土地上了。

他企望重踏着儿时生长和游嬉的乡土，已经是十年；十年，在梦里，在艰难的生活中，他想着：

"家乡变得怎样了呢？"

在暗夜，那夜的海水静穆地啸叫的时候；在早晨，那蔚蓝天空飞翔着轻盈的白云的时候，他就会停止掌舵的工作凝想着：

"家乡变得怎样了呢？"

每逢想起他那久别的家乡，他就一只手把着船舷，一只手托着尖削的下巴。

"怎么啦，林昭？"被同伴发现，就会这样问询他。

"唔，不怎么。"

如果这是白天，他就会用他那深黑色的眼睛望着碧绿的翻着白浪的海水；如果这是夜里，他就会仰起脸来望着在海雾朦胧中的星点，或者悲哀地望着被不能穿过的黑夜笼罩着的远方。用衣衫角抹抹额头，幽幽地说：

"我只想,家乡变得怎样了呢?"

如果伙伴接下去,他就会滔滔讲起他怀念的家乡。

日子久了,伙伴们谁都不再奇怪他时常突然停下工作的呆样子,也听厌了他故乡的故事;但他想家的情绪却越来越浓厚。

后来,这情形被船主知道,还特特给了他警告。

终于,有一天,他舍去相聚多年的伙伴,并抛了那值得留恋的海,走上他的归途。

现在,他已重踏着梦中的土地;故乡的景色展开在他的眼前。

仿佛十年前他离开的时候一样,他在这熟悉的,现在却有点陌生之感的松花江岸徘徊。

江水浴在晚霞里。小汽船的马达叫响着。一切仍旧是十年前的样子,那些船夫、水手争揽着客人,叫喊着,互相叱骂着;他们的衣服,污秽而又破烂,一走近前,就嗅到泥水气、鱼腥和大葱味;甚至那江中碧油油泛着晚霞的金点的江水,都没有变换。

这使他的心里感到重温的凄然的情绪。

江海关的高耸的钟塔,大小针正合拼在六点。他遥瞩到哈尔滨街市的高楼和工厂的烟囱,以及笼罩着市街的烟雾,和在烟雾中飘展着的许多红心的白旗。

这些红心的白旗告诉他故乡有了一个大的变换。

太阳最后的余光,被这面沿岸的花烟馆的楼面遮住:这一带就显出傍暮的昏茫。

几个烟妓凭着楼上的栏杆,向江岸上来往的行人指点,低低讲说着,媚笑着。时而从那楼上飘来鸦片烟的香气和涩耳的胡琴声,夹杂着苍凉的歌曲和狂笑。……

花烟馆的楼顶也飘着红心的白旗。烟馆后面有一长列火车啸叫着驰过,在那黑色的车顶上也招展着这红心的白旗。

"现在这里是红心白旗的世界!"

林昭提着他的行囊,一边走,一边想,一边找寻故乡的变换;他追想着他从前记忆里的样子;那江海关的钟楼,从前比这新鲜一点儿,而岸上的烟馆也没有这样多,每个烟馆都热闹而新鲜;别的店铺却见得稀少,他想找一个熟识的店铺,但是没有找到。

在十年前,那高高堆着垃圾的土堆,现在也摊平了,盖上一所新的楼房;在那楼上栏杆旁也站着微笑的烟妓,那楼顶上也插着红心的白旗。

突然,一个矮小的身影从身旁走过,他觉得熟悉,于是他就紧赶上抓住——

"喂,三和!"

那被抓住的三和正在招揽一个过江的船客,他转过脸来看见林昭提着行囊像个赶路的样子,就放开笑脸问:

"老客,过江吗?"

"不,三和,你不认识我?"

三和愣一下,留心打量他,那尖削的下巴,生了些短胡子;脸黑红地刻着远地的风尘;宽大的身体罩在蓝布长衫里;那斜睨的眼角,和那薄扁的嘴唇,他仿佛记得;突然,他抓住在他肩头上的手,叫出来:

"老二! 噢,是你,老二?"

"嗯,三和,我变了吗?"

"变了,"三和重新看看林昭的脸,摇着头说,"都变了;可是你还活着?有人说你……"

"怎样?"

"这年头谣言多咧! 抽烟?"

林昭接过来,问:

"我的家?"

"都好,都好! 你这些年……嗷,来了……回头咱们喝两盅,慢慢谈……嗷来了。"

三和载着两个过江的客人下船去。

林昭看着三和的船摇到江心,他就往铁道那边走,他辨认着往他家走的路。越走近家门,他越不安,心里非常急切,脚步却故意放慢。他想着方才离开的三和,那小个子,显然为生活磨得更矮了,昔日的活泼面容现在已经苍老。他还记得三和小时候和他一道在太阳岛洗澡、打水仗的故事,不禁感慨地想:

"变了,什么都变了!"

走近一个黑色的板院门,他愣了一下,就慎重地巡视起来,这门已褪了颜色。这院墙的秫秸都歪斜了,一些绿的牵牛叶和黄瓜蔓爬了出来。院中的李树长高了,树身伸出墙外。

他迟疑一下,就去敲门。

黑色门开了,走出一个苍白的老人。

他立刻认识了。

"爸爸!"

爸爸变得苍老了,头发已白了一半;脸上堆满为林昭所不熟悉的生活的忧郁的褶皱。

这老人,呆了一呆,就把他拉住,一边嚷着:

"他妈呀,老二,老二,是的,老二回来了!"

妈妈迎出来,一把就抱住他,一句话也说不出来,只是抽噎着流眼泪。

拉扯到屋里,林昭坐在炕沿上,两个老人坐在两边。

爸爸衔起烟袋向着妈妈口吃地说:"他妈呀,是,是老二回来了!"

"嗯,是的,老二回来了,他爸呀!"

林昭沉默着。他偷偷地端详这两位变得苍老的老人,而两位老人也端详他。

偶然,六只眼睛碰到了,都感到局促得羞涩地互相躲开,各自把头低下。爸爸站起来,走到窗前,向院子里看一下,又走回来,坐在原来的位子上静静地抽烟。向妈妈看一看又说:

"是的,老二回来了。"

门口出现一个身材丰满的少妇,转着黑亮的眼睛羞涩地看着他。

"谁? 那是谁?"

"嗯,不认识啦?"

爸爸起身为他们介绍:"从前的邻居小桂姐,现在是你大哥的老婆。"

"咦,长高了?"林昭走近前惊讶地说:"现在做了我的嫂子。小桂姐,不,嫂子,还记得偷枣子的事吗? 那时候,你梳双辫……"

少妇微笑着,向他招呼。

"大哥呢?"

爸爸、妈妈神色立刻黯然了。小桂姐背过脸去,悄悄擦去眼角的泪。

一种陌生之感,又来到他的心上,他感到烦躁地说:"我要到院子里去走一转。"

爸爸、妈妈,吃惊地抬起头。林昭已走到院子里。

院子里现很荒凉,正被暮色罩着。从前的花池已经破坏了,仅有几棵八月菊惨淡地开着。东边现在种上黄瓜,黄瓜架上老黄瓜已经红了,叶儿憔悴地抖响着。

他走到李子树跟前摘了几颗黑李子放到嘴里。三和提着一瓶酒,和另外一个邻居三眼爹走进来,立刻就起了一阵欢呼。

"快弄点吃的,老二怕饿了。"

爸爸回身找妈妈,不在了,那老女人和小桂姐早到厨房里去了。

妈妈,特特煮了几个咸鸡蛋放在林昭的面前。

"嗬,老二长得这样大!"

吃着饭,三眼爹夸赞着。

"是的,我们的老二长高了。"

妈妈向爸爸交递着满意的眼色:"嗬,我们的老二!"

吃完饭,林昭在炕梢上,人们围着他。

"老二!"三和喝得脸红红地向林昭说,"讲点儿你的事,这些年……"

"说什么呢?"

他感到话语塞挤得慌。他点起一支烟,倚着墙角皱着眉,他的下巴更显得尖削。

起先,他阴沉地讲起他漂流中的艰苦,他走过许多地方,他做过各种不同的工作。他讲到在工厂,在监狱,在军营,在船上……渐渐地他兴奋起来,讲到那些漂流的伙伴。

"我碰到过很多从这里逃出去的青年,他们在各处……"

于是他悲哀地讲起那些失了家乡,流亡在外的人,怎样过着悲哀的漂流生活。他们寒冷着,饥饿着,纪念被敌人抢去的乡土——

说到这儿,大家都记起了失地的惨痛,在红心白旗下生活的哀楚。爸爸、妈妈瞪着老眼,流下感动的泪,三和也记起昨天被鬼子的一顿打,这仇恨,现在引发起来,使他的血管心脏紧张着。

小桂姐仍旧倚着门框,她用手绞着围裙,呆看着林昭奋激地谈着那些因为不愿做奴隶而流亡异地的老乡,林昭脸上筋肉跟着嘴唇跳抖着,黑色眼睛里像着了火一样,于是小桂姐记起——

"桂姐,我走了!"那年轻男人在逃亡的夜晚立在后门口,拉住她,指着江岸烟馆招展的红心白旗说:

"若是那旗帜不更换,我是不会回来的。"

小桂姐更记起——

"若是,我那漂流的弟弟回来,记着,桂姐! 告诉他我做什么去了,叫他也去。……"

说完了,那男人趁着六月的夜色,像古时捍卫祖国勇士似的骑着马走了。于是一去没有回来,如今是二年了! 现在——

小桂姐听着林昭的话越来越激昂,仿佛松花江的怒浪在这屋中奔腾着。

直到夜深,客人走了,林昭的话语停止了,小桂姐才喘出一口气。

老人家都去睡了,林昭却还在院子里徘徊,他对着这久别的儿时的庭院仿佛有无限感慨,而最使他疑惑的就是他哥哥的事情,家里人像是全都不愿提起似的,究竟是死了呢,还是怎么的?

"老二!"小桂姐悄悄地喊着。林昭吃惊地转过身去。

在静寂的月夜,小桂姐把自己男人的下落告诉了林昭,并还把林昭的哥哥对他的希望也说给林昭听了。

×　×　×

第二天夜里,久别归来的林昭也像他哥哥一样悄悄地离了家。

(原载《中流》1937 年第 2 卷第 1 期 44—47 页)

火　线　上

一

暗黑色的天空,像被这阵猛烈的炮火炸破了一样,远远的天边上透出微明的青白色光芒,这光芒漫过了松林梢,许多被搅扰的林鸟躲在松叶后,飞起落下,更尖锐地嘈叫。

这时候,双方的炮火,密密地在天空上组成红色的火网。射手们叫骂、呼喊,和炮火的骚音,震动了这块荒废的草田。像土地也愤怒而反抗了,炮弹一落下来,就反应起一阵土块、小树、土雾和沙石。

"亮了。"在这边壕沟里于长发拉起一把草把脸上油汗抹一下。一边匆忙地装子弹,一边冲飞蹿着火网。缭绕着烟雾,闪白的天空看一眼,顺着胳膊拐何老魁一下:"亮了。"没等对方答话,又转头去,瞄准敌人身来的火路边递上两枪。

何老魁被碰愣了,他没听清楚说什么,看见于长发扭过头去放枪,他以为是说的这个,赶忙 PangPang 地放。

"别这么放，老魁。"在右边的刘桂，一个瘦瘦的农夫，碰了他一下拦着。

"怎的?"

"忘啦，司令怎说的?　——要这……"

刘桂眯起蛤蟆眼瞧着对面露出个黑点，他就 Pang 一下，对面的黑点就滚下去了。

"要这样，瞧!"

"哦，"何老魁把小圆眼睛闪一闪，抬起手揉一下鼻头，"哦，那么哦……狗×的!"

Gang 的一声，一条低低的火线从沟沿上盖的草堆掠过，吓得何老魁缩着红色脖子，坐下去。他马上就爬起来瞄准来的火路还一枪，一边装子弹一边骂着:

"狗×的，老子拼啦!"

天现在是完全亮了。从浓密的烟雾挤出来一线阳光，被奔忙的火线打击得闪闪激动。在这壕沟里匆忙射击的人们，一个一个都涨青着脸，被土沫和溅起的血点弄得脸黑一块、紫一块，额上的青筋跳跃着。谁也不看谁，很少说话，只看见所有的胳膊，匆忙地有劲地转动，配合着枪栓起落声和炮火的骚嚣。

每一个嘴唇都快咬出血来，眼睛通红的要喷出火来似的。

何老魁的枪筒子都被烧红了，大栓热得烫手，他摸上去赶快把手缩回来。

"狗×的!"从沟沿上抽回枪，解开裤子往枪膛里撒尿，尿水浇热的枪管，冒起一阵白雾，滋滋地响一会儿枪管才变黑了，他又匆忙地爬上去递枪，勾一下并没有响。

"狗×的，枪也麻菇!"他抽回枪，原来匆忙得忘了装子弹。

于长发稍稍偏偏脸叮嘱着。

"别慌呵!"右边的刘桂也说。

"着急不当事。"

"这不像种地,这……奶奶格雄!……"别一个黑黑的小个子说。

一个花白胡子的老头立刻反驳着:

"怎么不像……好家伙!……打死一个鬼子,像耕完一条垄。……看我不揭他脑瓜壳!……明天就长青苗啦!……跑?……"

"可这比种地难咧……诶!……要拿命……唉……"

"要不……狗×的瞧这枪……也没命嗯……"

沉默得太久,谁都借这机会想说几句话,却又被枪声隔得断断续续地在一句话中把骂敌人的话也加进去;放完了趁装子弹的空闲再接着说。

管机关枪的胜山也抽空递过来一句:

"种地?……这比种地收获好多……倍。"Ta,Ta,Ta,"好多少倍……"Ta,Ta,Ta,……

Pu…eng 一个手榴弹散落在后边的松树林头上,许多松树夹着土块飞卷起来,黑色土雾弥漫着,天空的太阳被掩蔽得更显朦胧了。

二

在对面敌人的壕沟里,伪兵下士李忠张着缺嘴唇,向地下吐口混合着土末的黑痰。慢慢地搬着大栓,装上子弹,看着督队的崛田少尉一走过去,就向天空放。

"他姥姥的,直奉战,直皖战,打自己,老是,老是……"

趁着装子弹的空闲他嘟噜着。

在他旁边的一等兵王国有,颓丧颓气地咧咧嘴说:

"这,还是……他妈的巴子……帮鬼子,你……"

说着崛田少尉走过来,他们闭住嘴,手放在勾火上趁个机会,枪嘴子一歪就打到半天空里了。

"什么办法?"李忠瞧着崛田少尉走过去,他就闪一闪厚眼皮叹息地说。

"谁不是?"三等兵,脑袋很大的一个,插过来说,"有家有业有老有小,跑不了!……若不……"

"有办法可说呢?"

"若不……×他祖宗……给我支烟……他才……"一等兵王国有非常苦恼地甩了一下清鼻涕,接过香烟叼在嘴上。

他们互相看一眼,把头低靠着枪靶子,向天空放枪。

在另一边营长张振标拿了瓶酒,仰起脖子往嗓子里灌一口,脸上的酒疙瘩都透着红亮。一边咂嘴一边听着崛田少尉的话——崛田少尉手摸着凸唇上的小胡,蛮有自信的,向对面瞭望用眼再溜着张振标。

"一个的跑不了!……等上村少尉在松林后吹起冲锋号,张营长你就……"崛田少尉像个山喜鹊似的在张振标前边走几步又继续用生硬的中国话说:

"这会……这会,他们同于青山联络不上……准……关照他们!"

"是!"张振标本来是赔着笑脸,这时候把脸猛地往长一拉,他那酒糟脸就成个奇怪的样子,眼睛拉成长方的。跟着两腿一并,啪,响一下就站稳。等崛田少尉走开,他才又大大地灌一口酒。酒灌得太猛,呛得他咳嗽了。

崛田少尉一边走一边摸着唇上的小胡,在酱色的脸上摆出威严不可犯的样子。他凸出胸脯,走路腿有点儿瘸,是上一次在白草甸子打于青山的队伍碰过流弹的。

"这些杀不尽的土匪,这些杀不尽的满洲人!这……"

想着,他就同时记起自己的荣誉,上次天皇曾因他"剿匪"受过一次褒奖的。

"万岁!"

一记起这荣誉的褒奖,他的效忠的热血就沸腾起来了。

"万岁!"他的心也跳起来,不禁又冲出个"万岁!"才感到这血潮慢慢落下去,落下去又记起他那樱花现在刚落的家乡——刚结婚两个月的岛子,五年了,没有看见那圆得像杏子的脸,娇艳得像初开的樱花似的,甜蜜的厚嘴唇;厚的嘴唇——他下意识地移下摸小胡子的手指停在自己凸起的嘴唇上,小眼睛向烟雾弥漫的东方看着。——只有火线和飞起的树枝、草块……

"呸!"他重重地向地上吐口唾沫,从袋里拿出支烟、点着。他有点恼恨自己近来常常忆起家乡的心境了。

这时候他已走近×兵陆战队的阵地,他忙整整心,把脸绷得紧紧的,把胸脯也挺一挺走过去。

在这个阵地××第三中队的有岛一郎伸了伸发酸的脖子,埋怨着:

"打,打一夜,还……"

旁边的河上村嘲笑地:

"这,还像帝国军人?"

有岛一郎扁嘴唇憋得像个瓢似的反驳着:

"也是人,肉和骨头……"

"哼! 你是没骨……"Zeng 一个急速的枪弹从头上的铁帽子擦过。河上村赶快把头低下嘴吓得咧起来,底下的话,就吓回去。

有岛一郎也忙着把头低下,铁帽前檐抵着沟沿,鼻子和嘴,几乎就是贴在土上,紧紧地闭着眼睛,只两个手伸出去 Pang、Pang 地还枪。

在旁边另一个说话有点口吃的插进来说:

"完……完完全全是放狗狗……狗狗狗屁……屁屁! ——嗯呵!"说话的滚下沟去,手握着嗓子,嘴里喷着鲜红的血饼,挣扎一会儿,就不再动了。

三

何老魁眯细着圆眼睛连接着放枪。额上的汗珠，像浇下来的雨水似的，顺着浓眉毛梢往下流。一直流到脖颈子里，感到痒，他才抽回手，揪一下，抬起厚厚的大手背，横横竖竖地抹一把，又爬到沟沿勾火。他把手刚勾住机头，Pang——枪把子往上猛跳一下，把肩膀撞得往后一仰，几乎翻过去。前边的枪管炸裂了。

"狗×的！这废货！"

他转个身，把一个尸首推过去，从底下抽出一支枪。

"借给我！"他把枪递上去又补充一句：

"狗×的，替你报仇！"

"傻瓜！"左边的刘桂叫着笑了。

"跟死鬼客气哪！"

"怎的？"何老魁白了于长发一眼，就抽回枪来往膛里撒尿。

沈司令从左边走过来说：

"何老魁撒多了也炸。"

"不的呢，这是第一炮。"

"怎样？"沈司令走过何老魁朝着管机关枪的胜山问，伸开手预备接接力。

"不，"胜山两只手转着枪头，把长脑袋摇着说，"还有劲。"

"于司令的队……"Ta，Ta，Ta，……

"总快来啦，放过两次信号……不过这次是被……"

沈司令也向前边盯着说。他那瘦瘦的脸，在朦胧的阳光里，就像黄蜡做的，两个眼睛塌在眶子里，眶子像坑似的埋着射出强烈的火花的眼珠。他抬

手把鼻子揉一下,握紧枪把说:

"不退,也不降!"

"嗯这次……"

突然这些人叫起来了:

"喂……前边……后边……"

"后边……前边……"

前边从敌人的战沟里许多黑色铁帽子都起来,后边从松树林冲锋号响了,也有许多黑色铁帽子在炮火的掩护下合力地冲过来——两边的喊声、号声、炮火……像一阵暴雨一样扫射着在垓心的这一群。

"别慌!"沈司令跳起来嚷着:

"集合,——分两大队列开:……"

沈司令在胜山的肩头拍一下,就跑过去指挥着。

立刻这被围的队伍展开一个圆形的散兵线。三架机关枪,做三个扇面形扫射着。

Ta,Ta,Ta,……Ta,Ta,Ta,……Ta,Ta,Ta,……

"狗×的!"何老魁咬着唇快咬出血来,他跟前两个枪换替着放。

"好家伙!"那个花白胡子的老头,把罗躬腰也要直起来似的抵抗着。

刘桂放完一枪又向身上摸子弹,子弹袋全空了,就从身旁拖过一个尸首来,从尸首身上拿子弹,往枪膛里塞。

胜山放着枪,像疯了一样,浑身跟着颤抖,眼珠通红的,把枪柄转过来,转过去。Gang,一个流弹从他肩膀向心斜穿过去,他向后一仰,机关枪就停下了。对面的敌人——

Hao——Hao 地冲过来,眼看要冲到近前了。

"怎的? 机关枪哑啦?"有人在沙哑嗓子叫。

"你奶奶格雄!"于长发 Pang 地跟着骂声就向冲近的敌人抛一个手榴

弹,立刻像土地开了花一样,冲到近前的敌人倒下了几个,大伙都跟着向敌人抛着。

沈司令赶快跑过来,推开胜山的尸首,把着机关枪一阵 Ta,Ta,Ta……把敌人前锋扫退了。

一个烂红眼的过来替下沈司令。

何老魁两个眼睛瞪得眼皮快裂开,眼光都发了直,头上的汗顺着泥脸流着。他的嘴跟手一样不停地动:

"狗×的,狗×的,狗×的……"

Pa,Pa,Pa……

那一个花白胡老头也不住嘴:

"好家伙,好家伙,好……"

Gang 跟着这声音老头倒下了。

"奶奶格雄,奶奶格……"老头旁边的黑小个子,刚骂第二句,一个枪子从他嘴巴里打进去。

沈司令过来爬到老头的空位上,甩起匣枪 Ha,Ha,Ha……两排。

刘桂爬过来,把老头身上的子弹袋拖走。他的小脸变得黑和更瘦小,半张脸上溅着血。他把蓝布衫闪开露出黑色的胸毛,毛都爹竖着。

"得节省——呵!"

沈司令刚回来头来,没说完这句话 Gang 从他耳根穿进左颊,他的巨大的身体就势向后仰下去。于长发就近赶快爬过来抱住。

"怎样? 司令!"

沈司令满嘴喷着血,两个长眼睛睁得滚圆,挣扎要坐起来,向周围看,突然地把握着脸的手举起来:

"不要退! 也不降!"

喊完了,他就往下沉缩,高耸的鼻子和薄的嘴唇苦痛地颤抖,脚在地上乱蹬,一只手揪着胸前的衣裳。于长发抱住他,心里像烙在火上似的又热又难过,两只胳膊,痉挛地扶着他肩头。

"司令还有……还有话?"

沈司令把揪衣裳的手,拉住于长发说:

"兄弟,……好好……干……好好干……好……"

突地沈司令把身子往上一挺,跟着喷一口血,向大伙喊一声,一口血,一声声动人的字!

"祖国!……家乡!……祖国……家乡……"猛地他缩下去,两个眼睛火红地凝望烟云昏暗的天空。

交互的枪声响应着沈司令最后的呼声:

Ta,Ta……Pa,Pa……,Gang……Pang……

于长发慢慢地把沈司令尸首放下,半跪着瞧着那还瞪着的火红的眼睛,他一句话也不说,把头低着,嘴角苦痛地咧开,牙齿紧紧合在一道。脸上的筋肉一条一条地跳动,短眉毛在凸鼻梁上纠结着。他很茫然辨不出这时候是痛苦,或者绝望,炎热的眼泪滴在死者的脸上。猛地他把头抬起来,两个眼睛像暗夜的灯笼一样,凶凶地向天空望一眼,就抓起沈司令的匣枪往沟沿跑。

这时候,何老魁倒在地上,圆眼睛炸坏一个,另一个还瞪着,死了。刘桂在放机关枪。于长发把死者的尸首都拖到一道,完了就把胸脯挺一挺,放开嗓子唱,许多人都合着一声地唱起——这歌声伴着枪声与敌人的威逼,像暴怒的狮子的吼叫一样,每个咆哮的人都张大了颚头像要噬嗄一样,这歌声广大地坚执地咆哮着!

兄弟们——冲呵!

瞄准枪口,

射击敌人的咽喉!

一齐前进，

争夺失去的山河；

要夺回松林，

和那肥沃的田野！

拖开死者，

冲上去——冲呵！

保卫我们伟大的家乡——祖国！

我们的战野展开了！

在前进的路途，

因牺牲者的血染而更加光明了！

……

枪声和敌人的呼叫伴奏着：

Ta，Ta，Ta……Pa，Pa……Huo……Hao……Zheng……

天空渐渐暗淡，这雄壮的愤怨的歌声也渐渐黯淡了。

（原载《时代文艺》1937 年第 1 卷第 1 期 14—20 页）

野　　操

　　金色的阳光,像秋天的落叶样,散满了山麓,散满了田野,也散满了我们的身上的头顶……

　　"你们看哪,那红旗是敌人的炮兵阵地;那白旗敌人,呵,我告诉你们说:那是敌人的机关枪阵地……"

　　副队长高高站在坟头上,用手指前边,约有五六百米远的一些乱坟,在那儿一面红旗,一面白旗,有距离、有角度地插着。旗布迎风招展。

　　我们大伙,因为刚跑完,冲锋有点冲得疲乏了,聚坐在坟头上休息着。

　　但是,我们的脑子和眼睛并没有休息。

　　顺着副队长的手指,望过去,望着那红白旗下高凹起伏的地面,田埂、坟堆和树叶;太阳光正在那儿。一些未枯的野草、荆棘和一些杂生的小灌木中间,我们的排长和司号员探出头来举手招呼着,又隐没了身影于坟后和草丛中。

　　我们望着,一边理解、体会副队长的话语。我们假想着敌人,也假想着打埋伏……

在每个思维着的脑子里,潜默地发挥自己巧妙的主张,那是怎样去打击那边的机关枪射手,和夺取敌人的武器;更怎样扩大我们的优势,达到我们战斗的任务——

"保护自己,消灭敌人!"

副队长的身体摇摆着,手做着大圆圈、小圆圈、半圆圈的挥舞。较空闲的左手,时时摸着下巴;在他尖下巴上有几茎微须,他摸着且讲着。

"告诉你们说呵! 呵! 告诉你们说呵! ……"

阳光跳跃地在他的脸上,那病红色的脸上,就反映出一种和穆的光辉,泛上一阵孩子似的微笑。

他亲切地看着我们,我们也亲切地看着他。那交流的眼色呵! 说明着亲爱,也说明和保证着一种力量。

但,什么呢?

我在体会这种力量,这种力量的伟大。

副队长也在休息了。他把两只手抱在胸前,站直了身子,静静地望着四围的景色,这深秋的景色显然地使他惊异得和我一样。

远远的云岭,高接着天云,有一丝洁白的云烟在峰岭彳亍着。绿色的草铺满了刀削般的山坡,望去就像一条绿色的绒毯,小松和竹林就成为精工挑拣的装饰。非常明快,可敬的美好。

山下是一望无际的田凹,几株红枫立在山旁,田埂上,动人地闪射着红光,花朵般的叶子翻飞着。

有几处农家的草房,安静地升起午炊的烟。身边的小水沟有趣地平和地流响。

趁着这个余暇,我扫视着我的伙伴,每个同志,在我心里默数着。那蹲着的是工人啦,而同他谈着的是个学生啦;那个瘦的,那个胖的;那个高的;那个农民、学徒,那个是店员、小贩……

他们同样无忧闷的脸上带着静静的笑。

我开始更加惊异着。什么力量呢？把这些不同阶层，不同面孔，不同地区，不同的、许多不同的生活习惯、兴趣的人集合在一道，像两点落在江河中，分不出哪个水珠是从哪块云朵落下来的，立刻就同一地汹涌和奔腾起来什么呢？我想着，久久地想。

"立起！"

听口令成了一种单纯的直觉，正像听号声一样，我记不住那节奏，一听见就知道什么是熄灯、上课或者吃饭。

现在，我跟大家一道立起来，且成单行地齐步走。

"散开！"

迅速地分班为单位，各寻找一个方向，可以掩蔽自己的地方伏下来。有一班躲在崖下，有一班伏在田埂后，我们这一班就跳下高崖趴在烂泥的桑田中。

"集合！"

我们没有喘息，又爬上崖去，那两班已集合好了。

我们以为迅速，可是他们更迅速。

于是队长批评着："动作要迅速。飞机、炸弹是不等人的呀，同志！"

风微微地吹，我们的军衣角飘动着。

天空明蓝的，像滴下水珠似的。有阵山鹰展翅飞过，我们想象这是敌人的飞机。防空动作又开始再演习。

"散开！"

用竹枝、树叶做成花冠，仿佛一群非洲野人似的伪装自己，迅速、更迅速地散开……

"集合！"

"目标正前方，发现敌人……"

立刻,用一个可敬的速度,四个机关枪手跑向左右翼,组成交叉的火网。

前边四个卧倒,第二排跪下,我们最后一排站稳端平了枪瞄准。

"准备射击!"

我们警戒着,我们准备射击。

一九三八年冬于皖南军次

(原载《文艺新闻》1939 年 第 2 期 2 页)

古　屋

短　的　告　白

朋友们时常责难我太忧悒和太感伤了。

然而，假如谁知道我所走来的路，那路上我所碰到和所看到的，都是些什么的时候，就将会了解我所以忧悒和所以感伤的来踪。

我的忧悒和感伤，不是向死灭的坟地，而是向生长的花坛；不是软弱的屈服，而是坚韧的战斗！

我的忧悒是为人的，我的感伤是为人的，我不告诉人在忧悒的时候该去死，我告诉人在感伤的时候该勇敢地去生！

我曾向朋友们讲过：生在这个时代，我们不幸，我们又幸福。我们不幸，乃是在这动乱的时代中，有血，有泪，有痛苦，有悲哀，有黑夜，有崎岖的长路；我们无可避免地必须尝受，必须挣扎，必须战斗，必须与死神相持。

我们幸福，乃是在这动乱的时代中，能碰见这些万花缭绕的动乱，使我们人生丰满，使我们看见我们自己的坚韧和人的勇敢。

流我们的血,会收到血的果实,然而流血并不是一件不值得忧悒的事,但是我们不能不流,走过黑夜,会遇见明朗的天色;然而在黑夜里前行的时候,是艰难的,是痛苦的,可是我们又不能不走。

我们把持时代的人类的祖国的生与死之钥匙,这是不幸的事吗? 这是幸的事吗? 一种悲惨与光荣的遭遇。

在这中间,假如人是有感情的,那感触就将是非常闹热和频繁的,我也曾向朋友们讲过:在这时代没有一潭水是静的,没有一朵花是没灰尘的;也正像我们祖国的今日的土地上,没有一颗土粒不沾挂着血丝。

就是这样,我变成特别多感的了;也因此,我还不能不有些忧悒,有些感伤。在我还不能使我的眼睛看见晴蓝的天空与光辉的自由的花朵的时候。

一九四〇年初春,浙江金华

Ⅰ 勇敢篇

勇　　敢

我常常在想,也许这是我的坏处?

人是什么呢? 人的感情是什么呢? 而在失败中求得胜利,在悲哀中求得快乐;在死亡的边沿得生,在不幸中得幸福;在丑恶中发现美,在羞辱中发现光荣,这些都是什么呢?

这呵,这就是说,在这中间有个"勇敢",一个从此到彼,给生命一个决然的变换的桥梁——勇敢!

可是,我的朋友,究竟"勇敢"是什么呢?

当人走进一个深不可测的陷阱,当人遭逢一个致死的打击,而能够跳出陷阱,而能给打击一个回击;虽然明知,陷阱即成为陷阱,就不是容易跳出来的,假如你跳进的时候,虽然明知打击之所以为打击,就不是轻易可以回击的,假如你受了打击的时候。

勇敢在哪儿? 就在这儿了。

知道是陷阱,而不因是陷阱换条道路;知道是个打击,而不求饶,反之,要怎样才能够从陷阱的陷中求平安,从打击的击中求胜利无损毫毛。

我常在想,我向朋友们讲过,在文章上也写过,我说:

"我爱悬崖勒马的人,因为他见机的勇敢;我爱悬崖不肯勒马的人,因为他倔强的'勇敢'。"

朋友们,想想吧! 当一匹狂奔的马,跑到陡峭的高崖上,自然那崖是高到快触着天,云彩在那峰尖上游行,时常会被山阻了云彩的进路,那样的高崖,崖下是无法测量丈尺的深涧,涧下有深不可测的潭水,水里有毒恶的龙蛇,假如掉下去的人,要怎样呢? 这是很明白和可以想象的了。

但是,马的狂奔,一时不容易收勒笼头的,能够收住,这是一个渺小的勇敢,轻易的事吗?

但是,假如那骑马的人倔强一点儿,或马也倔强一点儿,到了那样高崖,不但不收而更狂激地放开嚼环,冲过去,冲上去,这也不是一件可以小视的事情吧?

自然人们都喜爱前一种勇敢,自然人们都嘲笑后一种勇敢。

可是究竟哪一种勇敢才是真正的勇敢呢? 而,为什么人们都喜爱前一种,嘲笑后一种,因为前一种能勒马的人并不是真正能勒马的人! 前一种勇敢,并不是真正的勇敢!

若然,尽管人们嘲笑你是太强横吧!

幻　　想

如果说世界上有美丽,那是幻想;如果说世界上有幸福,那是幻想。

幻想是美丽,幻想是幸福。

然而,幻想的美丽,不是美丽,是一条毒蛇;然而,幻想的幸福,不是幸福,是一条毒蛇。

看看山吧,看看云吧,甚至你看看海吧! 那山是存在的,而幻想,不是它不存在,因为它是幻想,存在,也不存在。

一个人我情愿他戴一副沉重的枷锁,我却不愿他戴上幻想的荣冠;一个人我情愿他钻进棺材,我却不情愿他钻进幻想的眠床。

也许有人艳羡幻想之辽阔,也许有人艳羡有幻想人之幸福,然而,谢谢吧!

只有有幻想的人才最苦恼,也只有有幻想的人才知道无幻想的人的快乐。

现实固然痛苦,但现实的痛苦是幸福的根源。

"去吧,幻想!"

世界上的人们都跟着我一道向幻想举起驱逐的旗吧!

"滚开,幻想!"

梦

不知从哪一天我开始做梦,也不知从哪一天我同梦结成朋友。

于是,我走进梦。

在梦中,我苦恼,我欢喜,我歌唱,然而我更多的时间悲伤得连泪也不能流。

刚开始知道做梦，我不知道这是梦；当我知道这是梦，我恋恋于梦；当我恋恋于梦，我开始为梦苦恼。当我苦恼于梦，我已无法离开梦，不，不是我无法离开梦，而是梦不能离开我！

当太阳落下去的时候，灯光是有用的，以是，当现实不能满足我的时候，梦对我也是有用的。

我把绝望变成了梦，我把希望变成了梦；我把来日变成了梦，然而，今日我却变不成梦。

因为，珍珠虽然可以丢在脚下，玻璃虽然可以戴在头上，但是，在买卖的时候，玻璃总是玻璃，珍珠总是珍珠。这是无法混淆的。

而，梦是玻璃。

哪一个窗户上不需要玻璃呢？

以是，没有一个人不用梦来喂养，来鼓励，来安慰，因为梦是较珍珠为廉价的。

梦里有花，有山，有水，举凡世界上所有的、所没有的都有，并且美丽，然而，谁从梦里得到过什么呢？

如果他没有走进梦，他不会向我说什么；如果他刚走进梦，他会向我点头表示愉快；如果他深陷在梦中的，他会向我摇头；但，如果他走出梦中的，他会向我流泪。

我曾经是贪恋于梦的人，现在我已无梦；我是曾经凭恃梦喂养的人，现在我病并且瘦了。

于是，我走出了梦。

告别吧，我同梦绝了交。如果说太阳落下去了，明天会再出来，只要明天不落雨，假如落雨，世界的日子不会常是落雨的天。

灯光呢，我不需要，因为夜路会使我变得坚强，会使我因为崎岖变得机警,因为黑暗,更急取光明。

珍珠虽然贵重,我宁愿付出更贵重的代价。

梦,我深深地向你诀别!

忧　　患

山有尽,源有头,我的忧患呢?

在极度纷乱中,我度着这初春的日子,特别是夜晚,我为梦侵袭着;而在日里,时时刻刻为新的不安烦恼。

我为生之忧患,现实的忧患、人类的忧患以及假想的忧患苦恼,我不能控制自己。

然而,忧患之来,并不因为我苦恼而让步,它陪伴着我,胜如一个爱人,亲过一个旅伴。

奥斯特洛夫斯基说得好:"忧患不到森林中去游行,要到人类中来!"

这是真的吗? 可是我和我的同伴,人类,是为忧患而活着的吗?

不吧? ——不的! ——决不!

致　　远

一

漂流过海的是不会忘记海的静丽,沐浴过阳光的是不会忘记阳光的温暖;没有人因抛舟登陆而消逝了对于海的怀恋,也没有人因走入夜晚而放弃对于阳光的仰慕。

是这样,和带着这样的心情,我走了,我走了,为了你所知和你所不知的一些好和坏的缘故。

现在还说什么呢？这已到无话可说的时候了吧？

但是，我说了。我说，我是仅只说着我的希望，也许这是梦呓，因为我是爱做梦，曾经做过梦的人。

我的希望——什么是我的希望呢？

我希望我们再见，再见在祖国胜利的时候，那时候，我的病好了，我也变做健康的人，而且在作为一个中华民族的子孙的我们，都为自由付出了应付的代价，那时候，我们谁也将毫无惭歉地去安享自由的愉快。

我希望我们再见，再见在我们全白了头发，那时候，假如是冬天，更假如在北方，我那久违的家乡里，更假如天是飘雪的日子，我们守着炉火，炉火通红地染上了我们苍老的双颊，守在孩子们的面前，讲起我们年轻时候的故事，也许会为这狂放而感到好笑起来的……

我希望再见，再见在不久，在我们那欣喜相逢之时——

但，谁知道呢？

我记起希腊一首古歌来了：

> ——那些船，
>
> 个的个儿离了港，
>
> 各自去寻幽梦！

对了，在别前，连面儿也没有机会见的别离，将以此诗自慰和自励吧！

没有什么了，再说，这是多余的，反正，我高兴，在人前我永远含着笑的……

二

如果说：阳光是温暖的，并且天天出现在天空上，从天空上照耀在人间，我诅咒它，因为我没有！

这不是奇怪吗？为什么我这么冷呢？当我行经在旧日的路上、河边和房舍的时候。

一个人老恋恋于旧日，这是没有出息和无谓的。也许我就是这样，也许我就是没有出息的，不是有人预言过吗？

但，人终归是人，人之所以为人，他在此了。然而，你懂这话吗？

我常常希望，奇迹出现在我身上；在我生命之中，假如太阳光下，有这么一天，不是我孤零的影子，在那旧日的河边、路上和房舍行走的时候。

这不是梦吗？我该嘲笑自己了！

我老有一个幻影，我老有一个相信。

星星不会这么快就消陨了光芒，虽然曾被云彩蔽阻过的，而云彩是有退的时候的。

死灭不是这般容易，从心底的死灭才是真的。一株树如果根不断会生出新芽来的。看那远远的山，虽被云和夜包围，但山将永远是山，不会变的……

噢，我说了些什么？而我天天夜夜所希望，所梦的是什么呢？

我该忘记和不知道了！

但，我在一个沙漠上望着绿洲，我在一个陆地望着海洋。——虽然，我知道这比一个幻影更难捉摸的了。

我期待着在无望中，在希望中。

一个海洋，一个绿洲，一朵花，一片阳光……

三

我不相信，花只能开一天；我不相信，果树只结一次果子；我不相信，太阳永远照不到我；我不相信，云彩飞去了，就终我之生再看不见天空上有云彩；我不相信，人的感情这么简单和轻易，这么简单和轻易地生长或消灭。

板上钉个钉子,固然可以拔出来,但拔出来后,那板呢?那板上的创痕是永也难填补的。而且,为什么要拔那板上的钉呢?

我知道,没有一个板子愿意钉两次,甚至许多次钉的。

我现在希望我的心,这块曾被拔钉的板,再填补上,但那必要是原来拔出去的那根钉,可是,谁知道呢?谁都知道,这钉子呢?

我希望天晴,我希望雨后的虹彩,我希望我所希望。

但,什么,究竟什么是我所希望呢?

我希望从板上拔去那根钉,哪怕锈烂了,哪怕缺了齿,哪怕丢了锋芒;但我希望着,一个可怕的疯魔的希望呵!

但,我说什么呢?这是多余的。但,我写什么呢,这早已是多余的!

这就是我的弱点,这就是我的伟大,不,这也许就是我的伟大?

一九四〇年春,金华

厌　倦

我厌倦了,有时候什么都厌倦了。

当一个经过长途跋涉的人厌倦了长途,当一个漂流过久的人厌倦了漂流;这正像鸟雀飞倦了要回巢里,这正像鱼游泳得太久要潜沉水底。

人是爱吃糖果的,但哪有一个人不厌倦糖果,当坐在糖果堆中尽吃得太多的时候?人是喜爱欢笑的,但没有一个人情愿整天整夜地大笑而不感到一点儿不想笑的心情的。

什么都是好的,然而等好到过分,最好的也变成厌倦;什么都是可喜的,然而喜到厌倦的时候,那喜就带着厌倦的质素了。

世界上还有比厌倦再可怕的与再可恼的吗?

生为着厌倦而减色,花为着厌倦而褪去娇艳,太阳因为厌倦而隐入云里,身体因感厌倦而生病,爱人因为厌倦而分离,事业因为厌倦而废弃,言语因为厌倦而沉默,青春因为厌倦而衰老。

假使世界上曾存在一个恶果,那是厌倦;假如说世界上曾有一个坎坷在人的进路上,那是厌倦!

厌倦之来,它是无所不在,它在人类的生中拨弄与鼓舞着厌倦。

当我睡在病床的时候,我是那么苦恼的厌倦的。

沙滩上太热,河水太绿,树林太单调,野花太枯涩,太阳太刺眼,星星太暗、太远,月亮太冷清,夜太黑,杜鹃叫得太悲惨,野鸟太吵人……

"什么我都厌倦了!"

在寄给一个朋友的信上,我这么写过的。

因那样一种放逐式的休养,使我厌倦了的缘故;自然那时候我是病着!

我厌倦了,有时候什么都厌倦了;但我未曾厌倦于生,因而死神不敢碰我;光明未曾对我厌倦:我更勇敢地抨击黑暗。

真理没有使我厌倦,因为它在变又不变的发展;而漂流使我厌倦,也因为它在变又不变的发展,还有我的病!

我厌倦了,又没有厌倦!

激　　变

有人说:人的心该像一潭安静纯洁的池水,那样,才会在侮蔑之前不怒,在快意之前不喜,在险阻之前不惊,在日常的生活中,无憎好,无激变。

但是,我不能。

我不能的,是我不能在侮蔑之前不怒,在快意之前不喜,在险阻之前不惊。

我的心永远还是一个纷乱的泥沼,这泥沼中,有落叶,有断枝,有水草,有水上生物……

而可喜和可夸炫于人的,这泥沼中有碎瓣,有残叶,还有完整的花朵……

当春风吹来,当夏风吹来,当秋风和冬风吹刮的时候,在我这个纷乱的泥沼中,就装饰以不同的,足以使这泥沼纷乱的一些季节的征候。

这是幸,这是不幸,都不知道。

但,我知道的,是我的心常常激变,因为季候使它敏感过于敏感的人。

这也许是不幸,由于敏感,我的心常常激变,而这常常的激变,有时候不无道理可寻的。我敢说,连我自己被激变激变了的人也不知道,它的来,它的去,世界上还有谁能知道呢?

我记得:有一次我爬树,那是在一个荒僻的山村中。

我从来没有爬过树,说也可怜,在我的幼年连走路都要受严厉的父亲监视,我就没有爬过树的。

但是,我爬树了,那是一个枯秃的白杨树,不,也许是一株梧桐树。

我爬树,完全是一种激变的心情。爬到树上,我坐在树杈间,我感到一种少有的快感,仿佛一个小孩子自己以为做了一件大事情,而希望人们给以称赞,但是,我的周围没有一个人,在这生这树的山上,除了树和雨点(那天是落雨的),没有别的。

我在树上,感到欣喜,居然,我也能爬上一株树,让大地,让山峦,让溪流,让坟丘,让房舍都在我的脚下,我俯视着脚下,我想着我的伟大。

在树杈间,我伫立了很久,我望着远天的云,远远的山峰,远远……我是怎样愉快呢?

我也记得:也是一个春天,有太阳的日子,人也在那个荒僻的山村中。

我走过那池边,不,我在水池边的路上荡来荡去,像散步,我又在沉思,像沉思我又在东西无凭地瞻顾。

　　在我行的路上,有一块红色土块,它的红并不算鲜艳,并且也不完全是正红,这土块也并不见得如何好看,也没有使人特别注意的美点。而我注意了它,并且用脚把它碾碎,用了许多气力,直到把它碎得成粉,混入黑土末中;这不知为了什么?

　　我回头看着池水,那池水中有一块泥苔,它的颜色是碧绿的,仿佛初春嫩草,也仿佛我曾看见和喜爱过的翡翠鸟的脊背,是娇艳的,使人爱悦的;但,我不知为什么,我拿起砖块,把它砸碎,砸成泥水,砸到水池的这块泥苔再没有一丝绿色存在,我才住手,走回住舍,心里也感到安然,仿佛做了一件了不起并且快意的事情。

　　但,这是什么,和为什么呢?

　　这只能归之于激变了。激变常在我的生中,以是我常在激变!

控　　制

　　我之所以失败,我之所以胜利,我之所以痛苦,更如果说我有弱点,那最大的弱点,是我不能控制!

　　谁能控制疾奔下来的山洪呢? 谁能控制决堤的潮水呢?

　　然而,野马有戴上笼头的时候,荒火有寂灭的时候,而我呢? 我不知道!

　　在得意的时候,不应该忘记失败,在失败的时候却应该忘却得意,这是可贵的;而在得意时候不骄傲,在失败时候要骄傲,也是可贵的。

　　在幸福的时候不笑,在悲哀的时候不哭。这却并不可贵,因为,为什么呢?

　　我知道,应该带快乐给别人,而自己却应该缩在没人的角落哀叹自己,甚至哭也好,再不让人为我的忧郁不欢,让人看我的脸永远是笑的,至少我应该揩干了眼泪，使人看不出哭的痕迹来，那就"皆大欢喜"了。

我知道许多人，我的同伴们这样做着，他们对了，而我也对了。

——为什么我也该要那样呢？

控制？我知道，我永远不知道！

灯　塔

灯塔独立在海上。海是那么辽远的，谁看到过它的边际吗？能够看见海的变化的全貌的也就很少了。但灯塔是看见过，也只是看见过而已。

朝露怎样染红了海，皓月怎样照明了波浪，海鸥怎样飞翔，云雀怎样歌唱……这对于灯塔，远不及一阵海风更为接近，一片沉舟的号救更为动心。

灯塔屹立在海上，长年地，长月地。

它傲岸地睥睨着远大的海，而且沉默。

它不为荡漾着的胭脂色的暮霭所动，也不为夜的黑暗与浪的扑击而畏缩。风里，雨里，它永远挺着胸膛，丝毫也不动摇。再没有如此坚忍的了。灯塔永远是勇敢的，除非它最后倒下死去。

没有一个生物知道它，更甚于它自己。

为什么它需要生物们知道呢？它并不需要的，除非在暗漆的夜里；海涛汹涌的时候，它需要生物们看见它的光，因而走上安全的路。也只有在这样的时候，才会有生物们记起它并且找寻着：

"灯塔呢？——灯塔，伟大的灯塔！"

可是当海浪平息后，生物们安全地渡过礁石的时候，就没有一个生物再记起那使他们脱险的功勋者了。

但灯塔并不因此而悲哀。

多少生命，凭借它的指示而避开了死亡。在这广阔的海上，它是生命的象征。

也就在这样的时候,它才感到为生物们服务的伟大,而忘记了自己的存在。

一九三八年一月一七日,上海

隐　秘

我又碰到一个安静的光影,这完全是无意的意外。我不知道该感到享福,或者该感到懊恼!

当我又碰到一个安静的光影,在那古城里的古庙中的时候,我心里生长了个隐秘。

据说,人假如能有了个隐秘的时候,是幸福的;更据说,人假如有了个隐秘的时候,是不幸的。

但,我怎么说呢?

一个像我这样病着,像我这样为人,提起来就担心惊吓的病的人,我不该妄生什么了,哪里该生个隐秘。一个像我这样,经过人世辛酸与疲于行旅,现在甚至于非用手杖扶持不可的人,我不该再遐想什么,是明白的了。

但,不应该的,是我不应该又碰见安静的光影;但,更不应该的,是那安静的光影不应该使我又碰见。

因为安静的光影让我又碰见,那隐秘的生长,已不是我自己再能有控制的权利了;那隐秘的生长,已不是我所能压抑,用着百种千种不应该的解说所局限的了。

我的隐秘,生长在心中,仿佛洁白的小鸟,——我记得我在那遥遥的山村中,曾经看见过这样洁白如银的小鸟,那么晴朗的天色般使人安静,一看见就使我无思,无苦,也忘了忧患的长途,这样的小鸟,我又碰见了。

在那我不知道该用如何是憎是恶的感情来看待的古庙里,这样小鸟,无意地投入心的笼中,而它在心中鼓着翅膀,搔搅着我的血流,踢打着脉管。

怎样呢? 它要飞吗? 要飞到辽阔的天空,辽阔的大野上去……

那么,去吧! 我毫无挽留的意思。

但,这隐秘在我的心中,这安静的光影,在我的心中。

嗷,我的胸因之而疼痛,我不能安睡了,我不能再安睡在我夜夜睡得熟甜的床上。

我想起来,我自己是如何该诅咒的呢? 这该诅咒的,是我不该又有个隐秘!

我说什么呢? 我已不再知道我该怎样说;也不再知道这是一种幸福的徽号,或者是一种不幸的徽号。

一个新的欢愉? 抑或一个新的痛苦?

呵,隐秘!

希　望

在一千次失败之中,就没有一次胜利吗?

在一万个不幸之中,就没有一个幸福吗?

太阳天天出来就没有一天太阳是为我出来的吗? 花朵满山遍野地开着,就没有一朵花是为我而开的吗?

假如有一次胜利,一个幸福,那么,荣誉是什么呢?

假如有一天太阳出来,假如有一天花开,是为我出来,是为我而开,那么,高贵是什么呢?

那时候,我将不再需要什么了,因为,我是世界上最容易满足的那一种最容易满足的人。

但,那胜利,那幸福,那太阳,那花朵,必须是完全为我,在中间不掺杂任何什么的。

那会有,我相信,那会有!

召　唤

当我伫立在充满阳光的窗前,我感到一种召唤;当我行踱在珊瑚树排列的小院中,我感到一种召唤;当我睡在床上,让春月的光辉照脸的时候,我感到一种召唤。

但,这是什么样的一种召唤,我不知道;而我知道的,当我一感受了这召唤,我的血液就不是从前的了,而我的心跳跃,并且非常困恼和不安。

于是,我停了工作,也停了睡眠,假如是有月的夜,我就要到院中的竹林内徘徊,漫步直到我必须合眼的时候。

或者,我常这样,在寂静的夜,寂静的阳台上,向着夜空,向着星星,向着远远隐微的灯火,唱我自己喜爱和不喜爱的歌,这样时候,我想象我是个唱歌的天才——不,我没有想象。

这是怎样了? 因为我受了一种召唤。

这召唤之来,我不知它是从地底,或者从天上,或者是从那发芽的树,或者是开花的月季的瓣朵上。

这样,然而都不是的。

我怎么办呢? 我走出了我的住舍,我离开了我的庭院,我抛开了日常工作的小桌,我向着那召唤我的召唤走去。

我来了,我走到旷野,我走在风中,我走在亩垄间,我走在亩垄间的油菜花丛里,我走在豌豆花的地头上,我更走向远远的山上去。

我握了一把油菜花,我握了一把豌豆花,我握了一把嫩绿的草,我更握了一把泥土。

然而,那召唤,还在远远,在山那边,在田那边,在风那边……

我离开田野,我离开风,我离开花丛,我也离开山,我不愿疲乏,因为我不能顾及,因为我没有想,走向更远,更远,去赴那召唤!

一九四〇年初春,弋阳

气　息

我闻到一种气息,这是什么气息?

那是新苹果的味? 那是酸葡萄的味? 那是初春的草,初春的树林,初春的野兽身上的毛皮,初春的处女的头发,和着初春的农夫手下翻起的泥土,这些,这些,混淆着,融织着,使我分辨不出的气息。

这气息我熟悉的,这气息诱起我的饥渴。

当我遇见了风,当我遇见了太阳,当我遇见了云彩,更当我遇见了星星,我就闻到这气息。

从人的笑声中,从人的哭泣中,从落雨天的雨滴中,从黑夜的黑暗中,我就闻到这气息。

我闻到一种气息,这是什么气息?

我开始寻找了,我找遍了墙壁,我找遍了地板,我找遍了窗台,我也找遍了院子,我也找遍了街路,然而,没有,完全没有!

而,我闻到一种气息,这是什么气息?

当黑夜变成白天的时候,我寻找;当白天变成黑夜的时候,我寻找。

但,黑夜又要变成白天了!

而,我闻到一种气息,这是什么气息?

当敌人飞机轰响在头上祖国的领空,当炮火正响在远远的天边,当战士的血正染红了泥土,当敌人的凶梦遭受了打击。

而,我闻到一种气息,这是什么气息?

用了少有的耐心,与旅行沙漠中人奔赴绿洲的饥渴,我去寻找这个气息。

于是,我走出了门。

我走出门,我去寻找这个气息。

我闻到一种气息,这是什么气息?

一九四○年二月二八日,弋阳小旅馆中

我　怕

我怕山有一天会崩倒,那山底下的行路人,就要被压死!

我怕海有一天会枯干,那海中的行船,就要搁浅,不能前进!

我怕大地有一天会塌陷,那我的房舍,我的邻居,我们地上的人,就要埋进地心,在没有该走进地母的殡宫的时候。

我怕所有的花全不开花,那我们将永住在无花的世界!

我怕所有的禾稻,全不结穗,那我们吃什么?

我怕我再做梦,因为我已苦恼够了!

我怕我的病不能好,而最坏的,是我无法参加那伟大的战列;更看不见祖国的胜利,民族全笑了的那个自由的晴天。

我怕太阳不再出来,世界永远黑暗!

我怕,落雨天……落多了,世界会再遭一次洪水的灾难!

我 愿

我愿山立刻就崩倒,压死那些我厌恶的,人类的公敌,那些该死的人!

我愿海全枯干,使敌人的兵舰无法驰出海港,不能夸炫和侵略!

我愿大地会塌陷,在那樱花之岛上,给敌人一个教训,一个惩罚!

我愿所有的花全不开花,在祖国还没有赏花的心情,并且大地还流血的时候。

我愿所有的禾稻全不结穗,在那日本军队奔跑的地方,饿死他们!

我愿枪口回来打自己人:那些觉悟的日本弟兄!

我愿做梦,当那梦实现的时候,那正是所望,譬如祖国的明天!

我愿病不好,当病病在那些出卖祖国的人!

我愿太阳不再出来,当太阳照在别人的身上,并且也没有照着我们的民族的时候。

我愿落雨,天天落雨,把大地好好洗扫一下!

快 乐

奥斯特洛夫斯基说:

"光耀的太阳,明朗的月亮,我从没见过,就是青草地,池水,和一切上帝所创造的东西,我也决没有看见的机会,但是所最苦的,就是我看不见的人和悦的脸!"

据说写这话的人是没有眼睛的,没有眼睛的人,他该说这样的话,而我是有眼睛的!我就不该说这样的话吗?

谁给了他这个权利,谁也给了我这个权利。

如果说"快乐"是两个字,我说我认得的,但,如果说:"快乐"是什么? 我还不曾知道!

"快乐"大概并不仅是个字眼吧? 它应该是代表着一种人生的感情,一个与悲哀相反的符号,当生理上因着某种原因而刺激起某种反应,那结果成为眼可见的形象,心可感受的形象,——那就是那叫做"快乐"!

是吗? 谁告诉我?

谢谢你,我想我应该知道"快乐"!

我要"快乐"!

什么时候呢? 我知道,当我看见了光耀的太阳,明朗的月亮,甚至青草地,池水,一切我没有看过的,我没有机会看见过的时候。

那时候,人们全有个快乐的脸,我也就快乐了。

幸　　福

幻想是美丽的,幸福不是幻想,但,它更为美丽!

"什么时候,我能够远离了我的抑郁的思绪,向太阳里放纵全盘的欢乐,忘掉了昨日,忘掉了那许多无用的心念,拥抱那毫无畏惧、挺然而至的幸福呢?"

纪德这样问着,人间的人们这样问着,而我也这样问着,是的,什么时候呢?

人在幸福的时候不知道幸福,当离开幸福的时候,才深知幸福。

可是,人类曾有过幸福的时候吗?

不,有的,不,人类将有,将有在那拥抱了毫无畏惧、挺然而至的幸福的时候。

可是,我也曾有过幸福的时候吗?

不,有的,不,将有的,将有在那远离了我的抑郁的思绪,向太阳里放纵全盘的欢乐的时候。

人在失掉幸福的时候,希望幸福;人在艰难中不忘记幸福,他必定有幸福。

因为希望,与等待的意思不同,那是希望鼓励求取幸福,再得幸福;因为艰难用幸福的记忆足够安慰,因幸福的记忆与希望,更劲健地突破艰难前行。

当幸福挺然而至的时候,艰难消逝,希望实现,那是全盘的欢乐。

谁有权利禁止别人幸福? 有的;谁有权利禁止别人,希望幸福? 没有的,不,有的,然而那是妄想把幸福独占的一种人!

至少,我希望我自己幸福;至少,我希望全人类幸福!

是这样的。

一九四〇年春,上饶

II 古　屋

掘　墓　者

当我很小的时候,童稚的胸膛,已经被辽远的梦想之火烧热了。我时常坐在山坡上,远望着天际的远方,看那落日后的天空的霞彩,怎样渐渐变化,地球怎样隐入苍茫的薄暮。可是,也并不一定想着暮景的美丽,倒时常思索我所接触的事物,以及我奇突的梦。我是个爱思索的孩子,常常因发些奇怪的问题而被大人嘲笑;有时为一个问题的盘踞,躺在床上,或者走在旷野,思索得非常苦闷。若是冬天,我就守着炉火出神,看着火苗的跳跃。一直到现在我还保持着许多也许是可笑的幻想。

我恋爱着远方,犹如恋爱我的家乡,远方的呼唤和青春的激力诱惑着我。我厌恶了那习见的、腐烂的、淫猥的、愚劣的人群;我流浪到不同的地方,到许多大的城镇,而我所遇到的人物,同我以前所遇到的并没有两样,在许多陌生人之中,都像我从小就在一起,始终没有分开过,他们的人性我认识并且熟悉,只是他或他换了面形,以致使我猝然感到陌生。碰到了,介绍或没有介绍,认识了,熟悉了,我才知道原来从前老早我就熟悉了的,陌生的只是他或他的面貌。

人类? 人类! 莫非都是一样的吗!

有一个时期我非常苦闷,好像在我的身畔开放满了幻灭的花朵。对于被我叹息的人类,我是完全绝望了。然而一天,终归被我发现新的人已经在生长,那些新的人,完全异样,他们的生活不及富人一条狗、一个猫和一个鸟雀,他们住在污秽的街道,黑暗狭小的房屋,穿着破烂,没有礼貌,常常喝酒,喝醉了就吵架,无论大人、小孩,在社会上没有地位,被某一部分人欺骗、威吓、嘲笑:可是在他混乱污秽的身体里边,我看到洁白的灵魂,有某些新的东西已在那中间成长,这是那些威吓者、嘲笑者、欺骗者所没有的人类之光。当我由模糊而清晰地看到之后,我是完全变动,从绝望的危崖,转向那些污秽的人群在生长的一面,跟着他们,感受到接近的欢喜,在心里弹奏一个希望之呼声:新的! 新的! ——这正是多久我就在找寻的。

带着这个新人的发现,我又流浪开去,从一个山岗到一个山岗,从一个城镇到一个城镇,哪儿到哪儿新的人都在生长了;而那些陈旧的人类,依旧,毋宁说更其残酷地,无厌地制造娱乐自己的悲剧。

然而,我已不再叹息,或者苦闷,因为我已开始看到他们的坟墓怎样向他们张口。

由于奇突的想头,好像我,做了一个坟园的掘墓者,我要亲手为那些曾使我叹息的人类,而且嘲笑过我愚蠢的人类,制造墓穴,用我的铁铲,一铲土、一铲土地把他们埋掉。工作完毕以后,我要轻轻拍着坟头向他们嘲笑。

"安静吧! 安静吧! 你这真正愚蠢的家伙!"

可是，我还要经营另一块坟地，就像耕种一块肥田，在那周围种上成列的白杨，永不凋谢的松柏，早晨晚上我都要亲自查看，说不定有顽皮的孩子趁我不在，摧折了我的辛勤。我对于一棵小草、一棵嫩树、一朵野花都要加意爱护，都望它们早日长成行列，长得健壮，抵抗得住粗暴的风雨。因为我知道，如果掘墓成了我的职业，三年五年、十年八年地过下去，我一定会亲手埋掉各种各样的人。里头一定有最值得惋惜的既年轻又有善良的灵魂的人们，死在该死者的手中的人们。这样，我就要在他们的坟头献上我所种植的花朵和树丛。

然而，我到什么地方去找到这埋人的工作呢？

然而，我现在找到了，在这儿！

一九三六年十一月一九日改作

故 乡 之 忆

一

黄昏，早晨，夏日，冬夜，晴天，雨雾的日子，我忆念着家，和我家住居的土地，那失去的土地留在忆念里的美丽的昔日，是多么使我怀念，可是又多么使我仇恨而恼怒着呢？

黄昏的影子，缓缓地渲染了窗外的墓地，我想念着：

——我的家怎样了呢？

暗夜的天空闪亮了都市的灯火一样繁密的星星，我望着它们：

——那土地还长庄稼吗？

早晨的晴光轻盈地照亮房子的窗台，我从床上抬起头：

家乡也亮了吗？

夏季的白云悠闲地卷着,站在绚丽的花树前,我这样想:

——那里山坡还喷着香? 而野花也开了吗?

冬夜的冷风吹啸着,秃了的树枝被灯光在地上披射了长大的黑影,我静默地想:

——下雪了吗? 我多么想念家乡的大雪啊! 若是再看见那雪多好! 我准会不怕寒冷地投在雪堆上滚着。可是,那雪是红色的吧? 被血染红的。

——而在那积雪的漫长的大道上,还有赶赴市集的大车,载满了粮食;马喷嚏着,车辆震天动地地响,车夫吆喝,鞭梢掼出清脆的响声,而车轴旁的铜铃咚咚当当地合奏着车声辘辘的韵节,附近的狗被震动得大声吠起来……。我还能听到吗,假如我这样的深夜静坐在家乡的火炕上,当晨光熹微的时候?

晴天明朗地辉耀。好像土地、房舍都生光似的晴天,我就会想:

——家乡不会这样的吧?

雨雾的日子,人走在路上就像陷在一个深坑中,灰暗的影子到处缭绕着,坐在屋中,就像黄昏,或黑夜,而我就想到了:

——故乡不也是这样阴暗,而又迷惘的吗?

——然而,那里也有晴天,明朗地辉耀,好像土地、房舍、马栏、猪圈、草垛、柴堆、井台……都生了光似的,晴天的日子吗?

——有的。毕竟那些为土地而抗争的血不会白流的,就是那些被杀戮、被残害的血也有得着更大的报偿的时日,而那就是"晴天哪"!

——晴天哪! 那我将用血染的光明的翼膀飞回那恢复完整、重新芳香的家乡的日子了。

然而——

黄昏,早晨,夏季,冬夜,晴天,雨雾的日子,我忆念着家,和我家住居的土地,那失去的土地留在忆念里的美丽的昔日,是多么使我怀念,可是又多么使我仇恨而恼怒着呢?

二

于是,我鼓励着自己为了那芳香的记忆。

那小山的影子,在我孩童年代,是怎样的青秀,那茸茸铺满山坡的茂草,滋杂着野花:山牡丹、山刺梅、槟榔花……那高耸的白杨、松树,当风微微吹起,玻璃树的大叶就摇摆并且簌响着。

那河流,那傍山的小河,清澄的缓流,在浅澄的波流之中,鱼虾来往;每当夏季,火热的傍午,我裸浴在那清凉的水波里,让那河畔细沙,揉擦我的身体……

那河畔的空草场,一群群猪、马奔跑,和那放猪、放马的童年友伴,在土堆上抢山,以秫秸做马,也当刀剑,在玩耍之中,他们拥护我做大王,因为在那鄙陋的村中只有我有一顶帽。

那新覆上谷草的茅屋,新谷草在太阳里闪光,从那张开的窗口,望得见迎面的小山;当那下雨的日子,看见那树上的啄木鸟,长嘴啄着枯木,叮当地配合着檐溜的声音;当夜静,听得到河水潺潺的流动……

那展开的广阔的田野,波浪似的谷苗,高粱林,荞麦的白色小花……在那庄稼的波浪与波浪之间,那些殷勤的愿望寄托在锄镰间的农夫们,井台柳树下的笑语,祖母讲的故事,妈妈的旱烟袋……

那村俗的秧歌,山野的影子戏,当那开演的秋夜,坐在秫秸捆上,农夫们像小孩子一样欢乐,从他们喧笑喷出旷野的香息。

怎样的纯朴啊!那喧笑,那欢乐,那旷野的香息……

那记忆之芳香,正如那黑色土地回荡的泥土混合着青草、野花、苦榆、松柏的芳香。

然而那芳香的失去,从那沉痛的日子,虽然不会永久,而那是失去了,在强邻的凶横侵占之下。

是这样久远：五年，五年了，我在记忆里苦痛，并且激怒。

在那遥远的记忆着的乡土，我的家，我的乡邻闭上嘴，再没有纯朴的喧笑了，像我记忆里的昔日。

那广阔的田园荒芜了。犹如寒荒未开垦的土地，未死亡的踏上山林，那重明的愿望寄托在锄镰的农夫们暴怒了，犹如大地的震动，江河的巨浪在汹涌着。

不会再很久吧，那记忆之惨痛？

记忆之惨痛，当我瞻望从北飞来的白云的时候，回忆着昔日的芳香，而冥想着冷森的故乡死亡的惨痛啊。

这时，我的心在战栗着。

记忆的灯火燃烧在我之旅途，暗郁时而又明朗的旅途上，最萦绕思绪的，无过于记忆的丝绊了。

一九三六年十二月十二日，上海

病床上的梦

在病床上，我做着这么古怪，又不古怪的梦。

中夜，有月亮的夜。

我立在茅草搭成的哨岗所旁。我持着枪，仿佛我很健壮。子弹袋蛇一样的，亲密地盘着我的脖子，我的肩头，我的胸膛。

没有心思看月亮，这月亮很光辉的，我少见的光辉。它的银白色光芒，照耀山崖，照耀田地，照耀树林和房舍，也照耀着远方……

在远方，我仿佛看见一个偷营的队伍，披着白色的伪装，疾行在山间道上,又仿佛在旷野,前进着,前进着,没有一点儿声音。

突然一个遭遇战开始了。

枪火的光是一朵花,刺刀的光是一朵花。

一朵朵花一朵朵花……

而后是一个可怕的静寂。

野狗贪恋地跑过死尸的头上和身上……

我持着枪,月的银光跳跃在我的脸上。

我仿佛看见地下那么多的瓦砾,瓦砾……

我仿佛看见一个孩子哭,哭着,但,没有声音。

我仿佛看见一个鬼子在笑,笑,但,也没有声音。

夜空是墨蓝色的。平地刮着微微的冷风。

天上的星子很多,盈千累万的,都那么明亮的,明亮的。而一颗流星拖着银线般的长尾,流下来,流过天河,流到山崖上,流到我的脸上。

山崖上,竹林摇着,小松树摇着。

突然,山崖崩倒了,不,天吊下来了,所有的星子像几千几万条火箭在半空飞舞,飞舞,都隐没了。

而,我在这烟雾中屹立着,一动也不动。

天又上去了,同天没有吊下来时一样,天空只剩一颗星,一个顶大的星,那是血的颜色,向下面射着光芒,好像太阳一样。

月亮没有了,而地下的被埋在土里的尸首复活了,并且站起来笑了。不,站起来的,不是尸首,是活着的却不知为什么睡下去起不来的人。

而,我在屹立着,持着枪,站在山崖上,那血色的星的下面,那下面不是我一个人。

我的脸也像涂满血一样……

我惊异和欣喜着。

簪 花 的 马

这又是个梦，又不是梦。——

我骑着一匹马，一匹白色的马，又高又大，我也又高又大。

我骑着马在绿色的草原上驰奔着。

那绿色的草原上开着野花，到处开着花。那些花都非常的美好，但，我叫不出名字来。

那草原上的草，都那么绿，我从来没有见过的，只有我偶然在个落雨天到竹林子里去散步，看见那些竹子被雨洗得青翠的、娇嫩的绿，看见那绿色使人忘了渴，忘了烦躁感到安静的甜美，与生之愉快。

这草原上就这么绿，比这还绿，而草也开着花。

那些草也开花，那些花也开花，我分不出来草，也分不出来花。

我骑着白色马跑过，弯下身从草，也许是花上，摘下一朵花，又一朵花；一朵朵地系在马鬃毛上、马尾上，我自己的衣襟上、头上。

那些花，我怎样摘取的我不知道，我并没有下马，我一边跑一边摘，我不停地摘，一会儿工夫，我的马上，我的身上全是花，而我的手里拿着更大更好看的一朵花。

我的周围照耀着光辉，我不知道是天色，我不知道是马色，也不知道是我自己的身上，或者是草原，或者是花朵。

我细细考察了一下，这光辉是天色，是马色，是我身上的，也是草原上和花朵上的。

这光辉非常明朗,散开去,聚拢来,在这儿都是光辉,连叶影也隔不住,从上到下都在光辉中。

在这光辉中,我的马向前跑着,跑着。

不知什么时候,我嘴里也衔着一朵大花。

不知我从哪儿来,也不知我向哪儿跑去,正像这光辉开着花的草原,不知哪儿是边,不知哪儿是头。

起初,我看见前边的马影;起初,我看不见后边还有马影。

我一个人,一匹马,采着这草原上的花。

不,越来越多了,在我踏着前边马的蹄踪,走来的那条路上,在我的马踏下的旧蹄踪上,来了,红色的马、紫色的马、黑色的马……

那人骑的马同我的马一般高大,那马上的人同我一般高大,他们也摘着花,把花簪着自己,也簪着马。

但,这草原上的花更美丽,更茂盛,更光辉,花开得更大,而后边跑来的马更多了,更高大。

我的马向前追踪着,所有的马向前追踪着。

向前跑着,不停地向前跑着,我们这些摘花的人、簪花的马……

一九四〇年十一月一日,金华

映 山 红

忆念之一

现在,在这初春的风中,我忆念着一朵映山红;现在,在这初春的风中,我为着映山红的忆念困束着。

在一个天天为炮声震荡着的山村中,就在我忆念的初春的日子,我和两个女同志走出了办公的小黑房间。

大概是为了要看看春的缘故吧,和看看春的想望吧,我们要到山上去。

一出房门,阳光就照耀着我们,春风吹在前面,黑暗与阴冷留在后边,那个小黑房子里。

这不知道谁的提议,我们不约而同地走出来了。

我们到山上去,是想看看春天的绿草,从冬天来了,我们就同绿草告别。我们是想看看春天里的树木,有多久啦,没有看见青翠的树叶子了? 我们现在的记忆,是冬风吹起的时候,那种荒凉与萧瑟。

我们全有这样个愿望……

我们要到高山顶上,看看遥望中的长江,那儿的水浪,怎样击打敌人的兵舰呢! 我们还想看看在江岸上奋斗的祖国勇士们怎样袭击敌人的!

——为了春的召唤,我们相信,勇士们将更加英勇了。不是田地到了该播种的时候了吗? 而在敌人的铁蹄下,有许多田地荒芜着和被蹂躏着呢。

走着,我们感到温暖。

对了,这真是春天了,我们已又度过一个寒冷的冬天了哩。

田埂的路边,荒草已探出嫩绿的芽儿;而田中的土块,就像春天少女般地蒸发着诱惑的气息。

可是,我们想起来了,那些被侵占的田地,那些该耕耘却荒芜的田地怎样了呢?

——假如它们有感情该哭泣吧? 不,假如它们有声音该怒吼了!

山坡上的竹林,花下的枯叶在春风中飞舞,而新叶却更加青翠的。山坡上的土上生着小草,上山的石路上生着小草,山边的小溪岸上生着小草……小草,小草,小草的春天呀!

我们走上了山坡,顺着石路。

在石路的两旁,田里长着小麦,油菜开着小花,坟头上的小草也开着小花。

远远的山是青翠的,远远山上的云是秀盈的。

我们像孩子样地向山上跑着。

——春使宇宙欣慰,我们欣慰了;春使生物矫健,我们矫健了;春使云彩轻盈,我们是轻盈的;春使大地青翠,我们也青翠了。

一口气,我们就跑上山。

山上的风愉畅地吹拂;我们把军帽除下来,让风吹着我们的头发。我们的发丝飘起来,在金黄的阳光中跳跃,仿佛每一根发丝都带着我们心中的欢笑,向阳光的金发迎接。

——大地是在春天里了,我们呢? 我们也正走向春天里去哩!

我们更往上跑着,跑到顶峰。

我们望着山下的遥遥的长江,白茫茫的像一条阔的银带,闪着光辉。

隐隐地炮声响着,然而我们没有看见炮烟,也没有看见祖国的精骑,与敌人的兵队;而我们知道的,好像我们也看见了。

我们的感情奋昂起来,我们开始唱着雄壮的歌;不,这没有歌词,是向春天的信号,一种召唤。

在山下,我们的营地,也飘上来这样雄壮的信号与歌呼。我们那些同志,为着春天的邀请,向春天走来了。

我们都仿佛看见,因而我们涨红了脸,沉默是为了欢笑。

我们坐在树林下的开始柔软的草地上;不,坐下的只有我和一个女同志,另一个已经向树林深处游荡去了;不,和我坐在一道的女同志也跑进树林深处去了,在这林边坐着的只剩我一个。

我倚着松树,松荫覆罩着我。我恼恨它们挡了我的太阳光影,我睡下了。更因为我渴想闻一闻春天泥土的气息。不,我是想嚼嚼新草芽的滋味;不,我也是想细看看春日的天空。

我睡下了，面向太阳。我拔一茎小草放在嘴里，用牙齿嚼着，细细地嚼着。我闻着泥土的气息，我仔细看着春日的天空。

我兴奋的心平静下来；静静地躺着。

山风敲击着树枝，各种山鸟为春天唱着各种各样的歌。

我的思绪停息着，那使我不安的血腥的影子我忘记了，那使我愤怒，使我忧虑和焦躁，也全忘记了。我是真正地走进和沐浴在梦忆安详的春天里面。

而，我两个同伴还没有回来。

山下的号声在召唤，太阳影也斜过去。她们还没有回来，到哪儿去了？

她们回来了，从茂密的松林深处回来。她们头上身上挂满了草叶，我想她们一定像孩子样在草地上狂奔和打过滚来的。

——她们真像两个孩子，太年轻了，但这个季节更适合于她们，因为春天是永远属于孩子们的。

她们手里拿着三枝映山红，还在含苞，仿佛含笑的少女，那样娇艳，那样秀盈，我从来没有看见过，也从来没有感到这么一种欢爱。那颜色正像她们的两颊所泛起的，是春天抹上的红艳。

我们下山了。

第三天，我们办公桌上，有一把开得正盛的映山红，像朵朵朝云一般光辉着我的小黑房子。这是她们存心地采来送给我的。

这是哪一年春天呀？我想，我是想不起来了！

然而，现在，在这初春的风中，我忆念着一朵映山红；然而，现在，在这初春的风中，我为着映山红的忆念困束着。

忆念之一

当油菜花刚落的时候，我到医院去看候一个病人。我知道，一个人病在病床上,是寂寞的。

还有什么比在病床更寂寞的呢?

暗黑的小房,排列像准备一二报数的床板,床头上的小白牌子;来回疾走的白衣护士;医生每天两次照例的询问,与职业似的关情;病床上的病人的各种睡相,与不同的呻吟,这些,像这些有什么趣味呢? 一点儿趣味也没有的。

春天的下午,太阳很煊明的,我简单地只捣了一支手杖,此外是一颗充满真挚慰问的心,我出了办公的小黑房子。

我去了,当豌豆花正开得像有翅膀的天使般的花朵的路上行走时。我想起来了,这是我送她到医院时的路;但,今天是我一个人,我在爬上小山了。

在那里有着像晚霞洒在绿海里,那般艳丽的朵朵的映山红布满了山脚、山腰和山顶。

但是,它们诱惑不了我,我没有心思看,我只摘了一朵大的红的花。

病房里是阴郁的,阴郁得像阴天的日子,也像我那小黑房子。

一进去,那被我看候的人,正倚在床上看着一本什么书,可是从她的惘然的眼神中,我知道,她不是在看书,而是在想什么。

一个感激的与亲切的瞥视,我是受到亲切的欢迎,对于一个病了的人,哪怕是平常最讨厌的人,只要他能来,也会受到优遇的,病人的心是最容易吹动的纸,是易惑的,何况,我们是颇谈得来,并且,在这寂寞荒僻的山村中算最合得来的人。

照例地问候,我们是没有的,那些只是留给护士小姐们和医生们用的,不然,他和她们向病人说什么呢?

一个眼与眼、笑与笑的招呼之后,我坐下了,一坐下,我们却互相默然着。连互相看一眼也不曾,不,偶尔是偷偷地看一看的。

在这房里,有五张床,但是,谁注意那床上的样子,和那床上的人呢? 反正是早已熟悉的了,病床上睡着病人,那病了的是几个不得不感谢敌人的飞机的"恩惠"使她们住在医院中呻吟的村妇。

我没有看,只从床头上望着外边的春日蓝天。她没有看,只从床头上望着外边的春日蓝天。

我同我看候的病人出来了。

出来,我们顺着门前的田边小路走着,田里的麦子正青翠,在太阳里闪光,在野风里荡漾。

我们走上了一个山坡,分开了绿油油的小树,仿佛含笑的映山红。

仿佛我们在乐园里,那种天使般的愉快,连病了的人也仿佛忘了病痛,愉快地抬着头,招着手,向大野畅爽地呼吸与微笑。

我们在一丛映山红旁边坐下。

我们站起来了,摘着映山红,因为映山红实在诱惑年轻的心呢!比赛着,看谁采得多,看谁的花红,看谁的花朵大。

我采了满把,她也采了满把。

我们又坐下了,在绿草上,倚着二棵小松。睡下了,让春天的风吹着我们的衣襟,让春草的香,解我们的疲乏。而映山红却让它睡在我的胸上。

为了映山红的爱悦,我们交换了微笑与惊喜的眼光。什么呢?自然给春天装饰了的奇丽的鲜花,我们能在病患灾害中死了的,或因此而哭泣的这不幸的春天中,来享受与安详地守在春天的山坡上,这不是有福的吗?谁能说这不是福气的呢?而且,我们睡在映山红的花丛让映山红盖覆着我们的胸脯。

山风吹着,山鸟唱着;树枝摇着,花朵摇着,仿佛有一种光辉,连着天,连着地,而我们在这光辉之中,我们也光辉了。

静静地睡着,睡着,为这自然陶醉,而自然给我们以言语的灵感,我们开始讲着,像我们往常日子,她没睡在病房里以前一样。

我们用我们青春的心,春云样的思绪,开始倾吐着,忧郁的、欢情的、兴奋的、青春的言语。

人生的命运,人生的路径,像落叶在水上,不知流到哪里去。像堵塞的溪流,一朝开放,滔滔地泛滥着,我们谁也没替自己,或者连想也没有想,设一个堤防。

控诉希望,用海比拟,那般辽阔,那般汹涌。瞻望着前途,用太阳比拟,那般光彩,那般煊红。

告语了梦寐的思忆的明天,一个矜眩的形容,一个欣喜的倚赖。

望着天,天上是晴和的;望着云,云是轻盈的;望着远山,望着远远的田畴……

我们坠在勇敢的与迢遥的梦中。

那梦跳跃着,狂奔着。开着花,花朵仿佛我们身畔的映山红,我们手上、胸上的映山红,在春天的太阳下,在春天的风中,摇曳着,微笑着……

我们下山了,我单独地回来了,在太阳快落下山峰的时候。

我回来了,带着我的手杖,一大把鲜艳的映山红;她的一把,我也带回来了。

一九四〇年暮春,金华

血

吸一口烟,咳嗽一声,我吐了一口血。

这是暮春的早上,我到这个荒僻的山村中的第二年。

这个山村是在远古就以强悍著名的,这里的居民,从能够揸得动枪的年岁就跟着爸爸或者哥哥,到山上去打猎了。而现在,他们受了一个强悍的军队的影响,他们打猎,不仅猎野兽,还猎着敌人。

这是暮春的早上,我还没有起床,因为懒,更因为病,——这就是我最使人诟病的,昨晚上我又失眠了。

从那古式的花槅窗角,斜射进来一线阳光,在那光的巨线中,灰尘就像雾一样缭绕着。小院中的天竹的影子,被阳光带进来,疏疏落落的,绘在陈旧的地板上,靠窗子的小长条桌上,那最高枝影,一直触到床角的破棉靴上。

挂满了古年的灰尘,像漆一层黑漆一样的门,开得很大,是小鬼送早饭时候开开的? 早饭在地中央的方桌上冒着气。

外边的风不大,看见院中的天竹枝摇动得很微小的,桌子上的纸张角有时翘一翘。但从门外吹进来春暮的薄寒。

在床上翻个身,感到喉咙里有一种甜味。我是喜欢吃糖的,而这甜味夹着血腥。

我知道,时候已经不早了,我知道外边天气一定不像这屋子里的阴冷。我知道,外面的天色,一定是每个春天里所有的在春天里的日子那么娇艳的好。

但,我没有气力起来。

从外边草场上,飘来一阵宏壮的歌声,那歌声非常愉快,像我每天听见的一样。那充满了青春的欢喜,与确信的火焰般的歌声,今天特别刺激着我,我的血又涌上来了。

咳嗽一声,我又吐了一口血。

这歌声飘荡着,仿佛生了翅膀,绕在我的床边,塞满我这屋子,激动着土墙。天花板上的尘屑,愉快地飞落,墙角上垂成线的灰丝也摇着。

墙那边的牛棚,牛吼着,蹄子踏着干草窸窸窣窣的响;在隔壁的院子鸡咕咕地叫;在房外边的田沟里羊在鸣着;在田沟那边的山脚下,溪水淙淙的流响……

我用手背抹去残余在嘴角上血的泡沫昏沉地向后一仰,头落在枕上,感到心里冒着凉风和空旷。

我的眼睛又睁开了,视线落在靠墙的方桌上。

在那方桌上,乱堆着纸,乱堆着书。那纸飞起来,我看见是我昨夜未写完的诗稿;但我的视线落在插着的一丛杜鹃花上。

杜鹃花凋落了,那零落的花瓣,散洒在乱堆的书中,乱堆的纸上,我未写完的诗稿上。

不,这些花瓣也落在我的心上。

咳嗽一声,我又吐了一口血。

我挣扎着起来,注望着我的血,久久地注望,因为我还第一次看见我心里的血。

我看着我不知是感伤,抑或是愉快!

我看着,我的血,这是我自己的血呀,从我的胸腔经过我的气管,吐出我的口唇。

这是我自己的血呀!

这些血,那么少见的新鲜,那么无比的艳丽。什么能比它们再好看,再娇嫩,战场上战壕边开的玫瑰吗? 秋天的枫叶吗? 院中摇曳的天竹果吗?

我不能想象,我不知道。

但,那么使我茫然,这说不明白的茫然呵!

我不是做一个开着花的或惊险的噩梦吧?

谁知道呢?

咳嗽一声,我又吐了一口血!

血,这是明明白白的,我的血。我的血,为着我的生命,我的路程,我的青春,发出一个多么惊人的衰微的信号!

正像快烧尽煤渣的火炉,需要添煤了,还有多大的热力呢? 虽然它在燃烧,它在发热和光,但是这就要……

我不能想象,何必想呢!

遥遥的山后面,炮声威严地响着,震荡着屋脊和墙壁,连地上的桌子也在震颤,那桌上的杜鹃花又落下碎瓣来。

我知道,那些英勇的中华儿女,那些献给祖国以勇敢的战士,又为着民族的新生而豪迈地流血了!

我知道,在这炮声中,在这染红了山林、大地的血中,祖国的新生命向前开步走了。

可是,我的血,为什么不在冲锋的炮烟中流呢? 为什么不在与敌人刺刀拼刺刀时候流呢?

炮声轰轰地,轰轰地响着,战斗的幕拉得更大了。

而,我是在床上,厚厚地铺着稻草的床上,可诅咒的床呀!

咳嗽一声,我又吐了一口血!

我苦恼地翻着身,背倚在墙上,向陈旧的地板上,更清楚地看着我的血。

一团团,一团团,好像许多通红的星,被画家随意地安置在霉黑的画布上。

那一条条的血丝,织着我的梦影;那一条条的血丝,系着我的希望;可是那梦影,那希望,如今,已跃出我的胸口跌落在那污黑的地上了。

在那血丝中,我仿佛看见,妈妈的脸,离开十年了;爸爸的脸,也离开十年了;那一个曾经为我喜爱的脸,哪儿去了? ……脸……许多我记忆中的,亲切的脸,凶恶的脸,嘲笑的脸,悲伤的脸……甚至我也仿佛看到我自己苍白的脸……

呵,那地上一个一个的脸,究竟是谁的呢?

不,那不是脸,那是血!

血,哦,那是我自己的血!

血,假如你有生命,你应该向我讲句话;假如你有眼睛,你该向我看一看;假如你有思想,你该向我有些表示;假如你有感情,你应对我有些留恋;因为你在我的胸中已住了有我现在的年岁这些年了! 更假如……

但，没有，什么都没有！

我的粗野的怀抱，我的高邈的前程……

突然，我像炎夏转入寒冬，那么冰冷，我冷冰而寒战，像阴天的云一样灰白了！

十年的患苦，敌人所给我的，漂流所给我的，那像铁锁箍紧的生活，在我的眼前；十年的路程，我所走过的夜一样黑暗，比夜更黑的路程，在我的眼前，我的家，我的朋友，我的伙伴……在我的眼前……

而，在我眼前的，是一团团的血！

我曾梦见我的梦开花，现在是开花了，用我自己的血；我曾追求星光，现在得到了，在地板上，我的血。

我的血完成了我的一切，也毁灭了我的所有，我不知道，我该诅咒，或者该庆贺。

诅咒谁呢？庆贺什么呢？

"任父母恩深，也任爱者情浓；

在痛苦的深渊将维彼一人！"

我看见我的血里，重现出我过去所写的诗句，那我久已忘了的诗句。

咳嗽一声，我又吐了一口血。

咳嗽一声，我爱血的故事，我更爱血的颜色。而现在我看见血了，我久久注视我自己的血。

一九三九年春，皖南

古　屋

我住的古屋黑暗而狭小，然而比起夜晚来，它又是光明的，比起我个人来，它又是宽大的。

我什么时候搬到这个黑暗的古屋里来，我不记得了；我为什么在这黑暗的古屋里住得这样长久，我也不记得了。

但，我说我爱它，我爱它比黑暗光明；但，我说我诅咒它，我诅咒它比光明黑暗。

我爱它，我诅咒它；我诅咒它，我爱它。

我曾给一个人写信，这样描写我的住房，在我刚搬进来，那忘记的日子以后，也忘记了这写信的日子。

我告诉那个应该接受我这封信的人，连那应该接收我这封信的人也忘记了，我说：

我这个房子，是很古的，从那被灰尘粘贴的门框，从那古香古色的窗棂，从那被耗子钻了许多洞的土墙，从那墙角上垂下来的蛛丝，好像一些灯笼穗子摇摇摆摆的，更从那坏了洞，缺了齿，像许多嘴，时时准备把什么吞进去的破地板上，我就看出这个房子的年岁，远在我的年岁两倍以上——那个受信人知道我的年岁的，同他一样年轻。——所以我说这是个古屋，名之为古屋，一点儿也不过分和奇怪的。

我搬进来的时候，这个屋子到处都是灰，到处都是土。好像这是个年代久远的古坟，一朝被发掘了，当那第一个发掘的人进来的时候，感到那种阴森与庄穆，我就用这样的感觉住在这个房子里。

我搬进来的时候，第一眼就喜爱上这个小天井。不，这天井没有什么可爱的，到处都是破砖、破瓦、大大小小的土块。不，我喜爱的，是在这土块、破砖破瓦之中的一丛天竹。不，我喜爱的是这天竹枝上的小红果。

这丛天竹，以后很久很久，在我离开这个屋子以前，我常常用手扶着它。摇着，我爱着那枝叶的摇曳，和着那枝头永也没有褪过色的红果。那红果的红，我是以前没有见过的。随便把它比珊瑚，比琥珀，比红玉，都不像的，那是只像天竹果，因为它是天竹果。

在这古屋里没有表,因此也不知道时间,天亮了我知道天亮了,天黑了我知道天黑了。此外,我就全凭着天竹的影子,仿佛一个原始的人样的生活着。

在晴天,就是说有太阳的天气,这个古屋,不知道是太阳自己高兴,或者是天竹枝影的功劳,也射进来一线阳光;于是这屋子里马上明亮了一点儿,但在墙角下,在床底下,在地板的破洞口,还是阴森森的,同盖这房子的时候,这个房子成了一个房子的时候一样。

可是,用不到吃午饭,这阳光就溜跑了,我也不知道什么缘故。这屋子,就全个阴森,仿佛一个坟墓,不对,这里住着我一个活人;仿佛一个古洞,不对,这是个房子,据说,以前这家祖先有读书人的时候把这房子当做书房的。

反正这屋子很阴森和黑暗是真的。

在落雨天,就更糟了,窗门都要关上,否则那要扫进雨来的。这时候的屋里,怕就是正午也要点着灯火。我记得有一个大雷雨天,我同一个同伴,一个和蔼的同伴,就在那灯下谈论着一些黑房子的典故。

于是,那天就算过了两个夜晚,到第二天天晴了,才把灯熄灭,又生活在白天里了。

假如一个健康的人,住在这个黑暗的房里,也许更显得他的健康吧,他的健康的光辉,会把这屋子黑暗也照出光辉来的。我记得,我刚搬进来的时候,我是感不到这古屋的黑暗,因为我自己有健康的光辉。

但是,在我失了健康,远比增加健康更快的病了的时候,这就全不对了。

有一天,我睡在床上一整天,没有听见人的声音,我看墙壁,墙壁是不会说话的,我看桌子,桌子是不会说话的。我的房里,都是些木头、土、灰尘和一些淡淡的烟雾,恰巧那天又是阴天。

如果不是门开着,门外吹进些风丝;如果不是看见院中的天竹摇着;如果我不因需要咳嗽而咳嗽,这个屋子也许是死了的,早已死了的,而我并且变成,洪荒纪的化石。

于是,我从床上挣扎起来,到门外去,到门外去,到我爱坐的小山坡上去。

坐在山坡上,我遥望着这个古屋的后影。那些房上的瓦已经残缺,并且霉黑的好像一层焦炭,墙也是黑的;哪像房子,简直不是个房子,那像什么我不知道。我真奇怪,我为什么会住在这里,并且住得很久?

我想,假如我离开这里,我一定不会记着它,会像从夜晚走到天明的人,是不愿记起黑暗的,不,我会像我不愿记着小时候跌跟斗,被妈妈打的事情一样。

在山坡上,我坐了那么久,那么久,直到远山的荒火,像有着红鳞的怪兽一样爬下来的时候,这已经是晚上了。

第二天,我就决心搬了,搬到一致公认能够把健康的变为病者,不,把病者变为健康的人的场所去。

这样,同那古屋告别了,在那个我又忘记了的日子。

一九三九年冬,金华

Ⅲ 我生在春天

我生在春天

行旅的过逾疲乏,我敏感到暮残的影子了。

生活剥夺了我的一切,梦也不是昔日的柔和。

像初生的婴儿一样,我睡卧于血泊中;企图抓破现实的黑网,我没有停止过我的双手;可是我已没有讨人悯惜的哭泣的心怀了。在权威之前,我这样走;在痛苦之前,我这样走;赐予和光荣已不会激起我的感激,链索不能使我蛰伏;刀锋也无能使我畏惧;在现实面前,我是渐渐酷冷与暴怒起来了。

撒旦统制的世界,能找一个亮的星点吗? 而对于人们已不仅只是轻微地试探。

每当一个残酷之前,我记起在婴儿时候就挣扎的双手;廿四年了,若不是许多人都在饥饿也许会悲哀了,失望于自己的低能。

毕竟,希望还是在前面招呼着呢!

当希望的日子来啦,许多饥饿的都不饥饿了,我的手还闲着,这样闲着吗?

我鼓励着自己,也鼓励着朋友们;然而当我得闲在暗冷的小屋中,我会被孤寂压倒;对着镜子,怀疑而惘然了。朋友们担心我的悲惨的不幸:对于记忆里的面貌,只剩有叹息了。厌倦于年轻时代的提起。

故乡吗? 往日吗? 即或在梦里梦见了,睁开眼睛,嘴唇也剩不下多少微笑的。

在家信上,知道祖父的死去;在相片上看到爸爸的苍老,但妈妈的发丝白了多少呢?

可是,在妈妈为我浴血的这神圣的牺牲的日子,我要对妈妈说的,却不完全是感谢。

一九三六年三月

秋

像黄昏的影子一样的,夏天静静地走出这世界。草地忧郁了;树的大叶和苦绿的叶丛之间,蝉声怪凄凉的,那么萧索;是哀伤残年的到来,是向夏天道着惋惜? 谁知道呢? 秋日静静地走在地上,在淋着雨的日子。

秋日是个增人思绪的季节;那傍晚的云山,染着紫了。在那轻轻舒卷着的云朵与海的碧凝之间,不是系着许多人的思绪和渴恋的怀抱吗?

在那新晴的夜空,星点辉煌着,萤火交织在院庭中,楼窗透进一丝月光,这时候,谁个不在深思,烦躁的人也会沉静起来吧?

秋日的花更红了,更美丽有如迟暮的晚云。自然是渐近迟暮,我们渐近垂老了;但我们也曾更红像秋花一样的,更美丽像迟暮的晚云一样的吗?

禾稻在地上黄了穗子,果子在树枝头喷着香了;我们的秋日呢,谁看见了些什么?

秋日来了,春天是不会远的。我们的秋日来了,我们的春天呢?

回忆总是甜蜜的,然而那已不能安慰现在的酸苦了。秋日的清澈也及春天的富有生命的活跃与萌长着的美丽吗?

但,过去的春天,给流亡的人们,在记忆里留下些什么?

一九三五年九月,上海

冬

冬日的来临,激起我们恼怒。然而我们会失去对于创造春天的信心吗?不会的! 冬日阻止不了战斗,在酷风冽雪之中,我们生命的烈火,将更炽烈地燃烧,使那寒冷的冰雪消融。

记得雪莱诗:"若是冬日来了,春日就不会远!"是的。被摧残的树林,被蹂躏的花草,惹不起我们悲哀;铁冷的天颜,铅重的地气,也引不出我们惊栗。

冬的投枪——雪,已在纷纷射来。它企图击倒山丘和草房,射穿溪流和田地,而且像在我那失去了的故乡一样,遮盖住战死的尸首和为正义而流的血迹。

但我们那起着厚茧的心,已经不会脆弱地发酸,眼睛里也不会淌出怯懦的泪水了。

从它目前的似乎是隆盛的气势中,我们已经看到冬日的最后命运。哪一个冬日会长久呢?犹如雪不能不在阳光的持久的征伐中被消灭。春日已经在冬日中孕育着,生长着了。

正如荆棘的长途锻炼了我们的脚板,冬日将坚强我们新生的意志。与其说冬日是一种威吓,毋宁说是一种试探。在这严重的试探之前,英勇的战斗,将给我们带来胜利的光荣。

我们不会像兔子一样畏缩,也不会像甲虫一样冻僵,在冬日,我们将更活跃。因为我们确信,冬日来了,春日也就要来的。

一九三六年一月十六日,上海

阴　影

那天夜里我听到一段鬼话。那是当我从城市走回乡村(在城里起身时已经是黄昏时分了),走到我必须经过的荒坟场,而当夜色暗淡的时候。

而当夜色暗淡的时候,我正恰好走到这荒凉的坟场。这坟场埋着的都是无主的没人理会的孤魂。尽让那些野狗山狼往返践踏,尽让荒草野卉丛生在坟上以及坟的周围,尽让狂风暴雨日夜吹打。白天有些野鸟在树上和坟头上唱着情歌(因为这是春天,正是万物怀春的季节),夜里猫头鹰就成了这坟场的唯一歌手和帝王。在它管理下的世界,鸟雀不敢飞,也不敢唱。因此这暗夜的帝王饿瘦了,哭一样的,一声不息地放开破锣的喉咙唱那顶凄惨的歌。这时一条黑色蛇从草丛中溜过。

一条黑色蛇从草丛中溜过,我走到那里已经十分疲乏,腿软,脚趾发火,我想休息。幸而这里没有围墙,也没有守墓者,我就可以如意地坐在一个坟头旁边的草地上。

起初我凝望着暗淡的远方,静听夜枭的歌唱,渐渐我朦胧迷沉在春草的香气中……呵！我睡下了，在一朵初开的紫罗兰的花旁。我仰卧着，幽深的苍空在我的面上，一粒粒的星子，一粒粒的星子，都溜在我的眼睛里。这晚上没有月亮。

这晚上没有月亮。渐渐我觉得那面树下草莽深处出现两个黑影，向我走近。像烟，像云，隐隐约约看不清他们是男人或是女人。听不见他们的步声，不，夜风吹响了白杨，沙啦，沙啦，这就是他们的步声，走近，走近，坐在对面的坟头上。

走近，走近，坐在对面的坟头上，仿佛草叶低微声，就是他们无音的言语。低低地，低低地……

——呵！你从何处来？——仿佛旧鬼问新鬼。

——我吗？我从城市里来。我从工厂里来。我从工厂旁边，脏臭的板房里来的。我从……

——城市？工厂？脏臭的板房？……

——城市是繁华的魔窟，工厂是吃人的虎狼，脏臭的板房是著名的人间地狱。……

——我是个熟练的制纱好手。在我们万千好手下，我们的老板肚子因此胖圆。流了我们万千血汗，老板盖起了那城市里边最漂亮的洋房……那一个指手可见的遥远的城市，看吧，那，天空正闪着灯光。

——可是我们瘦了，像块木炭越烧越小。老婆睡在脏臭的板房的床上，孩子偷跑河边嚼着青草。

——渐渐，不到三十岁头发染上霜色，脊背弯下去，担不起重重的纱锤。听见那机器的轰声，脸青，心跳。我就被撵出工厂。

——我就被撵出工厂，老婆病死，孩子丧亡，一个深夜找投进黄浦江的激浪……

——那么你就来了？

——唔,我来了,可是我还想回去和那些吃人的魔鬼去反抗!……

这以后,他们消逝。他们的鬼话不知又到什么地方述说去了。

一九三四年

雨　夜

静静的暗黑的夜,走着,我感到点冷。雨是停了,有几颗星闪烁在头上。仿佛走惯了长林的人,突然望见了一块平原那样的心境,这几颗星给我很多的兴奋,很多的鼓舞。

柏油路都被雨水湿透了。当交通灯变成红色的时候,那印在地上,并且拖长的光芒,就使我想到血,怎样红的血呢? 我的心就惨痛于这血的记忆与影像了。

然而,这红的颜色是值得留恋的,因为它带给我记忆的创痛,虽然在这孤岛之中,过着这沉闷的使人忘却一切在颓丧中的日子,血,红色的血,惨痛的血,在提醒我并且鼓励:这样日子里做点什么,才是应该的。

因此,每当灯红的时候,我留恋着,不肯走开,仿佛留恋着久别的友人的手泽。我展玩,逡巡于记忆与重逢的渴望,担心它逝去;我的血会沸腾着,犹如朝潮的海涛。——我是不怕这红色的光芒会刺激我,使我痛楚。

在孤岛上,犹如没窗户的地窖,特别是这本该活跃喜人的春天,人们像被关闭的鸽子,实在太闷气了。

我们熟悉的、明丽的天空是爱人的,在这桃花刚落的时候,梧桐又在微风中摇摆翠绿的大叶了。但这明丽的天空是谁的呢? 这光辉的暮春是谁的呢? 在这里嬉笑着夸耀着又是谁呢? ——很明白,这不是我们的! 以是我喜欢夜更胜于白天,我喜欢阴雨更胜于明朗的日子。

从前,我是讨厌雨天的;因为雨天带给我沉闷,带给我不安。但,现在我喜欢雨天正同于我喜欢红色的光芒,有星的夜是这样的喜欢呵!

"我喜欢大雨,小雨,更喜欢暴风雨!"

是这样的,静静的暗黑的雨夜,走着,我沉默于憧憬的兴奋中。

一九三六年五月十二日,上海

家　　书

踏着暗淡的四月之夜色,我从工作的地方走回家来。街道是冷清的,连那昏黑的天空上,灼灼着的小星,都带着哭泣的颜色。

是这样寂寞的,上弦月挂在遥远的楼尖。我走着,很疲乏,寂寞与茫然的空旷之感捶打着我。

(我时常是这样的,每天当我浴着晴朗的晨光,去走近那些受难的群,分享着他们的忧愁与苦痛,我的心就像冲出云围的太阳一般,怀着一个明丽的希望,在这工作当中,群的希望与快乐或忧愁,是融解了我个人,我是那么渺小!)

(我时常是这样的,每天当我踏着暗淡的夜色,离开那些受难的群,把被风雨侵蚀得霉黑的篱笆抛在身后时,我自己就伟大起来了,我就重复记起自己的痛苦、忧愁与空旷的……就是说我不能自已地把我自己重投入陪伴我将逾十年的苦痛的深渊中去!)

(这是一种绝大的痛苦和不幸!)

现在,我是痛苦地怀念着我的家乡,是这样殷切地怀念着。由于我的同行者带给我个消息,他说在我的窄小黑暗的小屋里,有一封家书等着我。

于是,我的思想整个盘旋在那来自失去的土地上的信上面了。

我的脚步比平常更为急速,我是焦急的,正像那封等着我拆阅的家书一样焦急和不安。(我知道,假如那信是有知觉的,它会这样,当它经过了北方的风云,印着凶横的检查者的手痕,而预备传达一个痛苦的报道,和悲伤的怀念的使命,当它安全地等在我混乱的书桌上,它会不焦急吗?)

沉默着在路上,我与同行者不说一句话,也不交换一个眼光——他在想什么呢?

在我的恢复了阴沉的灵魂中,冥想着,飞扬着大雪的原野,凝结着冰块的松林,而在那被侮辱被侵占的乡土上,站着我苦痛的父亲,(他是健康吗?)他和母亲战抖着在死亡的泥沼旁……怀念着他漂流的儿子,十年,十年梦一样的别离……

可是,这等着我的家书会告诉我些什么?他们的痛苦与怀念,和他们生活的阴郁与屈辱吗?

什么呢?

"家中李子树二棵已长很大,去年的李子多而且大,味更佳美,惜我们均在外边,未能亲尝一枚,老人们颇以为可惜。十年树木,百年树人诚不诬耳。将来团圆,当不难共尝该自植之李子也。我当努力翘待吾儿平安归来焉!"

我是这样饥饿地浏览着这带着父亲痛苦的思想的家信——当我走进了我的小屋,我是这般痛苦!同时我又是这般不可遏止的愤怒!

一九三八年六月三十日,上海

期　　待

接到友人的来信,他说准期到上海,我也相信这友人给我印象的恳挚,和这信中语句的恳挚,我期待着。

还有比期待再难堪的时间吗?我用手撕着日历,只恨这日子过得太慢,离现在还有三天呢!终于我把他约定的日期折起角来,我心是那么火急,从没有过的,我想那迟迟的秋日也会过得快点吧,那滚转的车轮,也会飞动得有如生了翅膀一样的,然而太阳是这样迟迟地升起,迟迟地落下……

从一个早晨盼一个黄昏,再盼到早晨……当我撕到折角日子,我的手有点随心颤抖了,这真是可喜欢的,五年来久别的老友,又将于激情地握紧,虽然从此将开始一个漫长旅途,等待着也许依是一个壳样艰苦,然而我们是共同的,在漂流路上不再是孤独一个,向光明国度的长旅,我又多一个新的伴侣,因着旧侣的生逢,我也许会启开我沉默的嘴唇,苦笑里夹着一丝青春的欢乐吧? 我准备着塞满的语流,等待着一个纵情的激放。这不是值得骄傲的吗? 我的愚蠢、悲哀、欢快、艰险的过往追诉,传来的那同情与微笑——我是多么渴望着那微笑,长兄一样的。

我们的别离已经五年了,我瘦了吗? 我长得高一点儿吗? 见面时他还认得出这已不是往昔,踏过许多荆丛的路;弟见着我风霜侵打过的脸,他会呆住的。"你吗? 这么憔悴了!"

可是他,恐怕更加沉毅和老苍一点儿。

我幻想着,他到来后我们的合作我的旧生活,该这样……该那样……

掠过窗台的黄昏日影,告诉我这一天完了。可我的屋子还是人那么的沉默和冷静。"不来了吗? 不来了吗?"

不折角的日历过去一天了,可是折角的还不忍撕下,我想那会像抽一颗神经腺那么疼起来的;我想保着一个美丽的期待的梦,但这是留不住的,我失望而凄然了!

为了遵守那位误约的友人的嘱咐!"不要出去,免我找不到……"缩在屋子里,即或打一壶水也担心他来了吧? 来了吧? 一次次的失望,终至我有点怨恨了。我像一头野狮子的暴怒;我的心烦乱如乱麻,而那又是铡刀切成碎末的,那每一个碎末都变成思念之毒蛇死咬着我的记忆,仿佛又回到那年春天,我靠了家庭的帮助,在灰城读书的时候,一个黄昏,春日的金辉正染在我的书桌角,他一个沉毅的同学,读着一首幼稚的诗,他赞赏地瞪大眼睛:

"这是谁写的?""我!"声音低低而且我红着脸。很快我们就同认识远在二年以前一样地,谈到个人的身世,奔进的理想……我们成为朋友。那时我是个沉默的孩子,从那严厉的家庭带来一心寂寞;但他是经过了许多世故的青年,从那穷困的环境挣扎出来读书,说起来,我很倾倒他的毅勇,而他还是充满着朝气,自然也有时带点儿苍老。从此,在沙漠似的古街上,常有着我们并肩的影子。他常说:"这两个难关,我很替你担心——你家庭订的婚姻,以及你将来的伴侣,如果不如意,你会因而疯狂;其次你这倔强个性,社会将给你以重大打击,这也是……"

然而现在我等待告诉他,我的胜利及社会给我的痛击,我依然同持的倔强……可是这会是终成梦了!

记忆给我一个更深的戕害,期待着,濒于绝望而悲哀的泥沼,这将是一杯顶辛苦的酒,虽然我禁酒多时,我却不能不把这期待的酒杯端起来而喝下,虽然我久已不肯轻洒一滴泪了,我眼睛却不免红润,把心沉在梦悟里——

我期待着,期待着,日影又退出那片青草地了,远地的友人!

一九三五年十月三日,上海

重　　逢

没有什么再深刻于童年的记忆了;正犹之失地的惨痛,永远的恼怒在怀乡的漂流之幽梦中。

是这样的,我们重逢了;在我们已感到疲乏的,像拖着重载的捐客,走过了一个漫远旅程,迫切着饥渴的时候。

重逢了,然而我们沉默。

这很明白——离别的厚膜不能因为刹那的会遇而解开;就像微风吹不

开浓云,星火熔解得坚冰吗——这是白费的了! 我们无须为了过分的奢望而徒增凄惘。

在我的旅途,天空老是阴晦的,虽是太阳的出来,没有完全失望,毕竟是说上艰难的了;以是使我衰老,怎样的衰老呀! 我的身体,我的……不要叙说吧:有时候,少壮的心怀也会泛上暗郁的。

而你呢——也是不要说的——很明白,你已不能那样昔日的奔跑在雪夜的街上,因为这不是那条灰砂弥漫的雪街;而你,老实说呀! 在你的身上,已不能找得到你了,像昔日,像梦中。自然,你可以说,我不是我;在共同的颓败的生活的洪炉里我们被烧炼得苍老了。

我们不能否认——能吗? 在血的教训之中展开的希望的光艳;只有它在前面招呼和照耀——这是我们漂流旅途遗留中最珍贵的了。若不,我们还能走到一块重逢吗? 我是难于相信,因将我们是很疲乏的。

然而沉默吧! 沉默也许就是最丰富的话语,不是吗? 在我的还辽远的暗郁的路上,什么是最好的安慰呢;又什么足以鼓励呢,在你同样辽远,同样暗郁的路上? 而且沉默是一种坚执。

有距离的影子,是值得兴奋的,除非把太阳抱在怀里,再没有过于空间的美丽,正像从地上望着蔚蓝的天空,从山头上望着草原。

还有比从一个星点,跳过黑暗的空间望另一个星点有趣吗? 如没有星与星之间的黑暗,那星点也将失掉诱人赞颂的光辉了吧? 没有黑夜是显不出太阳的。

是这样的,我们对坐在暗绿光辉中的小屋,重逢了,并且酸楚地沉默。

夜　话

是的,我已不止一次了,尝受重逢的愉快,这是怎样一种愉快呀! 在我,此时,我的笔是值得憾然叹息了。

当两只无缆的船,流荡着,这跟我们不很像吗?流荡在宇宙的海;当那不期而遇的时候,船舷与船舷碰击的响声,和溅起的浪沫,虽然那泡沫不完全是白的,可会有一支灵巧的画笔绘染得来?或者夸耀的歌唱者所可发抒的吗?

是这样的,重逢带给我愉快,也带给我凄凉。

用这样的话:"你好吗?"接待我阔别的朋友,不止一次了。从我嘴里吐出这样的话:"你好吗?"

没有什么可说的了!说什么呢?那些引起沧桑之感的昔日的城堡,已经半陷在敌人的手中:那些增重怅惘的昔日的欢笑;我们都显得苍老了,谁还能那样欢笑?昔日的人:仿佛昔日的对坐,仿佛昔日的夜深,外边又下雨了;可是,这很明白——白怅惘追不回来的是追不回来的失去,别苦恼着损失吧!

不是吗?昔日的梦,还能重温今日的心,这是值得珍爱的;这样对坐,不是梦,这是值得幸福的。

是的,我们的心,毕竟还没有冻僵,在冰窖一样的寒冬,是说得上寒冷的了,一个寒冬,三个寒冬,然而,虽然已不复如昔日的火热。

以是,不要诉说心头哀苦吧!谁好了呢?在我摸索的程途,这是真的,只见了点太阳的影儿呢,我告诉你!

我不想问你,那古堡中的山水;可是你告诉我一点儿关于人的吧?是的,我对于山水已厌倦了,怎样的厌倦呀……

不要看我的脸,我是憔悴的。

不要看我的衣裳,我是贫穷的。

什么!我的生活吗……

是的,我也曾记起那假山畔的月夜,每当南国的天空明朗的晚上,以是,我养成爱喜星星的习惯。

以是,我忧郁着春天,但且慢,那春天,那夜仅留给忆念的怆然!

当我站在船头上,当我站在无垠的海波中,我是孤独的,从那天起我厌倦了海。

我是寂寞的,这是衷心之寂寞!

这样的,在你之来,你带给我凄楚,但你更带给我喜悦,从这天起我感到重温的和暖。

然而,安睡吧!到明天还有很远的路。

一九三六年十二月

Ⅳ 雨天书简

在这雨天,

这样久久地连缠的雨;

我亲切的朋友!

除了拿起笔来谈心,

还能做什么呢?

墙壁也不懂我们人类的言语!

腿脚的记忆

突然,不知为什么,想写信的情绪使我做了俘虏!在这雨天里,窗外的雨声,和墙壁的冷漠,你知道,不,你想想你的朋友,这做了情绪俘虏的,是受到了如何的难堪与逼迫!哈,正像雨点的粗大,也像雨点的浓密,那奔跑的思潮的山峦跟着雨声晦暗和明晰,起伏的刹那和刹那。朋友!我怎么办呢?告诉我!我好像再也不能忍受这打击,并且我也讨厌,以及同寂寞再做朋友!

我疯狂了,疯狂了在突然而来的疯狂愿望之中,仿佛(仿佛我是很爱想到仿佛的),那海潮涌来了,它并不管岸上的沙滩愿不愿得到这个拥抱;并且也从来不曾一次征求过沙粒的同意!这实在是极不愉快的拥抱!可是又没有谁能拒绝这个蛮横的!

由于疯狂与忍受了俘虏的命运,朋友,我的笔就落在纸上了。你这样想吧,这写着的不是你的朋友,是你所陌生的那疯狂和那个情潮的俘虏!这一双你熟悉又陌生的腿脚正彳亍在思潮的山峦起伏间,颠簸和战栗。若是你有这耐性,你,就跟着它们走;否则,我没有权利来强迫你。随你的意!

这也许不是幻觉,但又不是我病着的缘故,现在我的腿脚正在颤动,引领我到一个山村之路上。路是崎岖的山路,一面是高山,我看不见山的顶峰;一面是江水,我看不见江的渊底。而那这条山与江中间的石路前面,有火光在闪耀。不是山里人在烧山的野火,也不是像我们现在所住的城市中那冲天的霓虹灯光,更不是晚霞映在山头的反射。这不是很奇怪吗?好,你马上就明白了。

当我的腿脚走近了那光耀的所在;吓,这光原来是这田野上泥土里发出来的。我看见了!朋友,你也该看见,由我的言语引领了你到青春的憧憬的阔原上面。

还有比这腿脚记忆得再确切的吗?记忆:是它还没有第二次踏到过这样的地方,有那般值得怀恋,值得可亲切的泥土。

在这里,泥土和山坡之上,

那些勤恳的年轻的

祖国命运的农人，

从事伟大的耕耘；

种上辉光，种上快乐；

浇灌以开花的青春和血；

种子是真理的希望！

哈，我的好朋友，我已经贫乏于词汇，不知道我该如何的形容我所看到的；和拙笨于告白：我腿脚的记忆。真正的感受是深隐的心里的无言，最大的痛苦反而是沉默，最大的欢乐，反而也是沉默。

就这在个散发光辉与培育光辉的地面，我熟知了人的力量；朋友，你该明白，祖国危难的最后一页，将是什么？祖国那将翻开的新的篇幅，将记录些什么？我由此而得窥，也由此而深惭，我不应该在这时候却病了！可是也由此，我生了愿望（你别以为这又是疯狂的！），愿望健康的人，应该在正在努力制作祖国新的一页的册子的工作中，伸出手来！以及那些青春的人，不要学我，睡在病床仅仅写信。虽然这是雨天，沉闷得一点儿阳光也没有，在这小屋子里，呼吸也困难，可是至少我也劝劝你该去赏赏雨！

赏雨比闷在房里好！我也许会同你吵架的，假如你说这也是疯狂的愿望！（当心！我会寻上门来打你！）

赏　雨

从前，你是知道的，我很讨厌雨。雨天多讨厌！它妨碍了我行路掩蔽了阳光，更变更了阳光下的一些美景；更糟的是它也控制了我的思想，使我阴郁，和这被雨雾掩盖了的天空同大地，一般忧伤起来！

天空不会有这么多的哭泣；

世界上决不会需要这么多的雨水，

是不是准备把大地淹没，

连那些高高的山陵，

也全要侵吞；

这人间只有海和海？

谁不叹气？

地里的庄稼

和农夫一块儿流泪！

这不是奇怪吗？不知在什么时候，从哪年，哪时，哪一场雨起，我突然不讨厌起雨，并且似乎是有点儿欢喜雨。是的，朋友，你让我想一想(你也想一想)，我为什么呢？

说起来，你一定会说的！有点阿Q气；落雨天大概没有太阳的吧？不知道从什么时候起，我诅咒起太阳来了。我是悲伤着太阳被人冒牌，没有带来辉耀世界的金光，却只是死的黑暗。像这样的太阳，让它存在干吗？还是送给一阵暴风雨吞没了的好。你说不对吗？我知道没有人能和会反对；在我们人的世界需要怎样的太阳？一个新的太阳，在我们倾满收获的酒，沉醉于胜利的光辉，庆神忭舞在自由的葡萄架下。

嗬，那时候！朋友！你会明白这雨的意义，而赞美它的。

赞美那雨，

那美丽的暴雨；

使我们果园青翠，

没有一个毒蛛害虫能够抵挡！

到了秋天，我们收获的果实，

哈，金黄并且喷香！

这当然是属于阿Q的"手执钢鞭将你打……"式的想望了。但，朋友，你不能说这想法不好,若是在现在的人连这样的想法也没有,那才糟糕!自然,实远不如黄包车夫想得实际,是明白的。让我们来想想黄包车夫如何想法吧?落雨,黄包车夫,那些用两条腿同汽车的轮子竞走的朋友,该这样思想着:雨落得越大,车价也越高,因此生意也越好;出租车的老板,却很少听说因落雨加价的。那么,今天的饭可以吃得饱一点儿,或打二两白干喝一喝;秋天了,这一夜的秋风也许就会无法吹袭他,使他瑟缩了。

这样朋友,你会责难我吗?你说我想得太海阔,太天空?若是你知道人是该有人的想望的,就连黄包车夫,他也不会以能够打二两白干喝喝为满足的。若然,你为什么单单责难我呢?而况,我之所以不讨厌起雨,也不单是这样和这样的。

我就将在这儿告诉你,在那个山村病院中,我怎样度着雨天。(好像我应该先告诉你我曾经在一个山村病院里养过病的,我相信你早知道了。)

那个病院在山村中,山做了院墙,是颇为险要;无论谁,那一个病在床上的病人都这样相信。没有再奸刁的——盗匪可以跑进来的;连那些刚开了刀,缠起了为祖国受的创伤不能起床的人都这样确信。

然而,我却是郁郁的,因为身体的堡垒被冲破,时时在担心毁灭的到来。(好,我又说起自己的愁虑来了,这非常讨厌;比传染病还讨厌,是不是?)

就是在那样地方,落雨天,我就到树林里去开始赏雨。那儿有许多树林,而我最喜欢的是一片松林,松林里的松树,我相信,连那最小的也比我年纪大,皮都是红色的。松林有多大我不知道,而松林的高却是使我看不见松后的山峰。自然那山峰并不高,自然我也很矮,比起那松林来,我想我该是一棵小草;松林是伟大的,我则是渺小?(糟糕!弄堂里有谁家的孩子在大声地哭了!我得把脑经管束起来,不能也哭呵!)对于那片松林,我是熟悉得像熟悉我有几个手指头一样。也许正为此,我反不知该怎样给你形容了。那片松林使我安静,仿佛我走进古神殿里,那么无所思虑,只有使血管都平息流淌着虔诚。只要一走到那松林间的小路，宁谧的幸福就会来寻找我，使我宁谧并且幸福。有时，我静静而安详地走在这条小路上，松叶掩覆着我，雨水落不到我的身上。而雨打在松叶上的声音，却不是庸俗的音乐家所能谱得出和弹奏得出的。那使你感到一种人间不会有的和谐，不会有的静美。朋友，你再跟着我记忆的引领，向那松林外看一看吧！

你来看：你说那是雨点吗？在草叶上，在树叶上，在田野的稻叶和野花上，却是晶亮的珠子呢。那雨的线织成雨的网，是雨吗？不，那都是些银子。是天空那片银色的雨幕垂下来的流苏。……

就这样，朋友，我养成了赏雨的癖好，因为我发现雨的美。（我可不知道别人发现过没有？）一直到现在在这个都市里边，我还不得不为雨招引，受它的蛊惑。然而，这里的雨却不只是美了，我已经告诉过你，不过，有时我却不能不又有点郁然的，若是这儿像那儿松林生长在着的土地多好；这要到什么时候才能够呢？

再　赏　雨

我的小屋子你是来过的。小而霉暗，同垃圾堆差不多呢。可是我该幸福地想，在这样天地，我还有一间小屋子睡该是幸福的了。如果我还认为憾然，就是太不知甘苦了。但，朋友，你先别为你的朋友庆幸；有这小屋子睡虽然不能算是无福，也不能算是有福，磨难是很多的。这也许是我命里注定，也许没有。在我没有办法等到那三个灰色的妇人，把她们的纺杆、纺锤以及剪刀全部毁坏，并且提出严厉的指责；这时候，我有什么办法？！底下我就要讲讲我所遭受的。

早晨，自然是落雨天里的早晨，我睁开眼睛。我起来（我的早晨是上午十二点钟，因为我是常常拿电灯来补足白天的阳光的。阳光在我是那么的少！），我起来了，我以为我还是睡着，并且这清醒是在梦里。这是怎么的啦？谁把我和我的床搬到水池里来的呢？若是我不睡在床上，我会像在地上的烟蒂、火柴棍一样泡在水里漂起来的。猜一猜，朋友，这是什么缘故？

这应了一个朋友的话了："在家里也可以赏雨的。"不，我是在赏着些小的瀑布，你曾听说我房里有山吗？我这里可有小的瀑布，而我小房子变成小池子的缘故，就是这些小瀑布的胜利。它们一条条摇晃着银色的身体，飞奔着跃跳着钻进门和窗户。一进来就仿佛（我又仿佛了！）我住在这儿朋友家的小孩子，不哭的时候就跳跳跃跃，而且唱着没有一个成人会听得懂或感到好听的叫喊，谁也不会说这是歌。

是的，这些小瀑布很美丽的，若是你，我相信会是这样，从床上跳起来跳个什么舞之类的。这雨水会变成小瀑布，并且活泼地像生动的小生物，不是很好玩吗？这就是我们的不同了，只单是你的心并不像我这般不应该的老！更其我的遭受不给我这样只是同样年轻人该有的余裕！我还是要起来去赏赏雨。

我们这幢房子住了很多人家，朋友。若是你不同我在一个城市里边，我就将给你形容，或者用我的老方法来个仿佛，就仿佛乡下人的草舍一样，左边是马房连着牛棚，右边是猪圈，上边是鸡窝，而老狗就睡在门口的草堆里，再而前后都是些菜地，萝卜、青菜、洋山芋，对嘞，还该有油菜。连这个城市，我也想用我这个仿佛来仿佛一下的。（朋友，你不会又说我发狂了吧？）

"米九十元啦！"

"哇哇哇哇……"

"煤球涨价了！"

"哇哇哇哇……"

"天涯呀，海角呀！"

"哇哇哇哇……"

"何日君再来……"

"为什么拿我们的碗……"

"马桶不能放这儿……"

"哇哇哇哇……"

"不要吵啦!"

"哇哇……哇哇……"

"怎么办? 你说,这怎么办?"

"南无阿弥陀佛! 南无……"

"哇哇哇哇……"

朋友,我给你下个注解吧:这里包括了男人和女人;无线电里的男人和女人,和尚、尼姑、道士,小男孩、小女孩的各种声音。这是怎样的音乐呢?我想贝多芬的几大交响曲,也没有这么复杂;可是谁也再没"生活"这个制曲者这种才能,胜任于这种交响曲的制作了。这些声音足够把我这个小屋子胀破,一点儿也不夸大,朋友,你以为我的耳膜更宽阔更厚,和更坚硬一些吗,除了逃到马路去之外。尽管有位年轻朋友开玩笑说是雨赏我。

小 瀑 布

谢谢你! 你信上告诉我没有把我的信送给娘姨去引煤炉子;也谢谢你很快给我回信!

真的,墙壁不能懂我们人类的言语,是很坏的一件事。若是有天墙壁也讲起我们所懂和用的人话来(我怎么说呢?),我是会再不为寂寞迫害了!

你知道,朋友! 当我独自一个人,困在我这个小屋子的时候,我将告诉你,情感的潮比雨流还浓密和急的时候,当病痛困迫我浑身的热汗比雨流还浓密和急的时候。……

（写到这儿，我同我朋友家的娘姨，大发了一次雷霆。她在我门外，大声地唠叨着：

"雇不起娘姨别雇！——今天没米，明天没柴，——你当我没有看见过你穿破袜子呢？——哪有做工的还盖自己的被——怕吃，别雇娘姨充神气！……"

这真不像话，我的脑子里，完全是：米，柴，袜子，被，肥皂……真像肥皂泡般飞出来的都是这些字！我真懊悔！以前先生为什么教我这些字呢？若不我不会发这么大的脾气，骂起来了！）

现在让我平下气愤，因为这都是生活的缘故，我再还是同你谈谈，我的小房子的小瀑布。

这些小瀑布，一直没有停过，虽然等看得厌起来，担心水池子变成大湖的危险，我尽着种种方法做起堵截工作；但这是没有用的，它们还是照样活泼地喷射着。朋友，你瞧，我又做了失败者！

这是必然的失败，谁能够戕害生的愿望？如果这些小瀑布它们必须喷流的时候，阻止它是违反自然的，并且也没有谁能会阻止！它们是自由的。阻碍是什么，截塞是什么，如果它们是自由的？

我仿佛做了一件罪恶，我把阻截的工作停止，并且撤去已经阻截的障碍，让它们自由！（朋友，你不明白吗？）我的意思：是我不敢再看轻那门缝之间与窗缝之间的小瀑布！

自然，比起那崇宏的山峰顶上喷下来的瀑布，匹练与丝涤之间，小瀑布是算不得数的。一个是宇宙的奇观，一个也不过是雨水的急流，更其在我这小房子，观赏者我一人而已！这不是很好笑吗？（朋友，我也这样想了，我许是有些疯狂的？）不，绝不是这样的！不是很明白吗？小瀑布是小的，但是它一条一条合起来，那就不小了。

这正像雨点，若是一个滴一个点地看起来，那是多么的小呵！但是许多的雨点呢？它可以冲没平原的。风一个丝一个丝地吹起来,那有多大劲儿？而许多风丝许多风丝集合成飓风的时候,大海也会整个翻腾起来的。

朋友,我又不得不说远了！在迫害袭来,并且大家都受着同一的迫害的时候,一个人的力量是微小的,而许多的一个人的力量就是不可轻侮的,坚韧并且强大的了。那么因迫害而畏缩,因迫害而绝望于希望,那是可笑,不,那是可悯和愚傻的吧？至少我们该有这样一种不可摧撼的确信,在每天的早晨到晚上,再由晚上到早晨！是的,朋友,若是你由这小瀑布也想到这,我决不会反对。但我写的信都没有什么含意在内的。

勇敢点,我的朋友！

门　外　谈

我又拿起我的笔来？你如果说我不是在写信,是给你家的娘姨多制造几张引火炉子用的纸。自然我无法反对的,因为天还没有开晴的意思！

下午,朋友,我到门外去了一次。你知道,我说这门外的意思吗？你是或会知道的,因为下午在门外边的几个伙伴当中没有你。

下午,雨落得并不大,天色却同落大雨的时候差不多,那么阴晦晦地好不怕人！从前我曾经说这像寡妇的脸,朋友们都说这想法奇怪,并且也不像,这简直像恶魔的脸,把恶魔的脸比成寡妇的脸岂不可笑吗;虽然恶魔的脸远不如寡妇的使我熟悉。不,错了,恶魔的脸在现在是比寡妇的脸该更为熟悉;只要谁留心一点。谁去看,谁都不会失望！

朋友,我又要这么说了:到处,在我们这里到处;你那里到处,你的朋友和你朋友的朋友那里也是到处……仇恨的记忆中,对垒中,身前和身后,影子和实体……

就是在这样恶魔般脸色的天空下面,我同一个年轻的朋友,一个小孩子,去送三个年轻的朋友和二个小孩子到这个岛外的另一个岛上去。他们为什么要换换岛,你也许会奇怪,这两个岛的空气都差不多。但是这换岛的缘由让他们自己告诉你;空气的质分如何,也让给研究空气的科学家,我得警惕一下,别又把问题拉得太远了!

不过我想你会想到:他们坐的舱一定是四等舱,四等舱的空气一定是坏;而且我们送客的一定留在船下不能上去!

也许为着呼吸,也许为着恋别,那两个年轻的朋友走下来同我们伴坐在货堆上。

当然,我们不能沉默,虽然有人说"沉默是黄金"!可是,我们知道,就是我们沉默像天生的哑巴一样,那两个青年朋友还得去坐四等舱,假如有一天我同这位也来送行的青年人走,也准是四等舱!沉默不能当作黄金是非常明白;而且我们都是年轻人,无论如何谁也得承认的。

这样朋友!我是说我们谈了许多送行与被送行之间与送与行无关的话。——我怎样才能全告诉你呢?我病着你知道的,推在病的身上吧,我的脑筋很坏!可是一点儿也不告诉你,我拉出这么长的废话,仿佛戏院拉开了幕使你看到许多布景,却一个人物也不登台,一句台词也不念;真会像外国一个象征名剧开幕,空舞台,一条狗跑过去,闭幕,一样可笑的。而且空舞台与狗,在我写信这块地方,来演演也是很讽刺的,但我丝毫没有这个意思,而且朋友,你知道的,我就没讽刺天才,更而且,我不忍心在你面前开个这么大的玩笑!

"喂,天黑了!"

"是的,灯都亮啦!"

"可是天还没有晴!"

"这堆是啥?"

"是些货!运到香港去的。"

"所有在船上的,都是运到香港去的!"

朋友,像这样的话有什么意思! 其实什么才叫有意思呢? 不过如此,我也就不说了。

对了,我忘了! 我是说我到门外去的,怎样拉到码头上去送行呢? 朋友! 假如你有所奇怪,这才是真可奇怪的,这都不明白! 门外,就是门外,码头是在门里的吗? 而且我们是在舱门外的。

好啦,请你别生气,终归是开了个玩笑;雨天,我是太闷气了!

即祝雨安!

舌　头

雨天写信成为我的习惯了,这才糟糕,不过假如我和别人不写信,那些邮差的雨衣不是白做了吗? 我现在同邮差的感情不大好,因为他们经常地不给我送封信来!

我不是告诉过你,有人曾经给我写封信来开了个关于我赏雨的癖好的可爱的玩笑。他说,在雨中:"头,脸,衣服,什么东西都浇湿了,除了眼睛、舌头等外。"——这方括弧里是他的原文,希望他别生气,我把他的信擅自抄在这里。

朋友,你对于这段话也有什么意见吗? 你不感觉到他——这位开了个可爱的玩笑的年轻人把"眼睛"也归在"舌头"等为好笑吗?

是的,他错了,"眼睛"是不能同"舌头"等上一等的,"眼睛"是"眼睛","舌头"是"舌头",懂吗,我这么说? 但是,我在这并不想辩解舌头为什么是舌头,眼睛为什么是眼睛,以及它们为什么不能等上一等? 只想:哎呀,很恰巧我记起一个关于"舌头"的故事。朋友,你静下心,我要讲故事! ……从前谈到过一段故事,题目? 忘了,连作者是谁,忘了;连在什么时候读的,也忘了。

说：一个有道行的高僧，在一个部落里行道，因为这是位高僧，他的道行很高；也因为他高的道行很得这部落的居民的信仰，这就是说他的道行很好。有人送米，有人送面，有人送羊酪，有人送金银做的佛像……他整天藏在禅房里，到诸施主面前去吃素斋，向来吃得很少！他人却是肥头大耳的。奇怪，连女人也都不想。

"这不是人，这是佛爷！"

是人？是佛爷？只有这位高僧自己知道。

这样年复一年，他的道行自然更高了，高到多少？部落人是很少知道的，因这是天机不可泄漏，谁敢呢？

到这么一年里，这么一天，这有道行的高僧圆寂了。他的佛徒佛孙，和这部落的善男信女，把他火化了。

据说，有道的高僧临寂后都要给后世留下几块骨头，叫作舍利，这就是高僧的道行唯一的表征于世人前的。照例，他们也寻找着，在有道行的骨灰中寻来寻去，却只寻到一个舌头。经过了许多男人证明和鉴定，这确是化去他们许多米、面、羊酪、金银做的佛像和他们的信心的舌头；而女人们过来，她们也看出来了，这确是化去她的一切同男人们相同，又比男人多的那条舌头，但，他们没有响，互相奇怪着，看了舌头而后，脸为什么都红起来了呢？

这样一条尊贵的舌头，自然是保存起来了，也自然堂皇地上了宝塔，而做镇塔之宝。

后来，朋友！你还有心思听下去吗？

过了半年，这个舌头还在宝塔被供养得很好；这个部落却遭受别一个部落的威胁，在敌人的队伍中，捧出来一个光头的和尚，向他们宣扬起佛法："应该亲善你的弟兄！"也阐发起普度的大旨："人应该为爱护和平而合作！""放下你的刀枪！要忍受一切！"

奇怪的,朋友! 你知道吗,这个光头的和尚竟和某年某月圆寂的高僧一模一样,看他讲话时吐出的舌头,也同供养在宝塔里的一样,这不是可惊异的吗?

但是他那曾感动过这被侵袭的部落中的善男信女的舌头,和这舌头的魅力,这时也只有这舌头和使用这舌头的自己知道和感动了!

朋友,这部落的人,和善是和善的,若是他们暴怒起来,羊就变成狮子了。他们把宝塔里的舌头拿出来,抛在最污秽的地方。把他的佛徒佛孙都做成馨香的血祭,在为这次侵袭抗争而战死的居民尸前。并且他们发誓要把这光头的和尚捉起来播祭他们自己光辉的旗帜,和血污的大地。

好了,朋友! 这个故事还没有完,因为那个作者这样写着:

"这两个部落的战争正在坚持着,然而正义属于哪个部落是很明白的,胜利亦随之! 而光头的命运,逃不脱他们的誓言! 作者可以保证的。

但是,这个故事,我还没有写完!"

回旋在垃圾堆上

我真是懊恼! 我为什么害这样的病呢? 天还落着雨,落着雨气压就要低,这对于害着呼吸病的人是不大好的。

朋友! 你知道从来,是从病以来,我很少向人告白我的懊恼的,但是雨天实在使我气闷,我的呼吸气管快要炸裂,我的喉咙想要叫喊!

怎样办? 朋友! 你给我的预言为什么还不实现? 你说天晴了就会好的! 我曾经相信,也曾经这么殷切地希望,在晴天的时候,天空会清朗的吧? 风会吹得温柔一点儿吧? 而在那蔚蓝的天空中有几条淡淡的白云,是会更好看的;受着金色的阳光的爱抚,我相信我会感到一些温暖。如果那晴丽欣喜,消融了我心头的冰结,我的呼吸会舒畅起来,这就是说好起来了。

但是,天还落着雨!

实在是很疲乏了,在这雨天里我给你写了几封信啦?这还是写得太少了,正像在人生的路上我走得太少,在伟大的战列我做得太少一样。这得鼓励自己一下呀!然而,现在我的笔该停一停了,只是停一停;如果天还仍旧在落雨的话,我还要更加努一点儿力的,在那再次提笔的时候,我不希望再回旋在垃圾堆上,像我这次给你的信里所写:是些碎纸,是些破片,早就应该丢抛了的。

不,朋友,我真是懊恼!我早已厌倦了这样回旋!

在雨夜,我失眠,

狂想的花朵,开着并且回旋;

开着,在狂想的奔马的脊背上。

它奔驰。

越过那久违的,

那缥缈的,那奥秘的,

和着难于捉摸的广原;

而那花朵就纷纷坠落,

花瓣是沾着血与辛酸的泪……

一九四〇年落雨天,上海

V 第三次

入伍第一日记

我现在是入伍了,说得粗一点儿,我现在是个大兵,虽然我还穿着自己的衣裳。同别的人,不,现在该说同志,——在以前说这话,会犯嫌疑的,现在是全面抗战统一战线,越叫得响——同志长同志短……才是顶时髦的。

就这样,让我也时髦一下。我的衣裳同别的许多同志一样随随便便,但是我们是来当大兵而且马上就发衣裳,发枪,受训练,这大兵是货真价实,没有人敢否认的。

一想到马上就可以发枪手就痒起来,那啪一下就可以打死一个敌人或者两个的枪,不由得心都准备从腔子里跳出来,喉管又蹦又跳地想喊两句什么。但是我们的队长,那黑得像才从烟囱爬出来,圆头像个香水梨似的,小鼻子小眼,厚嘴唇子也是黑的队长警告过——

"为着大家的安全起见,谁也不要唱,这里汉奸顶多的……"

每个人都自己承认自己是抗×最激进的分子,每个人都要安全,也都要大家安全,谁都自抑地制止着发痒的喉管。谁也放在心里喊,谁也放在嘴里唱。

天连连落着雨。遥遥地传来炮声轰隆地响在耳边,但是这里的人全没有走在上海的马路上那样担心着流弹会突然炸死的恐惧,凡是来这里的,我们的视线都是超过了生死的门槛,为着自由的永生,死是什么呢?没有自由的呼吸,生是什么呢?

同志们在谈笑,低声地谈着各种感兴趣的话题,听厌了的就离开,感兴趣的就参加进来,一堆,一伙的,有西服,有工装,有短衫裤……但,各种服色在这里有化成一体的趋势。

各种服色,各种面貌,各种姿态与动作,麇集在这广大的佛殿的砖地上。蠕动着,转移着,这是等待填到炉子里的烈煤块,只等一接近了炉火就爆发了内在的热力,闪辉强大不可轻侮的火焰。——祖国的重明,民族的永生,全要靠这群来自农村,来自工厂,来自都市与各个角落人们的铁手的。

这间佛殿,砖地相当平坦,正中间供着地藏王的宝座,低低垂着褪了色的黄幔,从幔缝中只露出个金脸,它在笑着。左边是黑虎玄坛,那倒是与我们接近的。它的脸是黑的，正同矿工才从矿洞出来一样，但它很神气，穿得也讲究，终归不是我们的同类。右边却看不清楚。殿壁上端悬了许多匾，但我无暇去细看，因为我一进来首先就碰到一件不愉快的事——

一进门洞，门洞是深深的，很阴森，几个门岗（便衣）的冷酷，几乎是侦察地监视着我们，一个瘦高的负责者把我们点过来点过去，就仿佛解到一批新的囚犯一样，费了那么多的手续与商酌，同我在路上揣想的同志间的亲热完全不同的。这使我记起几次监狱的生活，那情致是差不多的，但毕竟这是不同了，现在是来当兵，说得漂亮点，是为民族而战的勇士，就同去进这个九月里一样，怀着游僧回庙的凄楚却是由于过分喜悦的激动。

编队时候，我想既然是民众的组织，当然意见是可以公开的，于是我就同一道来的同志商量着自己成立一队吧。

向负责人申诉着我们的意见，得到的是拒绝。

我们成为补充队了。一队两个。我同一道来的淀分派到一小队去。

小队长是个知识分子，又是同乡，很快就谈起家乡那失去了的东北大地上流的血痕深浅了。也很快地在我们之间建立一种热情，是同志的。

这位队长，高高个，白胖的脸，肉都松弛得很嫩，一捏会捏出水来似的。说话完全一口东北腔，他讲着故乡的沦陷后的愁惨的情况，自己的流亡后的漂流凄苦的生活，讲着，声音渐渐低沉而近于欲泣的喑哑。

"为什么呢？"我安慰着，虽然我也被勾起思乡的惆怅："这就要回家去的，想想当我们打着得胜鼓，大步行在故乡的大街上……怎样的愉快……嗯，这日子近了！……"

我们谈着，许多队员围着我们，那许多真诚无邪只有信念的火花闪耀的眼神，使我温暖，使我感动。但我不能说什么，因为方才有人关照过我要当心，当我听到这话很为苦痛地想。

"怎么，现在还不能自由谈我们应该谈的吗？还得为违心的话语苦痛着……"

吃过晚饭，饭虽粗糙，菜也淡淡无味，我却从没这样畅意地吃得很多。

队长下了命令，队伍要出发，预备，于是大众立刻显得匆忙起来了。

天是黑了，佛殿里挤满满的这些等待出发的人。这时很骚然地踏着脚，低谈着。

队长又来关照："在路上不许说话，有话的这时快说；在路上不许咳嗽，要咳嗽的快快咳嗽！"

立刻就回答出来许多故意的咳嗽，惹起一阵哄笑，队长那像煤黑子似的脸也笑了。

队伍出发了。天云中露出淡淡的月光，雨是早停了，但路上积水很多，我背着包袱，淀提着一箱子书，深一脚，浅一脚，不管深坑、高岗，跟着大队走。

走着，心情是兴奋的，少有的兴奋，夜风夹着雨后的清爽，听着无数的行列脚下发出整齐的沙沙响声，感到一种紧张与肃穆，与荡在马路上的梧桐树下的心情完全不同的，就是夜风也变得趣致了。心脏跟脚步合着拍子，这是夜行军的进行曲。

走着，大街连个行人影也没有，只有沙袋旁的荷枪兵士鹄立着，我从没有这样亲切看他们，我想问他们两句：主要的我们现在是站在同一的最前线了。"我们握手吧？原谅我过去对你们的轻侮的思想！"

队伍是一条横街一条横街地穿行着。

我在想摸着夜行军的情况，当我们潜伏着蒿草或者山崖后夜袭的时候；更引起一种想杀人的感情，以我这样平常杀一个小虫都会很久不安的人，有这种感情这是值得奇怪的，为什么呢，我有喝血的渴望？——从这我体味到在火线上兵士们的心境，以及为正义真理而战，怯弱者也将是勇猛的缘由。

队伍通过一条条冷静的街，街旁小店铺的板门都上紧，仅仅从门缝中透出一丝光亮来。有几处,从黑暗的玻璃窗上或竹笆的小房门露出一个二个人影,我看不见他们的眼睛。但我知道他们是在看我们,我更知道也许是在疑问地看着这是些什么人呢。——我心里在答着:这是为着保卫祖国的铁的保卫队呀!

想着,我感到光荣的烧热,也许红晕第一次飞上我永远苍白贫血的颊边了吧;一定是这样的,我把胸脯凸起来了。

一九三七年十月十七日,上海南市

在 草 棚 里

昨夜,我们队伍开拔到这个草棚里。

这个草棚完全是用竹笆搭起来,地位是正临着街路。不知为什么队长把我们开到此地来,还是昨天一样闷气,不许我们出门一步,不许我们响,不许我们抽烟。……

草棚是在一个工厂里,什么工厂?已经停顿,只有外院堆着高高煤堆,山样的上边还生了几棵蒿草。靠西有些板房,门紧闭着。院中有一个水槽,已经枯了。还有什么呢? 此外是到处长满了蒿子、野草、小树,偶尔从土地捡得出一两个小铁泛,一两个残破的机器螺钉,除此再无从可发现了。

草棚里相当宽大。从篱笆的孔中透进的阳光,虽然微小、稀薄,但还是够使我看清这草棚中我们暂时行营的里面布置情形。

满地都是稻草,并不很新,但也还留着未褪尽的黄色,还留着草的温暖的香气——这对于我是很宝贵的,从离开故乡,现在是六年了,天天想着故乡农村里新谷草的香气,从故乡失陷以来我就常在梦想着,什么时候再滚在故乡的草垛上晒晒太阳,睡他一觉,这种怀念,在故乡未失陷以前是没有这样深切,现在这虽然依然在流亡,东北的故乡依然在××强盗的铁蹄下,但我相信这是回乡的预约,重走在儿时的土地的路是望见边际了。——我并不迷信,却这么想,因此这夜我睡得六年来少有的好。

棚里边很零乱,除了草是被我们一夜的工夫滚平了,靠墙错乱的堆了些士敏土的旧筒,还有些木箱。在头上横悬着很多竹竿,好像曾经过一番计划,它们的距离都是一样宽窄。

这是做什么的呢?马棚吗?牛棚吗?没有人能说得出这间草房是做什么用途的。大家猜了一会儿,猜不着也就不再多费心思了。

早晨起来,很久,还没有正式出发的消息,我们渐渐很无聊起来。一堆一堆地分聚着,低声地海阔天空地谈着。偶尔哪一堆人中间发出一声大笑,煤黑子似的队长马上就来干涉:

"谁?这样笑……"接着就用惯熟的演说姿势握紧了拳头,解说不许笑的理由。

渐渐连谈话也嫌声高了,因为外面的飞机正在天空盘旋,机声把草棚都震得摇了起来。

差不多有九点钟,天还没有开晴的意思,棚里到处都漾荡着暗灰色,每个人的脸也是这样的,黑一块白一块像顽皮的孩子才从水沟里草堆里爬起似的。衣服上带着草叶,手里揪着草叶——这里把人都变得年轻轻。这时正有一个长着胡子的队员在草棚上翻着跟斗,翻起来就向大伙很天真地笑着,这笑这行动与他的年岁完全不调和的,但是在这充满亢奋的春气的场合,没有人表示着奇怪,回报着以同样温和又天真的笑,接着就有几个好动的人也参加进去,翻起来。并且有几个人起来练着拳,对打着,或者到别人面前开玩笑,做鬼脸。——这里把人们全融成一个整体了,忘掉了社会的各种生活形态所形成的个性,忘掉了外面生活的忧郁与纠纷,谁都没有了自我尊严,都恢复了赤子之心,像孩子似的无聊起来,就胡闹着。

我们一批一批地到外边洗脸,这样我们才像解放了一样,停止了无意识的跳动,站在天空下,院中,伸懒腰,丢胳膊,扔腿地。而我在开始狠狠地吸烟了。

天像一块整的灰布,连点缝都没有,就是说连点杂色云都没有,并且浓淡的度数也是匀平的。晨风很冷峭,有点深秋意味,偶尔也飘过一阵阵雨丝,我们闷在草棚里一夜,现在大口地呼吸着比较自由的气息。

一队一队地洗着脸,有的用水互相泼着,直到飞机又轧轧在近处响了我们才悄悄地重回到草棚里。

但是,回到草棚里又有新的问题发生了。

"为什么这样臭呵?"

"臭!"

"好臭!"

一个闻到叫起来,大家全闻到全都叫起来。不知竹墙外边还是草里冲出来一股臭气,大家叫着都被熏到外边来了。

幸好队长很体谅我们,把我们分别调到另外一个楼上,从窄小的扶梯爬上去,比草棚还脏还要黑的屋洞,我们大家分头坐在地板上了。

屋子虽然有三面窗户,但,怕别人看见,只好完全关紧,依然更闷气的坐着,黑固然黑,闷固然闷,但为着更大的信仰的支持,准备来尝受更大的艰苦的我们,这点算什么呢? 因此我们全都忍耐着。

队伍没有出发的消息,连午饭也没有信息,很无聊地我在地上漫步,从一个人空穿过一个人空,这地方听两句,别的地方又停一停。许多躺得疲乏了的人也起来像我一样地走来走去,偶尔从对面碰到就互相用亲爱的眼色看视,互相招呼着诚挚地微笑。这些笑,这些眼睛我从没有见过的,说得夸张点从我有生以来,没有看见过这样真挚、这样亲爱与热情的眼睛和笑。我一碰到这样眼睛,这样笑,我的心就狂喜的飘浮着。到新的天空,新的大地,新的中国的日子里边。我感到我并不是初来的陌生了。

队长来宣示,因为做饭的地方太远,午饭恐怕来不及,要请大家原谅,晚饭一定有的。

听了这样话,大伙脸都立刻沉下,更加灰暗。

"这样不成的,我们怎样饿一顿?"

有人起来反对,接着许多人都反对。

煤黑子似的队长穷于这情形的应付,急得干舐厚黑的嘴唇说不出话来。仅仅挤出一句:

"若是到火线上,也许三天四天吃不到……"

"不对!"一个人反驳,"队长,我们是在火线上吗?"

"是,"有人应和着,"在火线上,说不了,为国家。可是现在毕竟还是在后方呵,难道就……就……"

队长没办法了……

"好的。"他又舐了舐厚黑的嘴唇,挥挥拳头,演讲的姿势说,"就这么办,每人发两个大饼先点心一下,晚饭早点开,你们意见如何? 不过,你们要知道我们是来吃苦的,譬如……譬如……"

他还没有譬如出来,就被别的人叫走,留下一句话"两个大饼"压服了大家的叫嚣。

这屋里又恢复方才的无聊与低低的烦嚣。走着的,谈着的,低唱着的,有些知道吃饭已无望就沉沉地睡去。但也有些人眼巴巴地望着梯口。

"大饼还没有来?"望的人这样想着,可又抑制着自己,不让人看出来,这样大一个人还关心着大饼,怎样都有点儿难为情的。

大饼终于来了,每个人得到两个大饼时从没这样喜欢地把脸上的阴沉揩掉了。

有一个人告诉我,他从来没有感到大饼是这样香的,说完了他还咂着嘴,感到不满足的样子。他是一个相当大个子,站起来有我一个半高,但是他的脸上还留着未经世故的孩子气的样子。听他的口气大概他从来没有吃过大饼,特别在一个人饥饿的时候。——从他我也感到一点儿喜悦,像这样分子也能跟我们走到一道,为民族自由而战的火线上,这不是该喜悦的吗?

光明在我们的前面了,带着这光明的信念和喜悦,我倒在地板上睡着了。

一九三七年十月六日,上海南市

夜　行

夜色很阴沉,天空还在发着苍铁色。雨是停了,偶尔从夜风里飘来细微的雨珠,打落在烧热的颊上,很为清快。

路是泥泞的,高的是烂泥,凹的就是水坑,在这条看不着边的路上,我们深一脚浅一脚地疾行着。

我们都很兴奋,脸在发烧,血管也在激越地跳动,这是自己感得出来的,汗黏着衬衫,顺着眉毛,只要一低头,就会落到脚前,像雨点似的。

但是我们的脚步都放得很大,谁也不愿意落伍,前边领队人走得像跑步一样快,我们却没有一个人发出一点儿怨声。虽然我们的肩头都背着大小的包裹。——就是小小的一本书,这时候也变成为一件沉重不下于一个大包袱的重量了。而我们都带着自己的被、行军毯、衣服之类,可以说每一人的身上都担载了二三十斤的重量。最奇怪的,平常日子我提一壶水都要冒汗,走一里路就要腰酸的一个人,这时却完全变了。在一个更重大的民族解放的神圣的担子之下,我变得可惊又可喜的坚强了。

我们走的这条路上,十分安静。没灯光,也没有人影,就连被我们足声惊起的狗咬,吠声也变成安静的。

我们被领队的领着,弯弯曲曲地走了很久,谁也不知道要到哪儿去,谁也不想问,就是偶尔天空上炸一个开花弹,火星飞下来,也没有人想躲开,因而离开行列。尽管遥远的重炮、机关枪剧烈地交响着,没有一个人显出踌躇的意思,脚步是照旧的,反倒更加快地向前进。

谁的心里都因这种企望高兴、亢奋,更放大脚步忘了重负和疲乏。只想快到达目的地,那时候,我们就有枪可拿,有敌人可杀,打死一个是够本,打死两个是赚的。

我们这一群,一共有三百来个,分子是相当复杂,因为军装还没有发下来,从每个人的服装上就可以作一个大概的分别,谁是什么出身的。

我们一排四个,走在我旁边的,是个小个子,短粗,脑袋近于椭圆形的一种,在前额上面,突突地翘起一小撮头发,向天耸着额头高起,两个眼睛凹下,有一只眼珠是被白膜罩着。合起来,他只有一个眼睛好用。他的鼻子下有一点儿小须子,刚用铜板拔去,留着青痕,上下嘴唇都很厚,好像一个大菱角似的镶在他的下巴颏儿上。他走路的脚步声老是一下重、一下轻,噼啪、啪噼地,这时候虽然看不清他的脸,这脚步声就使我记起来他的容貌。因为在我走到这个集群里来,第一个向我微笑的就是他。

在迷茫的夜雾里,他的衣服颜色是很不适合于这秘密的夜行。一套短的裤褂,肩膀上破了一个大洞(我想秋夜的风一定很刺激那块被衣服所屏弃的肉体),最坏的是他的衣服是白色的。在这危险的靠近战野的地带,敌人的飞机天天出现在空中侦察着,瞅个机会就抛下个炸弹的时候,白色是太触目标了。特别是在黑黑的夜行中。

于是就有人提议,叫他把灰军毯包在身上,为着全体的安全,走路别扭点也不算什么的。而且这时候也不要什么好看,因为这时候,最鲜艳最好看的当属于我们正义的灵魂,和满腔的红血了。

他就这样办了。披着毯子,好像一个蜗牛一样,拖泥带水地前进着。

他的姓名,我还没有抽出时间来问。在我们这里边,每个人都是这集体的一个,假如这是一股大水,我们就是水点;假如这是一团无比庞大的火,我们就是火星。谁姓什么,谁是做什么出身的,在这儿全成为隔世无关的了,每个人都互相亲切,不是言语或行为可以表现出来的,我们的总的行动是一致的,说走全体都放开腿,说放枪就一齐勾枪栓,原为我们的敌人是共有的一个。

这样的生活我第一次过,也从没有这样亲切地感到人与人之间打开了隔膜,好像心腹互通的,连肝脏都在一块波动着了。

走在我旁边的"独眼龙"是个铁工厂的工人,走在他旁边的是个机织打样师,在打样师旁边的是个小店员,而我是个知识分子,在前边是图书管理员、农夫、成衣匠、小铜匠,在前边的前边是印刷工人、作坊的学徒、中学生、教员……由各种地方、各种场合走来的结成了一条大的溪流。

向前进,渡过水坑,渡过高岗,踏过烂泥,向前行进着!

胜利的而是复仇的火星闪烁在天空的前路上,不管我们走到哪儿去,也不管怎样比这夜还黑的夜,还坏的路……火星是永远在辉闪着。

一九三七年十月二十九日

打　靶

深秋的风冷峭地吹刮在这山村里。

这是下午,天色呈现着一种愁惨、淡淡的蓝色;可是,说它是瓦灰色的更恰当,我想。一层薄云从四周的山峰尖升起,无缝地密接着;于是这山恋,这云就成为朦胧和暧昧的大盒子盖,而这村子,房屋,土地,生物,就在这个盒子中。

太阳特别冷静,我想象一个沉静的而又含默的眼睛,那么冷淡,那么沉默,连点儿温暖的意思也没有;被这光线,一照反倒有点儿发抖起来。

只有山腰的枫树还那么红,使人想起通红的火炉——这时候有个火炉多好呢！

我们的队伍在田埂上进行着，进行着，进行着！

用着一种兴奋的好奇的与一种孩子的发抖的心情快步前进。

"打靶去呵！"

打靶这事像去赴情人的约会样地诱惑着我们，我们都像绳索扭牢牢，这条绳索一样由于田埂路的弯而弯曲的队伍向靶场前进着。

"打靶去呵！"

从靶场传来清脆的与破裂的枪声，每个声音刺着耳朵，仿佛情人的召唤，一听见就记起来了：

"同第五队的竞赛协定呵！"

"怎样呢？"

"要回答那挑战！"

"别做乌龟呀！"

"瞧着吧！"

"在射击的是哪一队？"

"就是第五队呢！"

"手不要发抖！"

"放心吧！"

靶场在望了。我们开始爬上山路。

靶场是在大山下的小山中，把田垄铲平了，成一个平坦的空场，两旁是土崖，前边是一片密密的苍翠的松林。

旅行着一个奇异的国境，走进靶场。队伍列开了。

"立正！……"

"坐下！"

我们坐在山坡柔软的荒草上。

坐下了,开始感到冷起来,有的开始披起白被单、军毯子。

第五队队长,一个湖南佬,大块头,笑嘻嘻地走过来,指着正在打靶的,和草地上同样披着毯子、被单的同志们说。

"我们只有两个大饼啥,你们是老同志,当然,那当然,——加油呵!"

这是一个新的挑战,有一个同伴唔噜着:

"我们要回答的!"

"大饼?"

开始体会大饼的意义。

靶场上,设备极其简单的,射击的起点,地下被着稻草,草上垫着棉背心,是架枪用的。从起点望过去,二百米远以外有五块方牌,这就是靶子。在那上面浓墨画的一个黑月亮,围绕着九个黑圈。靶子是两面的,可以转上转下,检查的人在底下的壕沟里,靶子上已经有累累的弹痕,但它还要接受无数命中的射击。

在起点的旁边,有一个临时装的军用电话,司机的在报告着。靶场,这时候除了枪烟与火药气味,就是些跃跃欲试的射击手。

这时有五个第五队的同志趴在那里射击。

啪!

电话报告着:

"第五靶……"

第五靶倒下去,人们眼睛企望着。又上来了,一个黑色的圆饼,在中间摇来摇去。

那个第五靶的射手冒汗了。

"第三个大饼了!"

我背后一位同志,显然是报复第五队长的夸傲,为了愉快才叫出来这么大声。于是我明白大饼,什么叫大饼。——我担心着这羞惭的符号呵!

"打枪,要尽量使自己身体舒适,心里活泼、愉快,不要心慌,不要害怕!……"

扁脸的队长,下巴向前挑一挑,他叮咛着,就下令解散。

像机器零件一样,拆开了。同志们走向各处可以使自己感兴趣的地方:山凹,坟头,土岗……

有几个热心的同志,到射击手旁边去揣摩姿势,到电话机旁边去听司机人谵语似的报告:

"第三靶,喂,第三靶,第——三——靶——"

第五队快完了,我们派了四个人到四面去放哨,五个人去检查靶子。

我披着毯子同我们年轻的班长,坐在山谷的斜坡上,靠着一棵小树,往山上的云彩望着。脚前有一座荒坟,碑碣反映着太阳的光。

医务所两位女同志,背着大的药品袋无聊地在坟前低低地谈笑。

在对面的山崖上,放哨的同志,端平了步枪,做一个瞄准的姿势,瞄着山头的云彩,也许瞄着山顶上的茅草棚,或者瞄着我看不到的什么,仿佛欲展翅的鹰一样,他跳着,要飞去似的。我知道他的心在回翔着,回翔着同期待射击的每个同志一样。

他的姿态惹起坐在山坡上的人们哄笑,而他是在大声地唱着了。

"机械化"同排的一个胖同志,"机械化"是他的绰号,重手重脚地走过来正一下他的眼镜,得意地宣言:

"我准是卅分,你们瞧着吧!"

别一个叫画家的同志,他的脸往横处发展,鼻子是真正希腊式的。他会画画,可不会瞄靶,他却吹牛:

"可惜最多只有卅分,不然,我可以打五十或者一百啦!"

"我在上海就是开大饼店的!"

会唱京戏小嗓的那个同志说:

"那么,你今晚可以不要吃饭了!"

"哈哈哈!"

"我呢?"年轻的班长说,"我只希望不吃大饼!"

"我想我吃一个大饼吧,多了就该死!"

一个码头工人出身黑瘦同志刚说完,就有人驳着他。

"这里是不准还价钱的! 同志!"

有一个低哑的声音,失望的。

"随他吧! 唉,随他吧!"

山头上又飘下那放哨同志的歌声。

——我们都是神枪手……

我们开始射击了。每班占一个靶,轮次的射击。

枪声趁风呼啸着。

大伙立刻紧张起来,热血涌流着,忘了冷。每个人可以听见隔壁的人的心跳。眼睛是被一条希望的线贯穿着。

"我们要战胜!"

红旗呈现着欣喜的异彩,挥展开,大伙就像六月的热天喝口凉水那么舒服,白旗也还好,至少也有一分哪。大饼一出现,就使人感到心里压块铅或铁那么沉重。

当我爬在稻草上,我的牙齿唱起歌来了。等我把到还留着前人手里的汗热的枪靶子,我的血全停止了流动。真糟糕,眼睛也看不见准星,而且也不知闭左眼好,或者右眼好。

"啪! ——啪! ——啪!"

三枪是放完了,起身时还听见射击指导员抱怨着:

"不成,这么慌,也不瞄准,又不听话,不成,不成!"

看这意思,有点可惜这三颗子弹呢!

站起来,像打败了的公鸡似的披着毯子走下山坡,我开始诅咒起自己:

"不成,这样不成!"

枪声摩擦着空气发出裂破的飞音;山林回应着砰然的叫嚣。靶牌转上又转下。

红白旗大饼轮换地带给射击者欣喜和失望。

电话机谵语似的单调地报告着。

许多失望的脸;

许多兴奋的脸!

许多沉默的脸……

疏散在山坡下,山坡上。

……

集合的哨子吹响了。这被拆散的机件又合拢来,一条绳子样的下山了,行进在弯曲的暮色飘荡的田埂上。

太阳不知什么时候落山了。山风更冷峭地吹着,回望靶场非常安静,只余未散的枪烟,与记忆的啸响。

黄昏路上,行进着沉默与兴奋的人群。有一个同志悄悄问我:

"怎样?"

他是走在我的旁边,我低低地说:

"大饼,三个——大——饼!"

一九三七年十二月,皖南

夜　间

副队长,那个鸭蛋脸,生气也像笑一样的嘴角,现在又在笑着了。站立在黑影中,尖细的声浪响着。他的身子老往后弯,仰着脸,仿佛在暗起来的天空上寻找什么。一只手叉在腰上,自然那是左手,右手是准备跟话的语气,挥成圈与线的。

"……将来是免不了要夜行军啊……打仗不能选日子、时候的……"

像投掷着散碎的小石块儿,投在这静静期待的人浪中,激起跳跃的波纹。

"夜间……"

队伍出动了。顺着石子、砖头铺成的小路,弯曲地向黑暗的田垄里去。脚下的路也看不清爽,高一步低一步地。这时候实在黑呀,在房里是不觉得的。低头看不见脚下,眼睛简直同没有一样。一不留神,稻草根子也会绊一个趔趄。也许有条蛇从脚下溜过去,也许有山狼啦,四周还有许多大大小小的坟丘。

溪涧谵语似的流着响。野狗在远处吠,夜风吹过树梢,就有一阵沙沙沙的声音,干枯的叶子就落下来飞着。

"怎样,害怕吗?"

"去你的吧!"

"有趣,那个星……"

"夜行军不许有声音的……"

沉默。

队长领在前头,走脱了大路,脚踏在狭狭的田埂上。仿佛小时候看见耍马戏的、跳大神的样子,一摇一摆地走着。可惜手里没两个沙袋,那也许会稳定些的。——弯曲着一条,转着又一条,在一个空稻田里停下。

"弟兄们!……"

夜风暧昧地吹着。

"夜晚行军,"黑暗中副队长轻悄地站在田埂沿上,讲,

"第一,要去掉恐怖心理;第二,要……"

天空静默,同田中的人一样。星群成为一团惊人的花朵,大卯星悬在西南角上,比从来看见过的都大都明亮,像一朵小火。

"……第三,要机动,灵活;第四,目标大就看得近,目标小就看得……"

远远的山峰没入黑暗中,而小树丛就更加渺茫了。

副队长滔滔地讲着,夜行军的要点,经验与理论配合着,仿佛在幽暗的夜里,听一个传奇的故事,他讲着黑夜的伪装与月夜的伪装……

"谁愿意……谁的衣服色深……"

"我!"

"只要三个!"

三个穿黑色军服的弟兄出队,向黑夜的前方去。

口令:

"蹲下!"

突然,这些像夜里的高粱林的直立的人,全变成稻根,或什么田里低小的植物了。

"看啊! 有人来吗?"

"没有!"

"一个,二个……"

"三个啦!"

"四个呢?"

眼力好的弟兄看见田埂上有人影,缓缓地向这边移动,又通向来的方向,眼力所不能及的夜中去了。

"第四个是谁呀?"

"我呢! 哈!"

"哈哈哈……"

不知什么时候,二排长,那个小个子,踱过来说着,他笑,我们也笑。

副队长好像耍西洋景的人,一幕一幕新奇的节目由他支持着展开:

"看哪!"

在对面的黑影中,有一个红星似的火点出现,流动着飘忽地上上下下。

"鬼火?"

"鬼火是绿的。"

"这是不是萤火虫儿呀?"

"不!"

"是香烟头呢!"

唰,一道白光从遥望的山峰与树丛间闪过,又闪着。

什么呢? 有人记起了武侠小说上的剑光,那么神奇的光芒,在《火烧红莲寺》的电影片上见过的。

"不,这是电筒呵!……"

一丛火烧红了,通红地伸长了火舌,卷袭着黑暗,火中有几个武装同志闪一闪就没了。

呆看着那火,惊奇着这黑夜的红光,想象着一幅壮丽的画面,一股更雄伟狂奔的战火……

　　　　　　　　　　　　一九三七年十二月,皖南

第　三　次

在荒寂的小山上,我们慢慢地走着。

阳光正抚爱着小山,也抚爱着我们。

我的同行者之一,是个年轻的军官。

在我们共度着过去了的五个月时间,从前是陌生的,现在搅得很熟悉的,并且互相时常开开玩笑。

他的工作,在这个军队中间是蛮重要的,就是要训练一批人,用铁丝把这里的话传到廿里、五十里甚至一百里以外,而把廿里、五十里、一百里之外的话再传到这儿。

而他的人却是极重情的,正像一些未被旧的齿轮或新的齿轮所绞榨过的年轻人一样,有时候还很天真的。——我怎能不感谢他呢,听说我回来了,又听说我要走了,特地从好几里赶来送我,否则,这一路的情况,将要更为寂寞和凄惶吧?

一个运输员替我挑着东西,被,衣服,背囊和背囊里暂时我不想丢掉的一些书信及零碎多余的稿件。——我仅剩下这些了,这已经算累赘而多余的财产,此外一支手杖,拿在我的手上。

运输员挑着,一颤一颤地走在我们身后边。他时常用左边有一个疤的大眼睛向我注视,很奇怪的。为什么呢?

这是下午,阳光很娇艳的,虽然这已经是秋天了! 这阳光是属于秋天的。

山上的小松树啸响着波涛的声音,很低小的喧哗。为秋红绘饰的树林,像花开着,好看啦,在阳光与风的奔跑中摇曳。

仿佛沐浴在春天,我感到一点儿温暖。我也感到一点儿郁郁的沉重,——温暖是由于此时此地的记忆,沉重是由于此时此地无法追回那失去的怅惘!

山路是弯弯曲曲的,像条蛇,像条蚯蚓,而又什么都不像;有些弯曲得自然而有趣,有些简直有点儿讨厌!

顺着山路走,我们沉默着。沉默到可以听见脚下的干草响,心脏的跳动。

我走得很慢,并不是因为我走不动,并不是我不愿意走。在今天我假如不愿意走也得走的。——而我是沉思,想些什么呢? 我也不知道。茫茫的,像一团云絮,或者一团被风搅乱的乌烟,有点儿光亮,又那么不可攀接的辽远;有些空旷,又那么浓织的堆垒。

为这思绪苦恼着,我看看我的同伴。

年轻的军官他走在我的右边,他也在沉思着。

他同我一般细瘦,脸色一般苍白,但他的颧骨上有一层红晕。这说明着青春的红色使我悲哀的嫉妒。

我不再看他,看运输员,他这时候,同我们走在并排,竹扁担在他宽厚的肩头上颤着。他是更为强壮的好像一头水牛,——这时候,遥望的山下,有一头黑褐色的水牛,在拖犁,犁田,时时刻刻地叫唤。

运输员发觉我注视他,——他一直在注视我的。——他笑了,怎样健康的笑呵!

我们已爬上土山的半腰了。

这样的笑,这样的肌肉,和这样的红晕,我简直不敢想象,有一天会再生在我的身上,红在我的颊上,笑在我的嘴上?

瓦灰的旧军衣,因为雨打风吹,都变成灰白的颜色了。年轻的军官的领子破了,补一块蓝色补丁;运输员则是两块,另一块在背上。绑腿,细皮带,把他们装饰得很英俊的,同在这个僻小的山村中,所有的年轻人一模一样;只运输员是赤着脚的。

我这天是穿着绿色的军衣,虽然旧了,还没有破,仅胸前被香烟烧了两个洞。但是我在他们面前,一点儿也不英俊,反倒更显得苍老了。脸几天没有刮,胡须还在,我不应该生胡子的年岁,已经老长的,无怪他们都管我叫"老头"了。

从我住的地方(一个年代久远的古庙)出来,我们就说了很少的话。沉默着,连互相看一眼也不,老是低着头或向遥远凝望。

甚至,这样相互沉默,认为是应该的,谁也没有想打破的意思。

我太爱沉默了,年轻的军官也是太爱沉默的。

山路上,都铺着厚厚的草,被来往的脚步,踏过来,踏过去;这些已经枯了的杂草,竟像天生下来就是横生横长的,没有横卧下去的已经摧折了!

草茸茸地铺着,像华丽的大客厅里,那些绅士、淑女,为着脚要舒服而铺的地毯似的,走着,脚下感到大地的抚爱,很舒服的。

"同志,你是军部里的吧?"

运输员注视了我很久之后,问我。也许他受不了这种固执的沉默吧?

头上有一只秃鹰飞着,山鸟又做起警报来了。

我们沉默着。

"我见过的人很多了……"运输员接着说,"你是军部里的,怎么,以前没有见过你呢?"

我答复他是暧昧的。

我怎样答复他呢? 我也不知道我是哪一部分里的。他许在以为我是大人物哩!

阳光照在山中的水潭,闪烁着金色的星点。水上的挂满尘土的水藻,因风荡着,无凭无倚的。

也许运输员以为我太爱沉默了,或者太会守秘密的缘故吧? 他疑惑地再看我一看,唔了一声,把担子换了个肩,加快脚步,走向前边去。

我们沉默着。

因为运输员的盘问,我又记起我的所以不得不暧昧的答复的缘故——

在那阴暗的小房子里,怎样没有人理会的住着;怎样在杜鹃花刚红了的时候,一个春天早上,院中的天竹的枝影又映在地板上,而那地板却不同平常一样,点缀着一团团的血……

我望着那运输员的背影,他那屁股和身上的肌肉,怎样有趣地扭动。

……怎样的,在吐血的时候,我见到一封我希望的信。但,这封信不是我希望的;这竟是使人难以相信,又难以解释,到现在我还不明白其所以会如此的一封信。这封信我只看了一遍……

山上的秋花都零落了。在我们过路的山崖上,有着一丛紫色的铃兰摇着,我弯下身去,从中间摘取一朵,这朵是很憔悴的。

"没有关系,嗯,你还年轻!"

年轻的军官,他望着那运输员的后影,又望了望我手里的铃兰,说话了,这话的意思大概是安慰我的。

"谁知道呢?"

把铃兰在手里摇着摇着,我用更大的声音说:

"不,年轻? 嗯,是的,望将来看我还是可喜的年轻的!"

"非常对!"

"有人说:我这不过是人生的开始,我还应该参加将来更伟大的战列!"

他又赞同着。

"可是,在大伙儿都急起抗战的时候,我却……"

阳光给我绘了个肖像,在草地上,在山崖边,蠕动着,这么瘦削的肖像。

我用力挥着我的手杖。

"……而对于我的现在,却是可悲的年轻!……"

小草在脚下,因为压挤,簌簌地响着。

我把铃兰抛了,从袋里拿出烟,划一根火柴燃着。把火柴在手上摇,看那在阳光下的淡红小火,跳了跳熄灭了。

我们已追上运输员,而年轻的军官还等着我底下的话,运输员替我说了:

"我听见人家说咧……少怕吐血,老怕……老怕……"

运输员,他那被太阳晒得红红的阔额,有些汗津津地,他用手背,带节皱的手背抹了一下;咧开厚嘴唇合不上,大概"老怕"不下去了;而他的有着红丝的眼睛却落在我的烟上。

我递给他一支烟。他狠狠吸了一大口,又一大口,一口蓝烟在他面前绕着几个圈,像丝绒线般,丝丝的被风吹散,向远处隐没了。

他仰头向天空,仿佛要打个哈哈一样,却没有声音。把烟火掁灭,半截烟蒂小心地放在衣袋里。

太阳这时候,已经偏西了,在我们背后,假如回头去看,已经快到秃秃的连峰尖了。而在对面的山窝中,有一阵阵淡淡灰云飞起。

山下空田里,有一小队人在操练,偶尔飘上山来零落的歌声,那是为左边的山峰回击过来的。

运输员脚步又快了,他把我们丢在后边。

我叹息着。年轻的军官也叹息着。

"人是生活在希望里的,可是,如今连希望也怕了呢!……"

听了我的话,他皱皱眉。

前后的山被已经褪色的阳光,照得半明半暗的,好像到处有一层薄雾笼罩。

我用手杖挥着,我转过头去向我的同行者说:

"不过,有时候……"

山下突然传来一阵高朗的歌声,把我的话打断了。

"所以,我爱悬崖勒马的人,也爱悬崖不肯勒马的人;前者是一种勇敢,后者也是一种勇敢;虽然一种勇敢为人夸赞,一种勇敢为人责难,而我却更愿选择为人责难的勇敢! ——因为后一种勇敢更为可贵!"

他嗯了一声。我这话是使他困惑的。

我们走的这条路,两旁蒿草更多的,都有四五尺高,枯黄的,使人想到暮景的黯然与残春的凄寂。

"不懂吗?你就看这草,能够战斗着,就是必知要灭亡的,也战斗着,何况……"

他明白了,他转过脸来看我的眼睛,也许我的眼睛里有一点儿兴奋的火光在激散吧?他笑了。

我们已在田坎上,田里空旷的,刚被割去肢体的稻根,还留着新黄色。

运输员已走上另一个小山,远远地向我们招手,前边的小村子里房顶飘起炊烟,不知谁家的羊咩咩地哀叫着。

在开始走上另一个山坡时,村里的狗追来了。它向我们乱吠,我用手杖挥着,它也不怕,吠得更大声的,可是等我们的年轻的军官弯下腰去,石块还没有拾起,它已逃得老远了。

我们走上了山顶,运输员坐在石块上休息,把方才存下的烟蒂放在嘴上抽着。看我们来了,就站起来指着山下说:

"到了,那就是。"

我向山下望着:我第一次来的时候,油菜花刚才落,稻秧才发出青翠的嫩芽……我第二次来的时候,稻被穗子压弯了腰……而现在……

我走上一个更高的山顶向下望着:一片空旷,这么空旷的土地呀!

突然我感到对于这块土地,不可描述的亲爱,我愿意再看见这块土地:空旷的丰满枯黄的再在我的眼睛里青翠起来!

我为什么要走呢?可是我走了。

太阳已跨过西边山头,万道光芒射上来,有些农夫都背着犁,牵着牛回家去了。

"那么,"我向年轻的军官说,"你回去吧!"

"也好!"

于是,他向我敬个礼,握手分别!

"好好的,忘了你该忘记的!"

叮咛一句他下山了,而我注望着他的背影。

运输员把烟蒂又留了一点儿，又小心地收在衣袋里，我们向这边下山了。

这边山路旁生了些小树；还有些树上，结着些不知名的小红果。在这小树与乱草中，夹杂生着小竹子。而在半山腰上，则有一片小竹林。

已经可以望见山下了，小土地庙旁，有五六户人家，在每家门前，堆着还新黄的草。而在房檐下挂着些干菜和通红的辣椒。

在地上，有一群鸭子，里边也有两个白鹅走着，鸭子全是黑的，两个鹅就显得特别漂亮。

我更加沉默地向山下走，无言地挥着手杖：习惯地打着路边的野草、小树。（我愿看那二梗枝条的摧折，和树的歪侧，这是一种变态的愉快。）

我们走进了这个小村，一直挑到一个黑门里。

这地方是我们的军医处，是在敌人的飞机来到我方才来的那个山村里，炸死了许多黄牛、许多白鹅之后，才搬过来的。

走进了院门，一个卫生员迎接着我。

"欢迎！欢迎！"

我们是熟悉的。

运输员放下了东西，连我向他道辛苦都来不及，他走了。勤务员给我铺床，这个勤务员，我也是熟悉的。

一个胖护士过来。她起码有我两个胖，用熟悉的笑招呼我。

"又来啦？"

"还不是这样来啦！"

她笑了，我有点儿微微的发烧。

走进病房，我把自己抛在床上。

第三次了！

一九三九年十月，皖南

山　轿　行

> ——青山不改，
> 　绿水长流。

抬轿的在催促着：

"先生，走吧！六十里路呢，走晚了，怕走不到！"

"那么，那么，我走了！"

我的两位朋友送我出来。

走出了房门，门外的小夹道还看不见太阳，那初出的太阳被山挡着，被右侧的茅草房挡着，一直到大门外这条路上是阴冷的。我把大衣领子竖起来。竖起来啦！紧包着领口耳朵也不成，甚至把鼻子、眼睛，全个头都包紧也不成，冷，冷在我的心里！

走过茅草房，从那门口里看一眼，有两个工友，伏在桌子上写什么，他们没有看看我，我却看他们，虽然并不认识，但我也以着战友的恋恋，在心里低声说着：

"再见了！"

因着等候，我的破箱子，那从遥远的地方跟我来，现在又跟我走到遥远去的箱子，我离开医院，还在这儿住了三天。

第三天，亏了这两位朋友，他们招待我，用了不仅是友谊，而且是兄弟般的深情。他们陪我在小河上划竹排，他们陪我坐在沙滩上守候着夕阳，他们陪我在夜晚灯光下坐着闲话。

而现在我走了。

我这两位朋友，对我，除了战友的亲爱，更联系着深切契合的交往。他们的那般带着轻愁的天真,又共有着坚毅地奔向光明的渴望,他们中一个企望做一个画家。他向我说:"要把这光明的企望与黑暗的仇憎,用画笔绘写下来给人们看。"而另一个则是个诗人,他发疯地写诗,只要灵感一来,不分白天或者晚上,不吃饭,不睡觉也不要紧。

为着对我表示好心,他们让我在前面走,但我却退后一步,同他们并排。我在仔细地看他们。——在临别的刹那,我要更深刻地刻上他们的影子。

我们已走出大门了,哨兵向我们敬礼,我已换了便衣,他们把手举在帽檐下,我就深深鞠个躬。那有九十度吧?

看见太阳光了,太阳在没有脱下晨起的雾罩着的山峰后边。

院子里,有一头牛拴在一棵老树上,它的白眼睛望着我。在它身畔,木柴堆上正跳着一只公鸡,它举着头向天望着,它望什么呢?它望着被它啼声召唤出来的晴阳吗?

轿夫把什么都准备好了。把我那床淡红色的毯子和皮褥子舒舒贴贴地铺在座位上。

但,我让他们先抬着走,我同着送我的朋友步出铁丝网,到河岸上。

岸底下的小河流水郁蓝的,好像波面上还有一层雾气。河那面山峰的影子森然地照在水面上。有几个打鱼的绡子,已在河上了,他们撑着篙,撒着网,挥剌着鱼叉,把水波的安静破坏了。

那些绡,划上划下的,又使我想起来,多久我就想的,这像古来的战船,远征的情调,想起那些为祖国赴难的英雄。

我回过头望着身后的河岸,那岸边沿上,老树的落叶,缓缓地飘落着;在那树上低垂下来的古藤,微微地荡漾;那不知名的黄肚子、绿头的山雀,又唱了唱它在早晨的愉快。

我转回头,用手杖打着土块。

我们沉默着,一直沉默着。

踱下了河岸,我已看不见轿夫的影儿,他们正抬上小山,小山的路旁生满了各种灌木,叶子还很密的,把他们遮没了。

"那么再见!"

从小竹桥渡过小溪,到了山根底下,我向我的朋友伸出手。

"再见!"

从他们的眼睛里,我看见晶亮的泪珠,这人性的真挚与悲伤的符号。

他们转身了,我开始上山。

在石阶的第一个磴上,我再回头望着河岸上的房屋,这房屋是把许多人类的智慧、人类的思想,一张一张拿来,经过了铅字,经过了油墨,夹杂着工人的血汗,再一大批一大批地散发出去,让每个有眼睛的、认得字的人,都得到智慧,得到思想和坚决的信念的房屋。

直到我登上了第二个石磴,转过林丛,还想着,那牛拖的轮盘,皮带的旋转,机器的鸣响……

轿夫在前面一个树荫的路上等候着。

什么话能控诉我这时候的心情呢? 我不仅恋别这里的朋友,我更恋别这里的土地。

我坐在轿上了,轿夫开始一扭一颤地向前走着丁字步。

太阳从冬青树的绿叶中,斜射在右侧的石壁上,反映着耀眼的光华。

这样的土地,假若说,全中国都在燃烧,这儿也在燃烧,并且非常炽旺。假若说,普罗米修斯曾经用芦苇把神火吹向人间,以后又被锁钉在桐岩上去喂鹫鹰;这儿就是他的子孙们,用他们的青春,用他们的智慧和血,更用他们的坚毅,向大地喷洒,向人类喷洒,向祖国喷洒……

轿子向更高的山坡走了。

这样的土地,我却不得不离开,只为了病的逼迫! ……

轿子我还是第一次坐。坐在轿子里,我感到睡在担架上的滋味,虽然一个是睡,一个是坐,颤抖着颠荡着是一样的,我呼吸有点儿急促起来,用双手紧紧压着胸骨,但是还有点疼痛!

病,就为了病!

我渴望抽一支烟来舒解舒解我的思想,但,我不敢,怕一下呛出血来!

太阳升得高了,在轿幕中也感到明亮,远远的山下村庄,有狗咬,有鸡啼。

轿子更加颠簸了,我的思想更为混乱。

为着宽解自己,我把视线集中在前边的轿夫的后影上,他头抵着轿檐那么高。他穿着破棉袄裤,背上,补一块白色补丁,屁股上补一块紫色的,而腿上补两块灰色的。他的衣服的颜色,恐怕最能分辨颜色的画家也看不出,是蓝的?或者是青的?脚用麻布做的长袜子,而前边露出了好几个脚趾,草鞋却是新的。——我看不见他的脸,而后边那个连身影也看不见。

我转过头,轿幕挡着我,三面都是这样。这简直像个鸽子笼,或者古来的囚笼。我把左侧的轿幕拉开,让风吹进来,吹吹我的头发,让太阳射进来,照照我的脸。

我依稀的才看见轿旁的急景。

巉岈的石壁,高高矮矮的树木。有的叶子还绿着,有的全变成秃枝,那枝上,叶子上都挂着寒霜。一阵急风吹过,枯叶子马上随风飘着,像一阵叶雨,有些叶子飞到轿里来,我把它们抓住了。

路越走越高,越不平。轿子竟大摇大摆,我有点儿担心会把我冲出来,碰到石头上,或滚在谷里。

前边的轿夫转过头来,这样我看见了他的脸,方的脸,有须楂儿子,脸上还有些坑凹,都又不是麻子,他的眼睛和嘴角向我做一个稚气的笑:

"先生,下来走走吧!上去岭更高,路更难走,轿不好抬!"

我沉默地下轿,操起我的手杖,并且也点起烟。——我愿意再爬一爬山,再深深瞥视这将告别的山村和山峦的容貌。

让轿夫在前边走，我拄着杖一步一步跨着石级。

走两步我又停下了，向山下遥望着。

我脚底下的幽谷还隐在雾下，看不清有多深，也看不清底下有什么，隐约的有流泉的声音，可看不见流泉在哪儿。

在远远的那万山环抱的小村子，只看见几个房檐。环绕着那村子的大河，河水正反映着阳光，隐约的还看见几个排影，和耸向天空的桅杆。

我不愿走了，我叹息着。

那里的沙滩，那里的河流，那里的村子，那我看不见红皮的松林；我曾晒过太阳，歌唱过的，我曾休息过的地方，现在只剩下这凄然的一瞥了！

我说什么呢？我怎么办呢？

我又开始爬着石级，这条石级非常长的，一边是山壁，一边是松树，松树排成了一个纵队，枝叶横伸着，把过路上罩得一点儿阳光也没有，非常郁暗。

我追上轿夫，这后边的轿夫，青棉袍子，袍角折在腰间的带子上，赤着脚穿着草鞋，脚后跟有许多裂缝。他比前一个短一点儿，袍子也是补丁摞补丁的。

迎面来一个山峰，让过去，又来一个石壁，把山峰、石壁，全让过去了。我们到了山顶上。太阳也在山顶上。

后面有一队荷枪的战士冲上来，一个个面上通红，口里冒着热气，上来了，也不休息，又爬下山去。

山顶上有片茶叶地，叶花已在衰落了。还有几朵花惨淡地留在小枝上。

我在茶叶地里望着那些战士的背影，羡慕他们的健康，又有着说不出的凄楚。

"这是什么岭呵？"

那抬后边的轿夫，他的眼睛非常的小，鼻孔却很大，他赶快把烟袋从嘴上拿下来答复道：

"这叫，这叫大鸿岭。"

"哦，大鸿岭！"

我记起来了，在一年零两个月以前，比这还早一季，那是秋天，我曾经爬过这个岭，是从对面来，在这顶上歇息过的。

那是个落着小雨的日子，那时候山上都在灰色的浓雾中，我们一群青年人，怀着火一样的情怀和追求光明的切望，仗持着为祖国尽一点儿力量的决心，爬上过这个山顶。

那时候，我还健康。我同他们一样，抱着"祖国争自由的坚强手臂中有我的手臂"引为光荣的坚信，爬上这么高的大岭，也不过费我一斗烟，——那时候，我是抽烟斗的。……

我用手杖打着茶树，看那些被打折的枝叶落在地上。

我们爬到山顶，在这歇脚的小亭子里，有一个，那时候正关切我的人，深情地看一看我的脸说：

"还好，只脸苍白了一点儿！"

"嗯，你也这样！"

笑了，是那么互相信托的和安慰的笑！

于是我又装上一个烟斗。……

我又点一支烟，同轿夫向这边下山了。但我是病了，而伴我的只有手杖！

太阳很明亮，很温暖，但明亮的是在石路和石壁上，但温暖的是只在我的脸颊。

大的黄叶，不知道什么树的叶子，也不知哪个树上的，厚厚地铺在脚底下，踏上去，就簌簌地响。

我挥着手杖，望着山上层起层伏的山峦，在山下的河流，和纵横的田亩的脉络，在那田亩中蠕动的牛和人的黑影。

曲折的山谷中,雾全散了,但是我还想着那浓灰色的雾,仿佛,我幻现着,在那村后的山路上,在我的眼前的山路上,在我脚下的山路上,一大队人穿着各色的衣服,戴着斗笠,像一条游龙,蜿蜒地行进且飘着歌声,飘着笑语……像火焰一样向前奔跑的男男女女……穿透了浓雾……浓雾……

浓雾也照在我的身上了。我又坐在轿中,轿幕把阳光全都遮住。我喷出的烟,在轿中缭绕着,回荡着,像个浓雾。

轿子顺着河岸,傍山,弯曲地咿咿呀呀地向前走。而我的心,沉浸在记忆中。

这些记忆是退不回来的,山下的河水滔滔地流着,飞上山来,那宏大的急流的声音。

我向外望着,我巡视每一块石头,每一个枝丫;每一个草叶,每一个山峰,每一个山地和山畔的小草房……我知道,这记忆会苦痛我,特别在今天,我孤零零走的时候,我又有什么办法?我怕又追寻着,仿佛久别的游子对于乡土的怀恋。

……在对面的山峰的石壁上,回应着年轻的刚健的声音。

加油呵,呵!

没有老家,没有了田地……

不知哪一个在喊,不知哪一个在唱,在这急行队伍中间,都变成孩子了,找不到老年,也找不到"个人"。

轿子又上山了,又下山了。

太阳快升到当头,从那山崖的河下,飘上来船夫的清朗的歌声。

我顾不得胸骨的疼痛,我又抽烟。一边用手摸抚着身下的淡红色的毯子,久久地摸抚着。……

……在曲折的山路上,仿佛那踏着雨雾的队伍,正向上急行……

我像做梦一般的,轿子又上山了。

太阳高高地照耀在前面。

一九四〇年一月于金华

夜 车

我到车站的时候，天已经快黑了，从遥远的空际，不知道什么地方飘来的烟幕，弥漫在这里，在遥远的空际，在遥远的田野，和微茫的林间。

快落到地平线下的太阳，更红，更好看，好看得像暗夜的竿头挑起一盏红灯，或者是一个刚从火炉中拿出来的火球，或者像发光的一朵红花，而它被烟幕包围着。也好像烟幕里集中在这个快消逝的太阳身上，欺挤，围盖着，使它一点点光芒也都埋没，终至隐没了，给世界留下一个苍茫暗淡的黄昏。

月台上，人是蛮多，好像从这条铁路开驰车辆以来，就没有这么多的人的。更好像——我的思想有点儿奇怪的：更好像，特为我今晚到仿佛在召唤我的地方，去拜访一个，我在现在只有这唯一愉快，去非去拜访不可的人，才来了这些乘车的人；使我必须在一个通夜的旅程中，连个座位也得不到似的。

但是，我不管，假如我应该站一夜，那也只好站一夜的了，反正，照我想，站着的绝不是我一个，这是有把握的，我不会感到孤独。

距离开车的时间，大概还早，可是还早多少？我是无法知道的；因为，我的一个年轻的朋友讲过了：我们是"无表的人们"！

这时候，那该停着节连着车厢的轨道上还空着，只有站台上的人影和柱影，堆在那平行的铁线和枕木，和枕木下的土地上。

在月台上候车的人们，也没有准备抢车时的紧张，和准备与谁决斗，假如谁抢在使他先登车了，那副脸相和气概。

反之,他们有点儿焦灼,像我一样,平静又无聊赖的。

我在月台上,踱着步,因为我既无人交谈,又没有行李,知道在车上要蜷曲一个通夜的,所以我散散步。

我散散步,仿佛很悠闲的,并且也没有平昔在闹热场合中的孤独的感觉,我好像很平静的,并且有点儿轻松的傲岸之感。

月台上,推着行李、包裹,而包裹、行李上坐着人。而在这些包裹、行李堆成的一个小山、一个小山的旁边,周围全是人。

人的山,行李的山……

几个小贩在站台上,在人的缝中穿来穿去,叫卖着。

车还没有来,天色更加灰暗了,使月台上两个汽油灯特别耀眼的光明。

候车的人们,讲谈着,笑着,吃东西,踱步,吸烟,咳嗽,成为一个烦嚣的海。

而这又是军人的海。在这些候车的人中,几乎,简直全是军人,如果不是他们的装束和符号不同,并且也没有站成行列,很会误认为是开拔到哪里去的队伍呢,对了,他们也很少带有武器的。

在一个方柱子底下,还有一个挂着杖的伤兵,冷冷而凄寂地站在那里。

在这伤兵的旁边,有两个穿着皮短外套的,仿佛是军官的人,正在谈得起劲。

在这两个军官的后边,行李堆上坐着一老妇人,静静地打着呵欠。

在这老妇人的身边,有一个年轻的少妇,半敞着怀,喂一个枯黄的小孩。

在一个卖江米酒、鸡蛋的担子边上,有一个穿着破灰军衣的老兵,吃着米酒,一边喝着,一边听着旁边人讲着前方的情形。

那讲话的人是一个塌鼻子的兵,绑腿上全是泥,和他的身上的旧军衣一样,脸好像也没有洗干净,说话里带湖北音。大概是刚从火线上回来的。

在站台尾上,几个蓝背心的挑夫,滚着士敏土的筒,吆喝着过来,人们全都让开身子。

票房的门又开了,有一个中年的军官,戴着眼镜,提着箱子,他的身边,跟着一个瘦小的军人,也提着一个箱子。

他们到近前了,才看清,那个军官有两撇胡子呢,而那个年轻的却有着长头发,还烫过飞机式的什么头。腰上挂了个短剑:原来是个女军人。

她有点儿妖娇地把箱子放下,向周围抛着不知道是招呼,或是表示些倦怠,或者什么的眼风,并且向她同来的人微微地笑着。

突然在站台尾那边上有人哄闹起来。

立刻这儿的人就向那边挤,原来是两个军人争执起来,并且挥起挑行李的扁担。

"丢他妈!"

"老子揍死你!"

在这叫骂声中,我听到一个人嘟囔着:

"有这股劲该上火线去打××,在这儿却威风啦!"

那边的争执的风波平息了,有一个广东的兵,脸通红的从人丛挤出来,还回头骂着:

"他那老妈!"

车头在车房里吼叫着。轰隆、轰隆地开向站台旁。

立刻和应着这吼声,在月台上的人们全骚动起来。提箱子的,背行李的,喊挑夫的……闹成一片。

车刚停下,人们拥挤地向车上冲锋。我想只有冲锋陷阵的时候,才会用得着这样勇敢的,但这是抢车。

包裹往上扔着,行李往上抛着,从窗口从车门。

叫着,喊着,叱骂着。……

谢谢天,我总算挤上车了,并且还有个座位,虽然仅坐半个屁股,但至少我比站着幸福,假如我想打瞌睡,还有半个椅角可倚靠。

站台上空空,仿佛散了戏之后的空舞台,只剩那汽油灯所描绘下来的长瘦的柱影子,几个小贩也收拾担子准备回去睡觉了。

几个路警和宪兵在那儿静静地站着。

我们的车厢在这列车最尾的一节。很小,而在角落的煤油灯更小,它的光焰,连近灯坐着的人,也看不清什么,仅只这是个灯而已。它的用处,大概只为证明这一点。

车厢里,人挤得满满的,虽然这不过是刚刚初春的时光,天气还冷的,而这夜晚,车里却感觉不到一点儿冷。并且从各种的人身上发出的闷卤的气味,刺激着鼻孔。车窗是开着一点儿风也没有,所有的空隙全被人填上了。

我面前站着人,我的后边站着人,我的头上行李架上坐着人,背对着背,肩碰着肩,连转个身也不容易的,甚至连呼吸也有点儿困难。

车还没有开,人们有点儿烦躁了。

"开什么玩笑? 车不开?"

一个窒闷的声音在头上响着:

"开什么玩笑? 开什么玩笑?"

突然人又骚乱起来,从窗口爬进来两个兵,莽莽冲冲地,推打着进来,看看没有座位,就向个老百姓叫嚷着:

"老百姓起来! 他妈的,找打,老百姓不能坐!"

那几个穿农民装束的乘客,畏缩地把头扭在一边,但是没有人起来让坐。

两个兵叫了一阵,看看没有用,又推打着,叱骂着,挤向别的车厢去了。

车开了。人们仿佛吐了一口气,减轻重负似的低下了头,有的合起眼来。

一刻的安静,只有车轮同铁轨摩擦与颠荡的声音,喧布在车厢中。

人们全安静了,笑声,谈话声,都变成低微的。

那些站着的人,用羡慕与嫉妒的眼睛向座位上的人们扫射,想在万一之中有一个歇息的地位,但是他们自己也明白这只有失望,无可奈何地向窗外，向急流般车印在地上的黑影子看着。

在我对面，有一个年轻的军人，小眼睛，帽子戴在后脑勺上，衣服散着，微笑地向他身旁的女人调笑着。

那女人穿着蓝旗袍，发垂在肩上，而顶心却秃了露着红色头皮。她也仿佛感觉到这个缺欠，时时用手抚着头发。看她的年岁很轻的，脸上有些淡淡的雀斑，但这并无损她的丰姿，虽然她并不漂亮。

她的一只手搭在小眼睛的军人的肩头，并且时时把头倚在小眼睛的军人的背上媚笑。

看情形，我想他们是一对爱人，或者是新婚不久的夫妇。

车颠摇着，使车上的人，仿佛"打摆子"一样震颤着。

那个女人唱起来，尖声尖气地唱着小调，唱着流行的救亡歌曲。

实在唱得不好，这只能搅扰我的假寐。

那小眼睛的军人制止着：

"别唱啦！人家要睡觉的！"

"不管！"一个撒娇的回答，眼睛笑了。

"我也要睡呢？"

"嗯！你睡……"

那女人伸开肌肉丰满的胳膊，那小眼睛的军人就投在臂弯间，幸福地睡着了，而那女人也把头贴在爱人的脸上睡着了。

在人丛后，有一个浊声浊气，带点儿夸饰的男人声音，告诉人：

"哈，你说，我多胆大，上一次，我带了八万现款，八万现款……"

"啧！啧啧！八万，八万，呵哈……"

一个人回答着。大概是两个商人，现在又谈起茶叶生意。

在我背后，一个年轻的声音，俏皮的：

"哈，我现在才知道中国人是蛮多的……"

这句话什么意思？底下听不见了。

不知在哪个角落，一个小孩子哭着，而做母亲的威吓着：

"别哭！别哭！××鬼来了！"

也不知道在哪个角落，一个老女人的声音：

"我带着一个小孩子，到城外去躲飞机。飞机在头上，叮咚叮咚地飞。我就躲在一棵小松树底下，站着，听一听，飞机还在头上，叮咚叮咚地飞，不肯走。我记起来了，人家说：飞机来了要趴下才成！我就趴下了，再听听，飞机就叮咚叮咚地飞走了。"

"呵——哈——"

有人在大声地打呵欠。

车到一个站，停下了，人又骚动起来，站外的叫卖声、上车的拥挤声，把车里睡的人吵醒了，谈话的声音也压下去。

对面睡的小眼睛的军人，从女人的怀里爬起来，把女人惊醒，娇嗔地埋怨着：

"睡呀！为什么不睡？"

小眼睛的军人没有回答，过一会儿却同另外一个军人搭讪起来。

车开了，人们又恢复了以前的状态：睡的睡，谈的谈。

那秃顶的女人独自睡了。小眼睛的军人却在大声地讲着自己开小差的历史。

而对手不佩服地说：

"你有三次，而我有五次，五次呀！哈！"

像受了侮辱一样，小眼睛的军人不再谈下去，看见头上放行李的架子有个空位子，他就爬上去躺在行李中，开始睡了。

而他的空位子，马上填补了一个麻脸的军人，他大概站很久了，坐下倚着椅子背，立刻就发出鼾声来。

车停了又开,车停了又开。

不知什么时候,行李架上,睡着一个女人,这时候因为翻身把一把雨伞打下来,被人们发现了。

"下来! 下来!"

"一个女人!"

特别那些兵士叫嚣得厉害。

那女人终于脸红地下来了。

还有一个兵嘟哝着:

"女人! 在头上,多丧气!"

"倒霉! 倒霉!"

一个兵从行李架上爬下来,坐在窗口,向外边黑夜大声吐着口水。

因为这一阵骚扰,把那秃顶的女人吵醒了,她睡眼模糊的,也没看清旁边早换了个麻脸的军人了,就一歪身倒过来。那个麻脸的军人也醒了,赶忙推过去,推过去又倒过来。

最后,女的明白了,脸微微地红起来,又倚着窗下的小台子装睡。

车进行着,进行着,好像永远也不会停息地向前,向黑夜奔跑。

车上的人也较松少了,车外的夜风吹进来很舒爽的。

于是我伸着头,倚着椅子角。

隐隐一个人在唱着:

打回了老家!

打回了田地。

我们是流亡的……

一九四〇年春,金华

(《古屋》全书完,据上海文国社 1941 年 5 月版)

《古屋》后记

　　一个人到了垂暮之年,会有许多的回忆,也会因而有许多的感和伤。但我实在不老,离垂暮之年,如果照我现在生活的愿望,咬着牙不变地活下去的话,那路程还是很辽远的。并且我连中年也不到,而我却尽有许多的回忆,和很多的感和伤! 我是忧郁的;在这个散文集子里收集的是。

　　我怎样解说这感和伤,以及忧郁的根源? 我想这不能仅仅是该不该有的问题。

　　我现在唯一能找出来的,是因为病了的缘故。我想这是我最大的不幸,已经不仅是不愉快的事了。在这个时候,病却不问我愿不愿意,并且使我连准备防御的时间都没有,侵袭到我的身上来,这真好像我们的祖国的遭受,那蛮横的无理的进攻! 自然我并不这么伟大,可以同我们的一天天走向胜利伟大的祖国相比;在这时候,我健康却是比什么都顶重要和应该的。若然,我不会离开那需要健康人的,到处都喷散健康气息的土地;若然,我不会蹲在战壕里做后备,倾慕着伙伴们冲到战壕上去;更若然,我不会兜了个圈子再回来做孤岛的居民!

　　这真是岂有此理! 我的病拖缠下去,一直到现在还拖缠下去!

　　因此,我想说,这并不是最好的理由,也不是定理! 一个人病在床上,常常是会有很多的回忆,也会因而有很多的感和伤的!

　　为此,再为此,我不大敢多写文章,除非到我无法压抑,非写写不能使我安定的时候,才让它们脱出我的控制落在纸上。所以,这两年来,我写得很少,同我做得更少一样。可是这也就够了,现在收集起来,自己再看一下,是很懊恼的;我只希望这些东西不被人有同伤之伤就好了,好和坏都是此外的问题。

这集子里收进去的文章，虽然并不多，但大部分却是在安徽、浙江、江西、江苏等五六个地方写的，时间是从一九三八到一九四〇年中间。虽然经过许多流转，现在还能收集到这些篇，这不能不说是幸运！

这里也编选进去十五篇，一九三八年以前的文章。我的意思：是给自己一个总结，更索性使自己生活姿态得个全貌的纪绘。假如将来有一天自己再翻一翻，懊恼是会更加懊恼，可是这也许是极可兴奋的，呵呵，我是从这样一条泥泞路上走过来的呵！

这些文章发表的地方，也是不一的。报纸计有，战前：——北平《晨报》的"北晨学园"，上海《时事新报》的"青光"，《申报》的"自由谈"，《大晚报》的"火炬"等；战后：——上海《救亡日报》的"文化岗位"，上海《人报》的"微言"，《识报》的"烽火"，上饶《前线日报》的"战地"，桂林《力报》的"新垦地"等。杂志计有，战前——上海《热风》；战后——上海《民族呼声》，金华《浙江妇女》《东战场》《新青年》《浙江潮》，上饶《东线文艺》，绍兴《战旗》等。笔名也是不一的，也计有萧宿、叶不凋、煊明、骆寻、辛洛、骆寻晨、方可、晴夏等，现在统统写下来，这将是予纪念吧，更免得谁对照起来说是抄袭。

我替这个集子命名"古屋"并不是对于这篇文章特别珍爱，而"古屋"却是我爱的。到了大地再碧绿，到处都闪着自由的光辉的时候，我的古屋，我们的"古屋"会怎样呢？这是明白的！

医生告诉我的病，"要自力更生！"什么都是这样，尽管这个岛民我做得一点儿也不愉快，也尽管我还不能离开病床，还在伴守着寂苦！

××兄已全力为我这个集子奔走设法，今天能够出版，这得向他深深致谢的。

是为后记。

一九四〇年初冬，上海

旅客及其他

一 旅 客

行旅这是一种命运,而这也是一种嗜好。

行旅是一种冒险,而这也是一种人生的试探。

一个旅客就带着这样不自知,也不暇细体味地走上他的旅路。

在他的旅途上,他将经过同经过的完全不同的时光,黑夜和白天;而这黑夜和白天是没有一个相同的,就好像黑夜的黑,白天太阳的光耀,也都难找到绝对的共同。

就在这找不到绝对的共同生活中,刺激他,给他鼓励,向他招引诱惑他,他不曾想到站在一个地方,歇息,或终止长行。

这样个夜晚,夜晚同昨天不同的,是月亮由下弦变成上弦,星子清朗的光辉却被薄云掩盖了一些。而风吹得很挺俏,仿佛夜的黑影都受到了煽动,向他的面上扑击。

这个旅客不知道从何处走来,他为什么走到这里,这里是四野无人只有荒草,有一些小的灌木。靠近一条小河,河上有一条独自游荡的渡船。河水流着,很安静,也很肃穆。

这里是寡然无趣的地方,这个旅客却站下了,仿佛他有意在这儿停歇,仿佛他在这发现了什么。

他停住了脚步,并且坐下来。

这里没有人可以交谈,这里也没有什么对他欢迎。

而且,那荒野的风吹起来了。

风是冷的,小灌木的枝叶都发生啸叫。怎么这里连个鸟也没有吗?

上弦的月光很微小的,它所能照见的,是广远的空旷,没有人在此时可以看到这空旷的边际。

哦,是那么远的,那么远的! 那距离比从星球到地球上的距离还难测算。

这个旅客站起来了,他走到河岸,拉紧绊船的草索把游荡的渡船拖过来,他就跳上去。船在水波上摇着,但他不摇。他拖起绊在对岸的草索,用力拉着,这船就向对岸驰去。

星光落在水里,月亮落在水里,他的影子也落在水里。

星跟着船走,月亮跟着船走,他的影子也跟着船走,无论船同水用各种浪花甚至波涛挽留,都留不住的。

这样,这是一种斗争。一个静默的而实是纷扰的斗争。

船到了对岸,他跳下来了,一松手,那草索又同释放了的船向河中荡去。可不知道星星也去了没有,月亮是不是还落在水里? 他的影子却跟着他向前边走了。

星星也在这个岸上,月亮也在这个岸上。

星星也在前边,月亮也在前边。河却在后面,还有那条船。

行旅不是一种游戏,不是一个浪漫的故事。

行旅是一种英雄的事业,是一种勇敢。

二　树和剪树的工人

某天,一个早晨,或者晚上,也许是上午,或者,就是下午。

在条冷僻的街上,或者是热闹的街上,也或者是私人的花园里。

这条街路,或者是私人花园里,有这么多的树。若是在街路上,这树将是顺着街路,仿佛是一列纵队的排下去,在路旁的行人道上。你假如望过去,那将是整齐而好看的。你将因为看多了而忘记了它们个别的丰姿。你也将没有这种情趣,而也不想追究这些树排得多远,也没哪一个酷爱数学的人来做这傻事,数一数这些树究竟有多少棵。也没谁来考查这些树的年代,因为它们的价值,就是:无关大体;就是:没有价值。

而在私人的花园里,假如这是私人的花园里,这些树将另有一种姿态的,譬如说:这些树可以列成一个方阵,或者排成一个弧形,或者栽成一个图案,更或者长成一个疏落的,那些曾经那些花儿匠匠心布置的地位。总之它们是与在街路上,或山野间,以及不是私人花园里的情形完全不同,完全别种异样的。

这些私人花园里的树也许比街路上的幸运一些,然而,它们的灾难也特别多些。有的时候,幸运往往是不幸的根源。

在街头上的树,在私人花园里的树,都是一样,要请专门修剪树的工人来修剪的。每当夏天、秋天、冬天,或者春天。

于是,在某一天,早晨,或者晚上,也许是上午,或者,就是下午。

剪树的工人来了,带着大剪刀,他爬上树,骑在树的枝丫上,挥舞起专为剪树用而带来的大剪刀。

树的枝叶,发出嚓嚓的声,纷纷地离开了树身落在地上,被捡去当柴烧了。

树又开始抗议了。就这瞬间,树同剪树的工人办起交涉——

被剪的树向剪树的工人指问:

"你为什么剪掉我的嫩枝,我的嫩叶?"

剪树的工人漫不经心地回答:

"因为它们不好看!"

说完了,这剪树的工人的大剪刀又嚓地剪去一个大枝。

被剪的树向剪树的工人再愤激地指问:

"你为什么又剪掉我那美丽的大枝?"

剪树的工人依旧漫不经心地回答:

"因为它不好看!"

被剪的树向剪树的工人开始抗议:

"不对,你剪的,正是我最好的枝,最好看的叶!"

剪树的工人沉默当作回答,嚓嚓地剪着树枝和树叶当作回答。

树的枝和叶,就比最初更纷纷地往下落,捡这些树枝烧柴的人收获得更好。而树却变成残缺而丑陋的了,假如有面镜子对着树,树将不再认识自己。这正是那剪树的工人认为美的,这正是那雇来这剪树的工人的人们所认为美的。

过了这么一会儿,剪树的工人仿佛才记起,回答被剪的树。

"这都是该修剪的,不然太难看!"剪树的工人一边挥舞大剪刀,一边接着说下去,"别抱怨,我会使你好看,增加你的美好,而我并不向你索酬报,给我酬报的,是我的美的愿望的满足。"

被剪的树苦痛又愤怒地抗议:

"不,你剪得一点儿也不好! 我的枝叶虽粗野,但自然一点儿,比你修剪得更好看!"

"反正这是需要修剪的。"剪树的工人更顽强地回答,说完了,剪刀更加速地剪着。

"你剪得一点儿也不好看! 一点儿也不好! ……"

被剪的树到这里然而止。

抗议的这枝干也被剪掉了。

三 跛足的人

跛足是一件不幸,他没有一个健康的人的腿脚。

腿脚对于我们人,有许多时候,不,简直是一个完全的幸福,他可走到心欲的地方,只要眼睛瞭望到的地方。山也好,河也好,甚至大海和长林,什么能够阻止呢?

一个人降生到这世界上,我感到最主要的乃是走路,走路虽然艰苦,虽然疲足,虽然劳碌,然而这是一种幸福。

但是,跛足的人没有这幸福。

不能走路,这将是绝大的悲痛,他只能限制于狭小的天地,他的想望以及贪婪的邪恶,全成为空虚的不可测的神秘。

星是在头上的,太阳是在头上的。山在远方,海在远方。——这全是一样,不能伸手可以企及。

跛足的人是不是悲哀的? 我想是这样的。

世界上也尽有好心人,他们是在这忽儿慈悲起来,送给跛足人一条手杖。他们说:你可以靠着手杖的帮助,走上你朝夜梦想的路程。

他们又说:若是你愿意看看山,你就到山上去,现在是春天,也许山上的草已经绿了,不是你还没有看见过绿的草吗? 也许山花已含苞待放了,说不定已有几朵开了,你不是还没有看见过山上的花吗?

最后,他们给了他手杖,并说:祝福你!

跛足的人到山上去了,是用他自己的腿脚,当然这是靠了手杖的助力。

嗬,这世界上竟会有山,而且山上有石块,有松林,有在松林里唱着的鸟雀,有山风吹出潮般声音摇曳的松枝叶;而且站在山顶上,可以望着遥远、遥远的天边,有白云,有村庄,有田野,喂,世界原来这么大的呀!

这真是个奇迹,世界上会有山。他第一天已经满足了,他连草连山花也不想看,只想看遥远的天边。

他们又说了:若是你愿意看海,你不是没有看见过海吗?你去吧!

最后,他们又给了他手杖,并说:祝福你!

跛足的人到海边上去了。他已经用熟了他的手杖,好像他天生的腿脚一样自由如意的。他走到海边的沙滩上。

喂,海吗?海比山更好呵,海多么阔大,海水多么好看,海水翻起的浪花多么洁白,海的声音多么宏壮,嗬,海!……

立刻他更爱了海!

跛足的人站在海岸上,直到黄昏来了,夜也来了,他才回去。

他们又说了:若是你愿意看看城市,或者去看看田野,你不是都没有看见过吗?

跛足的人回答:不,我要看海!

他们给了他手杖,并且说:祝福你!

跛足的人又走到昨天伫望的沙滩。

海拥起波浪的山,海水如巨龙一样的翻滚,海如野狮般的啸叫……

这天有暴风到了海上。

跛足的人没有等到黄昏就回来了。

第二天,他起来,可是他们没有给他手杖。那手杖一夜工夫丢掉了。

没有手杖就不能走吗?是的,根据过去的经验。

然而，跛足的人，爬着往前去了。他已再不能忍闭在屋子里，他要看看比山更宏壮、比海更浩大的什么。

只要他能爬，什么能阻止他呢？

四　静静的夜路

夜是这么静，路也这么静。

我一个人走在这夜的路上。街灯反映在柏油路上，闪着光也是静静的。

所有的店铺全闭紧了门，路上也没有很多的行人。只有路口的警察站在交通灯下，也是静静的。

我的影子在我的前边，在我的后边，在我的旁边，而那不过是影子。

我一个人走在夜的街路上，我说什么？

夜风很冷，这是春天的风。梧桐树还秃着，它们立在路两旁，远不如夏日的威风，仅仅增加这夜的静。

在黑影的远方，教堂的楼尖有一盏灯火，可是那召唤不了我，我不知道什么能给我些什么。无论上帝，或者神。

我在这条路上走，我只是在这条路上走，完全不为了什么，我也没有想，也没有思绪。

突然从墙角里钻出一个颤抖着的身体，我是用好大的气力才辨认出这也是身体，瑟缩着，头发披散着，破的衣服，或者只是些破布片包着的一个人，向我伸手，向我发出了一种声音。这是一种人的声音，而这是怎样的一种声音呢？这是一种言语，怎样一种言语呢？

我没有听清楚这说的什么，而我知道这是说的什么。

我把手放在衣袋里，没有拿出来，却加快了脚步。

对于这种声音，我说什么？

突然另一个墙角里钻出另一个颤抖着的身体,向我伸手,向我发出一种声音……

突然另一个墙角里钻出另一个颤抖的身体……

我把手放在衣袋里,没有拿出来,却加快了脚步。

我说什么呢?

一辆汽车,我外行,也从来连个有汽车的朋友也没有,不知道这是什么式的,我只看见像炸弹,载着几个油光水滑的男女驰进路旁的舞场里。

这一晃眼,我想起方才看见的许不是身体,也不是人。

突然拐过路角,黑影里又出现一个颤抖着的,我无法不承认。这是身体! 向我伸着手,发出一种声音。……

我说什么呢?

夜是这么静的,路也是这么静的。我奇怪着,这些不像身体的身体只发出这样一种是人又不是人的声音有什么用?

然而,我说什么呢?

一九四一年四月七日

(原载《新文丛之一:兽宴》,1941 年 6 月 15 日上海印行)

因为我需要控诉

我是一个因流亡而变成流浪者的；这些年在异乡的旅路上，好像骑在一匹顽悍的劣马上的人，动荡，颠簸，是不由自主的。这也就是说，直到现在，我还不能成为人生的好的骑者！

在这样生活当中，更恰当我心灵需要丰富的滋润与孕育的年龄；只好以言语来慰藉，并且让它自由地繁殖。把文字当作一面镜子，我在镜子中找寻和鸣！

好像树是专为活长果实而创造的一样，文字、言语是专为表达我人生之苦楚，才在我身上生了意义，在我的灵魂上得到生命。

如果，我软弱，我死了；如果，我屈服，我埋在坟里了，我坟头上的小树会成荫，而我没有！

同样，在我的言语，用它刻绘了一个流亡者的流浪命运：一个流浪者战斗的血斑！

我的灵魂，时时受到一种压迫，假如我不把这情绪的沸腾、叫喊或哭泣倾吐出来，我不会得到安静，甚至连呼吸也得不到匀和。

就为了这样,使自己心头宽松。使灵魂宽松的缘故,我时而写了长行,也时而写了短行。——那就是被叫作"文"或"诗"的一种言语形式。

渐渐年岁大了,流浪的日子也过久了,情和感的潮汐变成为频繁的;这成为重债,这也使我要控诉的意念坚执。直到现在,虽然我在病着,我还不得不为此同一的,就说它是神圣的原因吧?而生活着,控诉着。

这是我的职业,这是我生下来的宿命!

为什么一样的土地,一样的果树,在熟练的园工手里,能结出丰美的果子;在拙笨的园工手里,就会连花也不开?

在最初,我就是这样,虽然我的言语里树想要生产,而果子是酸苦的,花也是丑恶的。

于是我用了我的辛勤,虽然我不得不一次再次地厌恶地抛弃我的失败的收获。

但,失败并没有压倒我。正像哑口的人不能压倒灵魂的声音,寒风不能封闭炉中的煤火一样。

那要控诉的意念,压挤着我,逼迫我,使我不能因失败而轻忽了我是为控诉而来的命令。

我到各地方去生活。让我的眼睛广远,让我的头脑充实,让我的言语更为丰富。更在随时随地的灵魂中,我把那点、线与小书留在随身的小簿子中。

这样锻炼了我的手,试验着把捉那最飘忽的,那最飘忽的点线与小书!

当我想要控诉的时候,我把点引申为线,我把许多线引申为小书;我把许多小书组织起来,有时候竟会收到意外,那竟成为还可以看一看的画幅了!

有灵魂,有生命,也有声音!

我从来没有为选择题材苦恼过,时常是题材逼迫着我!而那最先流到我的尖毛,和那一个最逼迫着我,仿佛一道喷泉似的,非喷出来不可的,那一个就在我的笔下诞生。

它的姿态是长行的,或是短行的,我从来不管;因为,一个当母亲是不能随意要求生个男孩,或者生个女孩的,是男,是女,只有任他们自然地生长和孕育。

同样,若是我没有受到逼迫,若是逼迫得还没有到喷泉非流不可的时候,我的思想意念就什么也不会让流出,我的头脑以外。

在我想要控诉的时候,我是不爱听别人的话的,因为,别人无从知道我要控诉的是什么,我从来也很少向人讲到还没流露在纸上的内心的控诉。

但,在我控诉了之后,我则需要别人的意见,因为我想知道,我控诉的收获是什么,我是不是完成了我的控诉。

一个母亲生产之前,生产时,是完全没有必要听别人的议论,别人的议论对于将生、在生的孩子一点儿用处也没有;而生出之后,这孩子该如何修饰,如何教育等等,可能不固执,还是不要太固执。

在最初,我珍惜着自己的每一句话、每一个字,虽然它们也许是完全浪费甚至多余和有害的。

渐渐,我明白了,为什么农夫要铲去田地间的莠草,为什么植林者要斫去小树的权芽。要生出茁壮的庄稼,要得到一棵大树,是不能吝惜锄头和斧子的。

言语虽然是专为表达思想而产生的,文字虽然是专为记述思想而产生的,但能够好地使用它们并不是一件轻快或简易的事!

（原载《前线日报》1940 年 10 月 1 日第七版）

谈"诗的出路"

沙梅先生这篇文章——《诗的出路》是登载在昨年十一月四日的立报上。当时记得我曾写过一篇不同意见的文章给一个副刊,但等了许久不知为什么并没有发表;后来我也就把谈这问题的情趣淡然搁置了。

最近偶然同几个朋友谈话涉及这问题,觉得还有商谈一下的必要,以是遂来个"旧案重提"。

开头,沙梅先生就在他的大文里颇悲观地喊:"诗现在已走上末路了!"颇使人吃紧:怎么讲诗走上了末路? 下文,沙梅先生就举出不由得你不信,不信也得信(因为说得非常确切和肯定)的两个事实:"大家"不高兴读诗,和"书店老板"不想从诗的身上赚钱,——至于诗人"碰钉子"以及"自资出版";这是由于上面两个事实的结果,且不说它——然而"大家"真"不很高兴读诗"吗? 不,事实和沙梅先生所说的,完全相反,正有许多大众(不是大家)需要他们的诗读呢,沙梅先生说得却非常肯定,可并没有加解释的做了他对于诗的"末路"的根据,以是弄得我就"这我可不明白"了!

"书店老板不想从诗的身上赚钱",这话,我想:就是不肯接受印行的诗集的意思吧？这是真的，可是小说之类的销路会比诗集更好卖一些吗？问问书店老板，他会告诉你的。或者"大家"也"不很高兴读"小说的？——在沙梅先生的说法：小说也得嫁给音乐，或该同谁轧轧姘头吧。

沙梅先生根据只是"现象的"的事实，就感伤地把现代中国诗人与《威克菲牧师传》中的流氓诗人比照起来；虽然沙梅先生知道，"这种诗人与那流氓诗人是两种人物"，然而却一样认为值得可怜的，且"可怜的程度，却有过之无不及"呢，简直感叹得"呢！"起来了。

这是怎样一种矛盾？——而又是怎样一种侮辱！对于在艰苦努力中的诗人们！——他们是不需要这种可怜的。

沙梅先生完全盲视于现在中国走在进路上展开着的诗坛，和透出微明的成就，却只就现象的判定了："诗倒霉，得走到'末路'……"

假如稍稍对于现实底里剖视过的，他是不会这样肯定地就宣布了"诗的末路"的。

即或，诗真如沙梅先生所说"走到末路"，而沙梅先生所举荐的办法，"最好的办法"——诗嫁给音乐，诗人同作曲家轧姘头——虽然我也不否认诗可以同音乐合作及其效果，但这作为整个诗的完全和唯一的"出路"，这办法，我却不敢强于同意。

而且沙梅先生所持的理由："哪怕极平凡的诗，只要有作曲家谱出来，再经歌者，向大家一唱，那么这首诗就会蛮出风头"，如此说来，那么黎锦晖的《桃花江》《毛毛雨》之类也会同歌德的《浮士德》、但丁的《神曲》一样好的诗，而黎锦晖也像拜伦、蒙生一样伟大的诗人了？这两个歌子不是广遍地流行着吗？（根据沙梅先生的逻辑）

同时，诗是不是"蛮出风头"，就达到了诗的任务，照沙梅先生的说法，诗的"出路"或"末路"只看出风头不出风头的了。我以为，却与沙梅先生完全——不是的。

　　诗是时代的灵魂,最敏感的心脏,现实的每一微波,在诗人笔尖下赋予活跃的生命。诗的好不好,完全在能不能把握住现实给予有力的反映,不在出不出风头。而诗的"出路"、"末路",也非如沙梅先生过于功利的见地所认为和轻于决定的。

　　不,沙梅先生最后也就把自己的话推翻了——"这是音乐的号召,不是诗的号召。"

　　以是我只说这样的话就够了:问题不是怎样解决诗的出路,而是现代中国诗坛走到末路没有? 沙梅先生实在没有抓到问题的痒处。诗的出路绝不需借音乐号召的!

　　(原载《一般》1936 年第 1 卷第 8 期 20—21 页)

自由论坛与诗人们商量

一

我虽然很喜欢诗，有时也胡抹几首，却并不是诗人，所谓诗人也者，并不是写过几首，就可以以诗人自夸。以是我的意见，并没有完全正确的自信，只是感到就写，而且又很片断。

二

首先，我就想到中国诗坛，记得不久以前有人悲哀地喊过荒芜，更有某个作曲家建议要把诗嫁给音乐，据说只有诗嫁给音乐中国的诗才有出路，而更举出一般的现象，只是现象，如诗人自望出版，老板不肯承印一类事实，为他的有力的自圆的证据。

自然，这些都显太悲观了一点儿，事实上中国的诗坛并不如此，虽然如所列举都是实有其事。

然而，这些悲观的呼声，却也不能不使诗人注意。

这些年,由于许多可敬的青年诗人的努力,中国诗坛不能不说很进步了。但检查起来诗人们所给我们的果实,却使我们很深贫血之感。就是说,在中国诗的园地上,那些从诗人的血的灵泉所灌溉的青苗,没有放过异彩,也没开过花朵……很少,实在很少。完全诗的——我所谓诗的,并不是指着至上的纯情的;我的意思是说许多诗中,诗的情绪太显单薄而浮泛。——我以为:

一首完整的诗,除了充实正确的内容,与合拍的韵律,更为主要的,是浓厚的感情。不管同情的歌咏,鼓舞的颂赞,深刻的热情,我以为是诗的生命,诗的灵魂。

现在的诗,很少具有这样醇化热烈的生命。

许多诗,我们读起来,就像嚼着枯的甘蔗,本来应该是甜的,但都越嚼越无味,终至不得不掩卷抛弃。更有些诗,一读不懂,再读,再再读依然不知诗人所要抒写的是哪一种灵感。

并不是过分地要求我们的诗人,给我们首首是《浮士德》、《神曲》,至少一首兴奋的诗,不要使我们困倦,一首暴露的诗,要使我同感于那残酷,那黑暗,——要是仅仅不同的辞藻,短短的分行,要诗做什么呢?像这样不能在读者心里激动同感的诗作,还是可怜可怜我们的眼睛吧!

这种情形,我以为我们诗人写得太欠严肃和太匆促一点;生活的贫乏,这已足够我们诗人挣扎的了。何况又大多是匆促地记录下那些刹那的飘忽空灵之感,没有经过慎重的洗练,仔细的思维呢。

一般诗中,我感到写诗者太缺乏容忍与深思。自然现代中国陷于危患中,不安定的深入和普遍,影响了诗人的从容。然而未足月的婴儿是容易有病的。像那些急就章,我以为稍微慎重一点儿也许还好些,而且是更有力的。

三

其次,我想到诗的朗读问题。

音律之于诗,几乎可以说是一体的,旧诗能够流传于一般人间那铿锵的诵读的声音,很有力地帮助了它。而新诗这些年了,应该怎样读呢? 它的声音形式却还待解决,这也就无足惊奇某作曲家要把诗嫁给音乐的建议了。

现代诗该怎样朗读呢? 是不是诗人已有他的读法,由于很少接近诗人,我还不知道。我以为应该组织朗读团体深入到民众间去,这或者对于中国诗的进路有着很大的补助。

所以我要求,我希望,诗人们把这课题担当起来!

四

诗的批评的缺乏殊有积极建立的必要。

在中国批评界的荒凉,是一种很不好的现象。对于小说一般创作的批评,已经很少,对于诗是更为仅见的了。

好的批评,对于努力的诗人的需要,更胜于徒然的鼓励。批评者同时负起启示诗的读者与扶助诗人的任务,我以为在一致步调推进中的中国,诗坛是该产生更多的批评者的。

作为这样一个批评者,必须慎重,必须绝对严肃的,不管指责或者赞扬,更其对于一个求进步的诗人,是不应该采取谩骂、嘲讽的态度,我以为一个批评者是应该具备冷静的公正的头脑。

第三,我就是希望诗人们把这个工作担当起来!

(原载《文学》1937 年第 8 卷第 1 期 269—271 页)

播音剧的发生

关于这艺术的新形式的出现，是颇被注意着的。但关于理论的、技术的讨论却是被忽略了。一个艺术形式的发生和成长，是有它诸多条件的必然性。为着推展这一个新的艺术形态，探求它的成长的因果关系，这是一点也不浪费的。

跟此无线电话事业的进步而出现了的这婴儿，它是日日勃进，在世界上它很被注意着，乃是普遍的事实。这原因是它自身所赋有的特征所博得的。

它不仅可以代替了舞台，且补足了舞台上的缺憾，一切时间空闲的限制完全束缚不了它的。在世界上有许多国家当报纸、教室一样应用着。因为只要有这么一台收音机随便在家里，在草地，在任何随便的地方，可以不到教室而读了书；不看报纸而知道了时事、新闻，这又是比任何报纸都来得格外迅速。更格外的便利，就是不识字的也因为会听的耳朵而不感到不识字的盲目，与识字的人完全一样。因之，播音事业的成长，超过了任何艺术形式飞跃的进率，很快地握得了艺术技术的变革的枢纽，是非常主力的。

然而，人们更想不进歌场听到歌唱，不坐在剧场的椅子上听到戏剧，于是歌曲才在播音台前播送着唱,于是播音剧才在舞台之外又开展一个新的土地。

在剧场中是有座位和票价等的限制了观众,而在放送机前,这限制是完全没有的。即或现在还没有每人一架收音机的力量,只要有耳朵,而也没有失掉听觉的效能,这依然是可以的。完全不是空洞的。

这样,播音剧发生了。虽然戈登李(Gordolea)说:它还是在摇篮时代,向那一方面成长,还不能预测;然而它的道路是广远的,不容疑惑。

(原载《上海无线电》1935 年第 1 卷第 2 期 39 页)

索 伦 人

正同索伦这地方,索伦人一样被人们忽略了。谁也很少想到,在都市文明已经膨胀得快冲上天空的这现世纪中,还有至少要退回几世纪,相近原始人的简单生活的居民存在着,在那黑龙江省东北的一个小县份——索伦城里,索伦山下。

索伦那地方,几乎成年积存着不融化的雪山,气候是常年这样酷寒。在那广漠的地上,当春天,你也可以找到荒芜的草莽,杂乱开着的野花,缓流的小河;可你就找不到一块开辟了的田地。那地方人没有一个是农夫,他们对于耕种这回事是很生疏,干脆就一点儿不懂。

他们的职业是:打猎,捕鱼。

因为他们有他们特殊的生活,原始人似的,与自然的力,无时不在斗争中的环境;他们的身体都极强悍、高大,孔武有力,动作敏捷。他们的状貌,如果更逼真地来个特写:深目,突额,浓眉,连鬓胡子,大手,大脚,说起话来,粗大,而带有小孩学话那么吃吃地。皮色黧黑,可不像非洲岛人那样,黑中还有些黄褐色,眼珠是黑的,这也许就证明他们虽生活得化外人似的,也是黄种人的同一血统。

他们住的屋子,是用树枝就地搭成,三角形式的骨骼,上面盖兽皮和野草、树叶,用兽毛搓的绳子缚牢。屋内,没有"文明人"的床,也没有东北人的火炕,更没有桌凳,有的也许挂一只兽头,或者一只兽爪,这就是最富丽的装饰了。无论冬夏,都是睡在地上,地上铺了草叶,再盖上兽皮。

还有些,在地下掘成地洞,洞口像上面那样搭成三角形式的骨架,也有四面的,也有像坟头似的,盖了兽皮;掩御那猛袭来的冷风,和趁风卷来的沙土和雪。内部也差不多。

他们现在也穿了衣服,这衣服都是从来往的行商手中,用他们的猎物换来的。有许多商人(外国人也有),专来住在他们的附近,用些贱价的日用品来换他们珍贵的皮货。

他们男人性格,都非常刚烈,女人也一样豪爽,而他们诚朴、率真是相同的。几岁小孩就能骑极恶劣的马,放旧式的土枪,投掷梭镖都有力、准确。他们之间,没有所谓教育,骑马、打猎、捕鱼,是他们的职业,也就是他们的教育。从生到死,生活在山里水里,没有一个寄生的浪子,没有一个不是能干的猎人或渔夫;失业的恐慌,是不会冲进他们诚真而又简单又实际的生活中。他们每人都有两条健实的膀子,能动的手。

他们是很迷信的,假如在打猎的时候,进山口以前,一定用木棒,边走边敲经过的山石、树木;一定在山神庙(他们供奉的奇形怪状的木偶)前,插几根草,还要向天空放三枪。据说这样山王(老虎)就不来干涉,山神会把山鬼什么的都赶走,更给他们些幸运。

如果在山上,第一就碰见狼,他们一定要把它打死,因为那是不吉利的。若是不幸狼逃脱了,他们会索然下山,停止打猎的。

可是有些时候,如果三枪还不会把面前这个野兽碰掉一根毛,那他们就不再追了,让它逃去。这幸运的兽就是从他们面前过,也不会有被打死的危险了。

他们相信山里有一种怪兽,叫"四不像"。生得什么:猪头,马耳,羊蹄,狗尾……据说:如果这一天猎得野物太多了,自己拿不了的时光,就可以敲敲山上一种什么树,它就会跑来,替人驮到山下。这颇有汉奸味道的兽,据说不能杀害它,否则以后敲树也就不灵了,而且要倒霉头。——这是我认识了个在他们附近做买卖的商人讲的,自然,这是个神话的事实,是可靠的了。

他们打鱼,很少用网。大多都用很长的竿子,一头套上锋利的钢铁之类,这头拴了很长的兽筋;趁那鱼在水里翻花,或者露出脊背的时候,在岸上守候着的渔人,就遥遥地把梭镖抛去,那是很少不准的,刚好扎在鱼背上,于是他们就慢慢地拉上岸来。

他们的眼睛和他们的手一样,有着好的训练,在一个水波里,他们能分别鱼游行的动向,在一个动荡的浪花上,能测知鱼的大小。在无论如何浑的水中,同清水一样,他们能看出鱼来。

他们男女间,是没有什么呆板的婚姻的法律,恋爱也没有人干涉,不过男子一结了婚,就得自己去另成家,同父母分开,自己生活。

他们女人生孩子,过了三天,就可以同丈夫一道去打猎,把孩子包在兽皮里,挂在树丫上。因为那地方太荒野了,说不定会跑来个狼或其他野兽,不把孩子吊起来是很危险的,而且打猎的日子,又是成群成队的。

他们的全部财产,就是他们的枪、火药。出猎了,这些都在他们的身旁,他们的屋子,都没有人来分心,而且他们之间,也很少发生偷窃这回子事。

他们很少为争财产惹起械斗的事。为着恋爱的纠纷,械斗是有的,如果谁抢了谁的妻子或谁抢去了谁的丈夫,那么这被抢去妻子或被抢去丈夫的丈夫或妻子,就要同抢人家妻子或抢人家丈夫的男人或女人决斗了。

在决斗的时候,就由他们中最英雄、最年老的人,做裁判。拣一片广大的空场,当裁判的量好了距离,选两个相同锋利的梭镖,在指定的距离中间来往投掷上,双方的友好,都在当场助威,唱着蛮里蛮气的歌。如果谁被掷中了,那掷中的人——胜利者,就带着他争的人,在亲好们的欢呼中,回来。

一九三五年二月十六日

第 二 辑

名家忆辛劳及其他

忆　辛　劳

王元化

　　我认识辛劳是在抗战初,那时我刚刚从北平流亡到上海,还是一个读高中的十七岁的青年。我在上海参加了平津流亡同学会,做一些联系文艺界的工作。记得一九三八年的春天,我带着一封介绍信,到马斯南路(今思南路)一家难民收容所去见辛劳,准备请他到平津流亡同学会去谈谈文学创作问题。他在那里负责难民的文教工作。马斯南路是法租界一条幽静整齐的马路,平时车辆不多,在并不宽敞的柏油路边,栽着两排望不见尽头的梧桐,树上布满绿色的嫩叶。收容所是用竹子和木板搭成的简便房屋,虽粗陋,但清洁,一切都井然有序。室内有几个青年人,其中一个看见我,向我走来。我说明来意,他没有作声,只是用一双湿漉漉的鹰眼注视我,要我跟着他走。经过了两三间屋子,他才停下来,还是不作声,盯着我看。直到我把信交给他,说明要找辛劳先生,他才用几个简单的字说我要找的就是他。这时我才注意到他的外貌。他有一张狭长的脸,一头蓬乱的卷发,穿着一件叫作“乌克兰衫”的俄罗斯农民服式的上衣。这身打扮很特别,他给我的头一个印象并不好,我觉得他身上有一种罗曼蒂克气息。他谢绝了演讲的邀请,但为我写了一张便条,要我改请别人。后来我发现他给人的最初印象几乎都是不好的。他不仅口吃,也不善于讲话。他的大舌头发音含混,加上他的语言表达能力不强,往往不能把自己的意思完全说明白。他总喜欢盯着人看,好像要在你身上发掘什么可疑的东西。这种对人逼视的习惯,使人感到不舒服。那时他比我要大八九岁,但我觉得他并不比我成熟。我在收容所一见到他,就感到他在模仿普希金,他的样子也确实有点儿像。我不知道他的卷发是天然的,还以为这是刻意的模仿。

在这以后不久,辛劳有时也到平津流亡同学会来坐坐了。他还为我们办的小刊物写一两首小诗,但我们并不欣赏他写的诗。记得他第一次拿来的两首,其中一首题名是《发霉的鼻子》,这首诗仅有七八行。我觉得诗的题目显然是套用涅克拉索夫的《严寒·通红的鼻子》。涅克拉索夫这首长诗我读过,我很喜欢他的沉郁风格。其中所描写的那个在荒野森林中跄踉前进后来迷失在茫茫风雪中的农妇,使我从一个平凡质朴的女性身上看到了崇高和伟大。但辛劳的诗显示了什么境界呢?我觉得他的诗缺乏意境也缺乏语言的美。这并不是我一个人的看法。在平津流亡同学会负责的一位燕大同学,是个政治性很强的人,常常用小说《毁灭》中的美谛克去嘲笑一些知识分子。但他也读了不少文艺作品,特别是罗曼·罗兰的作品。他从辛劳交来的另一首诗中挑出"唱出心弦"这样的句子,以不屑的口气批评道,为什么不说"弹出心弦"呢?那时我周围一些人就是这样看辛劳的。我对辛劳有了较多的理解,并对他写的诗和散文由发生兴趣而喜爱是在这以后的事。辛劳在一九三八年下半年就带领收容所的一批青年难民到皖南新四军去了。渐渐由那里传来消息说,辛劳去后心情并不舒畅,似乎身体也不好,在咯血了。可是详细的情况究竟怎样,孤岛上的朋友谁也说不清楚。直到今天我对当时不少文化人在皖南的遭遇才算有了一些了解。

一九三九年初我随上海慰问团到了皖南新四军军部,在服务团时,我被安排住在辛劳那个单独院落里。辛劳曾在他后来出版的散文集《古屋》中描写过它。这个院落很小,只有几间屋子。一进院门,左右各有一间,辛劳住一间,另一间是聂绀弩住的。我去的时候,绀弩出差到金华了,要过一阵儿才回来。辛劳不知道我会来,一见到我,显得十分高兴。那时他因咯血,没有做什么工作,一人独处,感到相当孤独。这段日子我和他朝夕相聚,比在上海时熟悉多了。最初我们在谈到文艺问题时,曾发生过相当激烈的争论。争论的问题现在已经记不得了,不过我可以说,当时他对文艺的理解要比我深刻得多。我受到由日本传入的苏联文艺理论的影响,在不少观点上有机械论倾向。我们争论时,都动了感情,两个人全拉长了脸,谁也不理谁。可是这次争论只是成了我们日后友谊的一个曲折的前奏。次日我们又重归于好,一天的乌云消散了。我们在感情上迅速接近起来。辛劳是一个很有个性的人,他不轻易放弃自己的看法和主张。他告诉我他到了这里后,由于读《红楼梦》,遭到了不少嘲笑和批评,对此他一直想不通。更使他感到痛苦的是和他一起来的女朋友,发现他到了根据地并不像她所想的那样显示自己的革命才能,相反在许多方面倒成为被人指摘的目标,而对他的态度完全改变了。她被调到另一个地方,几乎完全和他断绝了音讯。一天当我要到她所在地去的时候,辛劳要我带一封信给她。我把信设法转给她,但并没有得到什么回应,这事就这样徒劳无功地结束了。

我在服务团的那些日子,最使我难忘的是辛劳把他写的长诗《捧血者》拿给我看。这首诗刚完成不久,他经过了反复修改。我还看到修改前的初稿,我把两者对勘,发现初稿许多地方已被大段大段地砍去了,还有不少段落后来留下来的只有寥寥几行。辛劳把他的全部心血都倾注在这首长诗上。在当时那样的环境里没有人会像他那样去做的。他对文学的不顾一切的执着,真是使人感动。半个多世纪过去了,至今我还记得他为我朗诵自己诗歌时的情景。他的脸因为兴奋而发红,眼睛闪耀着灼热的光,两片薄薄的嘴唇微微发抖,声音在震颤。……这时你不由得会对他产生好感。后来我读到吴强回忆皖南的文章,他说辛劳为他和聂绀弩等朗诵《捧血者》时,常常被听的人所发出的赞叹打断。我不懂诗,也没有写过一首新诗。读了《捧血者》后,我开始读辛劳的诗,我变得很喜欢辛劳的诗了。我被辛劳的诗所感染,领会到了辛劳诗中的真情至性,他的感情波澜和思绪的起伏回荡。但是那时我还不能用明白的语言说出我的感受,虽然我确实感到了它们,自然我也有不理解的地方。看出辛劳诗的真正价值的是聂绀弩。他们两人在服务团那个小院落里比邻而居的时期,结下了深厚的友谊。但是不久绀弩调离了皖南。辛劳写了一首送别诗,记述两人在小河口离别的情景。辛劳伫立在河边,望着船夫将竹篙插入水里,渡船缓缓地离开了岸。绀弩站在船头,马儿依在身旁。他低着头,没有向岸边看,渡船渐渐远去……这首诗里充满了诗人的深情。从皖南回来后,我读辛劳的诗,读得越多就越觉得他是一个最不会掩饰自己真性情的人。诗人需要这样的性格,但要用同样的态度处世就未免不合时宜了。这使我感到,我刚认识辛劳时对他所产生的不好印象就是由这样的性格所引起的。如果他懂一些世故,懂一些人情,情况就可能会两样了。但是,他不懂,也许他是懂的,但偏偏不愿照世俗行为去做。

发生在辛劳身上的这类事是很多的。"孤岛"局面结束以前,辛劳曾经从新四军回到上海。他在上海的生活很艰苦。一次正当上海的潮汛期,连下了几天暴雨,街道都被积水淹没了。夏天是酷热的,有好几天我因为大水没有出门。突然辛劳走上三楼推门进来了。他对我说,关在家里实在闷不过,所以用手中最后一点儿钱叫了一辆三轮车,涉水到我家来。他在上海很少和人接触,见到我感到特别高兴。但我觉得他太由着自己的性子了,难道不会等几天再来? 他如果坐电车来看我只要几分钱就够了。这天他谈得很兴奋,谈话的内容已经回忆不起来了,只记得他说在这些日子里常常挨饿。

他竟把饿的感觉，一一记下来，写下了三十来条。后来他还把这稿子给我看过。他在回到上海的时期，全靠投稿拿点稿费过活。这天他对我说稿费用光了，新投的稿子一时还拿不到稿费，他有几天没有吃肉了，很想吃炸大排，问我有没有钱。那时我用的是家里的钱，我掏出身上所有的五块钱，他高高兴兴地拿走了。在我们的来往中，这是很平常的事，朋友之间有无相济。谁有谁拿出来，没有的向有的人去要，谁也不把这当回事。但是辛劳对我家里的人也不讲一点儿礼貌，没有一句客气话，也一视同仁地照旧白着他那双目光尖锐湿漉漉的眼睛盯着人看，这使他们有些不舒服，就像他最初用这种不礼貌的眼光引起我的不快一样。不过辛劳全不理会这些，仍旧我行我素。

　　辛劳在上海报刊上发表的文章渐渐多起来，他也有一两本书出版了。他的才能终于得到了承认，但主要是在孤岛范围内，而且还只限于孤岛文学界的狭小圈子里，社会还是不知道他。当我今天回顾孤岛文学的时候，我要说在我们这些从事文学写作的朋友中间，辛劳是最有文学才能的。我说的才能是指一种艺术感受，即对大自然、社会世态和人类心灵，往往体会到一般人所未见或虽然见到却被忽视的方面。作者在表现这些体会时，自然而然地注入了自己的个性特征，从而使自己的作品具有一种与众不同的特有情趣。在这方面，我认为当时我们中间是没有人可以和他相匹敌的。辛劳的作品不一定写得深刻，但却是独创性的，总带着性格的烙印。虽然他的诗歌和散文有时也不免留下那个时代的某种模式的痕迹，但在朋友之中我敢说在当时他是唯一能够摆脱教条束缚的人。他在创作的时候不能忍受斫伤个性或违反自己的艺术感受的事发生。一次他写了一首题名《土地》的长诗投给《奔流》文艺丛刊，当时负责编务的是蒋天佐。诗在《奔流》第一辑上发表了。我读了很喜欢这首诗，认为在辛劳的诗歌中堪称佳作。《奔流》出版后在满涛家里开了一个小规模座谈会。大家谈得正高兴，辛劳发言了，他说天佐修改他的诗并没有征求他的意见，他对此有看法。辛劳突如其来的发言,使空气立刻变得严肃起来。天佐忙解释说,他很喜欢这首诗,他动手修改是为了使这首诗更好,但天佐的说明并不使辛劳满意。过了几天,辛劳来看我,仍对此事感到不快,他对我说:"我写的是我的家乡和我对家乡的感情、感受。我家乡出葡萄酒,天佐却把它改成了酸米酒,可是我家乡并不出酸米酒怎么办?"当时延安提出了"中国作风,中国气派",大后方也正在进行民族形式问题讨论。辛劳举出的这个例子,可以说明天佐删改的原则分明是觉得葡萄酒不如酸米酒民族化。当时我是同情辛劳的,在开座谈会时,我还不清楚事情经过,没有为他辩护,别人也都没有说过一句话,事情就这样过去了。倒是辛劳本人不久以后,在《新文丛》上发表了一篇《树和剪树的工人》(《旅客及其他》中的一节),作为对此事的回答。这是一篇散文,也是一篇艺术性的批评,深刻、尖锐,却丝毫没有意气用事的意味。虽然他在真理问题上决不假借,坚持自己的主张,但他是以平心静气的态度提出自己意见的。这类争论文章就像他的创作一样,显示了他的气质。这不是可以学到的。我不知天佐看了这篇文字后有什么感想,倘他不把个人的自尊放在文学的真理之上,我相信他对辛劳的批评也会折服。辛劳去皖南后是他创作的旺盛时期,这时期他一直在生病。病的阴影总和他的作品相伴随。病给他带来痛苦,使他的作品显得病态,但同时也磨炼了他的诗才,使他沉静下去,感情内敛,想得更深,感受得更多、更细。这真是不幸的幸事,我不知道天地究竟是爱才,还是忌才?既然赋予这个人以过人的才华,为什么又偏偏要将众多的不幸降在他的头上?

　　一九四一年底,太平洋战争爆发,上海全部沦于敌伪之手,从此辛劳再没有回到上海来。我最后一次见到他,是他临去苏北前来向我告别。那次他从我家拿走了一只手提箱,这是邢秉枢(后改名林修德)去苏北时放在我处的,解放后邢要我把这只箱子和里面的几件衣服还给他,我已还不出了。辛劳去世的年月当时就没有人知道。抗战后不久我听淡秋说,大约一胜利,辛劳就从苏北回来,经过韩德勤驻地,被捉去杀害了,那时他才三十多岁。辛劳被害的详细经过虽经多方打听,但始终不清楚。他活得寂寞,也死得寂寞。我还记得他在世时,一次从新四军回到上海,我去看他,他正在害病,一个人孤零零躺在床上,面孔消瘦,不住呛咳着,他抬起眼睛望着我说:"今天是我三十岁生日。"这眼光这神情使我至今难忘……现在辛劳的名字已经很少有人知道,很少有人记得了。他的作品长久没有重印。各种现代文学大系都没有选入他的作品,现代文学史也没有提到过他的事迹,难道他真的将永沉于文学的忘川之中? 我希望这本书能够唤起人们对他作出公正的评价。

一九九六年六月三十日

补记:

本文发表后,报馆转来中国社会科学院历史所王春瑜先生给我的来信。信中说:"……我藏有阿英先生在盐城抗日根据地编的《新知识》二本,其中一九四四年出版的一册上,载有阿英亲自写的书讯,现将此页复印寄上。由此可知辛劳还有《栅栏草》,也可断定他被韩德勤抓去,也并非是抗战之后。……"这封信可纠正辛劳于抗战后被抓去遇害这一说法之误。信中附来复制剪报,题名《华中根据地出版书录》,署名"英"。这篇简讯共三则,最后一则标题为《栅栏草》,其文如下:"辛劳著。诗集。一九四三年十一月刊。收诗四篇:'在月夜'、'五月十四日'、'小夜曲'及'插秧女'。皆作者在韩德勤省府狱中作。油印本。"

同年九月二十日

他一身都是诗

——悼念诗人辛劳

彭燕郊

  1938 年秋天,成为新四军司令部驻地的皖南径县小山村云岭总是那么热闹,每天都有从全国各地来参加这支被称为"八路军的小弟弟"的新成立的抗战队伍。我们军部战地服务团里爱好文学的小青年特别注意新来的文学家,聂绀弩、吴蔷(吴强)来了,王淑明来了,加上先来的柏山、黄源,随先遣支队到敌后去的东平,已经有好几位文学家成为新四军战士了。一天,在云岭两百米长的小街上看到一份油印小报,上面刊登着陈亚丁的诗《游击队员之歌》,那是我战争前夕在周扬主编的《文学界》杂志上读到过的,印象很深,一打听,原来陈亚丁也来了,和他一起来的,还有诗人辛劳。

  那时,我们战地服务团大体上分成两个部分,一部分同志做宣传工作(演剧,画宣传画等),一部分做民运工作。在军政治部民运部的具体领导下,分散到包括南陵、青阳、铜陵的一些地区做发动和组织群众的工作,不过,每隔十多天就会回到军部,听军政治部副主任、民运部长邓子恢同志给我们作总结、指示。辛劳已经到服务团来了,在团部的一间光线不太充足而有些凌乱的小房间里可以看见他和另外两个同志在忙着,我是爱诗的,正在起劲地学写诗,但天性怕难为情,没敢主动去向他请教。

身子本来单薄的我经过一年多的军旅生活,渐渐地常闹些小病。这时,有情报说江南来了一批台湾籍日军,因为我会讲闽南话,闽南话和台湾话一样,有必要教战士用台湾话向日军喊话,我给调到军政治部敌军工作部。谁知不久却真的病倒了,发烧,咳嗽,背心出冷汗,军医处长沈其震大夫诊断我患初期肺结核,让我到离军部一百华里的小河口后方医院治疗,院长崔义田大夫告诉我至少得住院半年。那时候,虽然条件困难,我军的医疗却是极其正规的。

辛劳比我迟两个月才到小河口,他的病比我重得多,吐血,失眠,胸闷而且常发痛,那时候没有"雷米封"、"盘尼西林",只有吃鱼肝油,医生每天让他服"非那西定"。幸好后方医院的护理非常好,每天吃六餐,营养好,他的病情稳定下来了,和他接触多了,知道他是个坦诚而又很重友情的人。我庆幸自己遇到了这样一个情同手足的老大哥,一个我梦寐以求的文学引路人。

后方医院新盖了个大病房,当然只能是简陋的草屋,但宽敞、干净,比原先挤在一个旧祠堂里好多了,正好我和他一起被分配在一间小病室里,朝夕相对,他很健谈,从他那里我学到不少新知识,如今回首当年,要说他是我的第一个文学上的发蒙老师,一点儿也不过分,他是益友,也是良师。

他让我看正在写的长诗《捧血者》,那确实是很难得的很有特色的自有新诗以来少见的力作。我特别喜爱它的《序诗》,很快就背得出来,好作品总是这样的,不知不觉地你就记住了:

久违春日也久违故乡;

在旅途生长大了,

人们嘲笑我的浪荡。

在阳光里,我看时代:

在那黑大的眼中、我追寻梦!

欢快同我有了深仇,

忧患却成了亲切的友伴。

…………

我不屈服于命数,

战斗,以我的坚韧;

在人前,我感到渺小,

而我的心的博大没有人知道。

从这样的诗里面,一个人是可以不断地得到启迪和精神的净化与提升的,这首长诗是他诗艺追求勃勃雄心的有力体现。他不惜用全生命来完成它,我以为,他的自信是有根据的,虽然那时候我最爱读的还是艾青和田间,而他走的似乎是孙毓棠的《宝马》那一种路子。他特别喜爱朱湘译的《番石榴集》,《捧血者》六章中,有五章开头的引诗都出于这本译诗集。但像一个真正的诗人、真正的艺术家那样,非常自然地,他从不要求别人和他有同样的艺术追求,也绝不鄙薄和他有不同艺术追求的诗人(当然是真正的诗人)的成就,他和我一样尊重艾青和田间,"那样的诗,我是写不出来的",我深深相信他的真诚。

诗、文学、艺术,这些,加起来等于他这个人。他比我年长,但和我一样不懂得世故,甚至比我还不如。从来不想也不会掩饰自己。同样在他眼里,似乎人人都像他那样单纯,因此,他就安然地生活在诗里、文学里、艺术里。我常说:"你是生活在你的世界里。"意思是说:他为自己构建了一个世界。事实上,正是从那时候起,我也渐渐地生活在自己营造的世界里,而很少想到必须用至少一部分能力去适应外部世界,这大概就是所谓的入迷,深深地迷醉于诗、文学、艺术而不能自拔。

在医院里,作为一个病号,除了吃药,卧床休息,剩下的时间就只好用来聊天,看书(偷偷地看,那是不允许的)。和他聊天,可真是最高级的享受,在我这个从乡下来的少年的眼里,他是个传奇人物,他的流亡生活,他的充满冒险气息的革命活动,他和文艺界人士的交往,都有力地吸引着我。他谈到在北平时认识的蓝马,后来南下上海一举成名当上了大明星的某女士,说他是她的第一个密友(后来我多少知道一些实情,他可能只是她的第一批密友中的一个),谈到他在上海的生活,曾经和一个不太著名的电影演员同居,后来和他分手,跟一个男明星结婚,他们仍然像好朋友一样来往,他还为他们生的女儿取了名字。谈到萧军和萧红的故事,萧红为什么突然跑到日本去;谈胡风和张天翼的友谊;谈黄源、雨田和萧军……这些"文坛掌故"我总是怀着极大的兴趣听着。当然,谈得更多的是书,他读的那么多好书我一本也没有读过,记得他让我读陀思妥耶夫斯基的《被侮辱与被损害的》,竟使我至少有十天没有能"从书里走出来",神魂颠倒地萦回于邪恶与善良的残酷纠葛之中。有的书美得像醇酒一样叫我沉醉,我们一起朗诵陆蠡译的拉马尔丁的《葛莱齐拉》的《初悼》:

潮声澎湃的桑朗海滨,

碧涛在橙树根际卷奔,

在心怀缭乱远客的足畔,

芳香的篱下,傍着小径,

一块小小的墓石,狭隘,无情。

…………

他让我读康斯当的《西哈诺》,读纪德的《田园交响乐》,同样的使我如醉如痴。

他会唱许多歌曲,他那天然卷曲的头发,浓眉下微微凹陷的眼窝里一对

391

大眼睛,希腊式鹰钩鼻子下面精致如女性的嘴唇里哼出来的歌,简直充满异国情调。跟他我学会不少歌。这是《大雷雨》里奇虹唱的歌:

顿斯基的哥萨克正在那里饮马,

温和的少年站在门旁,站在门旁

思想着怎样害他的妻子,

他妻子怎样跪在地下拜他:

"你有机善的心,

你不要在黄昏时杀我害我,

你杀我,害我,须在深夜的时候,

让我那可爱的孩子甜甜地睡着,

让我们那乡邻睡着。"

还有那很轻快的,瓦尔瓦拉唱的:

游玩已倦,游到晚霞的时候,

回家去睡,睡到早霞的时候。

他还会唱俄罗斯民歌,说是塞克从哈尔滨等处的白俄酒吧里学来的:

在海的那边哪,

天是那样的青,

那常年飘着雪的北国有企望着的眼睛。

那里住着的姑娘,

她是那样美好,

那初绽着的嘴唇,

是那样的热情!

小的月亮,

照在我的床前，

低下头来，

想起了故乡。

年年的流浪，

犹如飞去的星光，

为了希望，

哪怕旅途的苍茫！

还有苏联电影《生路》的插曲：

我要死了，我要死了，

就在我死之后，

还是没有人知道，

我在何处理葬。

在我荒凉的墓上，

没有人去凭吊，

仅只早春的时候，

有一只黄莺低唱。

甚至有天一影片公司出品的某一部电影，高天栖作曲的一支插曲：

从军伍，少小离家乡，

念双亲，重返空凄凉，

家成灰，亲墓生青草，

我弟妹，流落他乡！

这些歌，都那么忧伤，我想，这和他的流亡生活有关。印象特别深刻的，

还有一首他说是五四时期流行的歌：

晚来秋风,吹呀吹得帘旌动,

独坐无聊甚情绪,

独坐无聊甚情绪,

抚抚儿不定烛灯红,

呀,是何处玉笛儿声声吹呀吹得

人心动,

更加着,铁马儿铁马儿叮当,

怎不凄凉,怎不悲伤!

一年年的好景,一日日的流光,

怎不叫他春花秋月笑人忙!

谈什么功名,

一场好梦熟黄粱,

怕明朝揽镜看,

又添上鬓发萧条几层霜。

我不明白,为什么人文主义运动的五四时代会流行这样颓废的歌(后来我才渐渐明白:觉醒了的人是既有希望又有绝望的,两者都是生命意识的焕发,独立品格的焕发)。辛劳唱这些歌的原因,我大致明白。首先当然是他的病,那时候这种病是很难治好的。其次(或许应该首先)是政治上的原因。那时候,对于政治,我单纯得像个三岁小孩子似的,像他那样的有着"政治苦闷"(当时的流行说法)而且为之痛苦不堪的事,简直觉得不可理解:不是一切都很好吗?不是已经生活在光明里了吗?那么还有什么不满足的呢?和他相处久了,渐渐知道他的忧郁,和他在政治上不被重视甚至被歧视有关。像他那样子,参加革命有一段时间了,为革命坐过牢,照理应该可以担任个什么职务了,而他却和我们一样只是一个战地服务团的团员。他这个一身都是诗,除诗之外几乎什么也不管的,本来也不是个当干部的料。但我这个看法确实太单纯了,五十多年后,一次偶然的机会,在绀弩家里遇到一位很熟识辛劳情况的老战友,才知道他之不被重用,还有个更严重的原因:被怀疑是个"托派"!当然,在我看来,这也不算什么,他已经生活在诗里面了,这不就很好吗?第三个原因,是因为住院之前,他刚刚失去他赖以"追寻梦"的"黑大的眼",完全出于误会,他被认为是不忠实的,在一个纯情少女,这往往会造成不可挽回的局面,虽经百般解释,仍然被拒绝。这可是他苦心培养过来的学生,是一起从上海来参加部队的战友呀!可以想象他的精神负担有多么沉重。

团里的同志提到他总是说他"有点怪",沉默,不爱和大家一起,孤僻。他那句诗"而我的心的博大没有人知道",以讹传讹的结果,成了"我的伟大没有人知道",戈扬有一篇回忆录,等到后来在苏北,同志们提到他还是总要提到这句给传错了的诗,自然,也并没有恶意。据我看,实际上他仍然是乐观的,懂得生活的。他喜欢看月亮,看晚霞,我们的大病房在一个铲平了的小山包上,在月光下,在晚霞的灿烂光辉里,听他讲故事,低声唱歌,可真是极美的享受!他特别喜欢赏雨,一下雨,他就披起雨衣,催促我:"赏雨去。"山乡里有一大片松林,山乡的雨总是伸手可以触到的,一片片雨云一阵阵轻轻飘洒,松林里干净得像有勤快的人每天来打扫过一样,找个比较干燥的地方坐下来,听雨,听松涛,看松鼠在树上跳来跳去,听他娓娓地谈往事,谈读过的书,看过的戏,可以一坐就是大半天。

日子过得快,我已住满六个月了,崔义田院长又让我作了一次检查,结果是,至少还要再疗养三个月。我却真想回军部去了,我不能老当病号。写信向部里报告、请示,林植夫部长想了个两全办法:部里有一批对敌宣传品在离小河口几十华里的后方印刷厂印刷,正好需要一个校对,日语我才学不久,但当校对应该还是可以的。那地方是个只有十来户居民的名叫黄荆坞的小山村,这样我就不能不和他分手了,不能不分手的还有同在后方医院治病的,同是从闽西来的战士蔡刚和黄水,他们给我讲过好多三年游击战的动人故事,依依惜别以来,已是半个多世纪了,不知他们还健在不?

治病的这几个月,辛劳仍然在努力完成《捧血者》,他可真是"捧着生之鲜血"写这首长诗的。病情起伏不定,过不久要吐血一次。我所能做的只是劝他不要"开夜车",那时候文人一般都是晚间写作。对于这首长诗,我的意见和东平相似,首先是语言,过于依赖"美的"辞藻,其次是手法不够新。但我以为,格外喜欢某一类型的语言,在一定程度内应该是允许的,只要没有弄到词不达意或以词害意。手法上,他深受古典主义、浪漫主义影响,但又想利用它们来表现新的时代的新的战斗,据我看,这样做实在妨碍了这首长诗的开展、深入和完成。有过郭沫若的浪漫主义,但不可能有第二个郭沫若,朱湘对学习古典主义作过不小实验,不是几乎没有一例是成功的吗?不过同时我也以为,对于一个诗人,最有用的必然是他的亲身体验,创作过程中的甘苦,所谓"得失寸心知"。呕心沥血应该受到完全的尊重,所以我很少向他提什么意见,我想得到的,也许他自己已经意识到了。对于重病中用生命写诗的他,我只有敬佩。我把贾岛的一联诗送给他:"两句三年得,一吟双泪落。"他非常高兴,后来,他学篆刻,自己刻了个闲章"两句斋"。

没有好久,他就到黄荆坞来了,受到好客的印刷厂陈昌吉厂长的热情款待,在上游青弋江畔沙滩上给我们拍了好几张照片。江边的竹林,用他的话来说确实是"比我的房间还干净",坐在铺得厚厚的一层层竹叶上,看水鸟在清澈的水流里捕鱼,我们可以一口气谈到天黑。我正在修改长诗《春天——大地的诱惑》,他一直鼓励我尽力完成它,特别喜欢这首诗的题目:《大地的诱惑》,好题目让你抢先了。"我走的是艾青、田间的路子,在艺术追求上可以说和他几乎完全不同,但他有着真正的艺术家对不同倾向的宽容,像他这样的人,是能够把握并坚持艺术创造的根本原则:独立品格和不同探索的。他知道我还想完成写卫岗处女战的长诗和写民运工作的长诗《大娘,多保重!》

一提到卫岗处女战,我们就会一起吟起陈毅司令员那首七绝:

抗日旌旗到江南,半夜惊呼敌胆寒。

镇江城下初遭遇,脱手斩得小楼兰。

我希望病能够早些治好,那样我就可以多体验战斗生活,就有能力写战争了。我知道他还有两部长诗,其中《望家山》后来在莫洛主办的《暴风雨诗丛》上发表了,其中不乏精彩之处,我还记得一些:

光荣地红了,

故乡的明月。

要骑大马回去!

但就整体说,这首长诗并没有完成。《捧血者》同样留下这样的遗憾,后面两章写得匆忙了些,我曾向他说过"有虎头蛇尾之感"这样的话,他说,他不是不知道,只是实在没有精力,只好留得以后再说了。不久,他出院了,回到团里。

我回到部里时,他已经第二次进后方医院。而绀弩已离开部队,到金华邵荃麟那里去了。过不好久,辛劳也准备到金华去了。离别给我留下长久的思念之苦,我好像失去了生命的支柱似的,久久挣扎在深沉的失落感里。我知道他不愿意走,但不能不走,病,可怕的病,以及我们生活的这个严峻的时代!他走的那一天,我和铁婴一起送他,这个小伙子,是跟殷扬(杨帆)一起从上海来的,在《译报周刊》上发表过不少木刻,迷醉于革命,迷醉于美术,平时他最爱讲话,这时却缄默着。向来对辛劳关怀备至的白丁(徐平羽)同志,特别为他雇了轿子,这比担架好些。他没有坐上去,一路上,为了活跃分别前的悲凉气氛,他断断续续地找话说:"要多写,不能停止……还要舍得砍,把多余的砍掉……舍得磨,磨到发出光亮来……"重复着这些跟我说过不知多少次的话。江南的初冬,青弋江里依然流着绿波,岸草依然碧色,在江边,我们黯然握别:"再见了,多保重!"

我的身体情况一天比一天坏，但仍然坚持学写诗，那是 1939 年的冬天，收到胡风先生的信，得到很大的鼓舞，我的习作在他主持的《七月》杂志上发表了。这是我第一次在大后方文艺刊物上发表作品，参军以后，还只在军报上发表过作品。更加使我受到鼓舞的是绀弩和他在金华看到那一期的《七月》，立刻给我写了热情洋溢的信，对我倍加勉励。他到金华后，我们不停地通信，他用的是化名"萧籁"，意思是他仍然是个"小卒"，他仍然那么忧郁。

在军医处看病，医生说我还需要疗养，我自己考虑，不能再住院了，想到大后方去，辛劳来信说可以先到金华再作打算。当时，再住进后方医院只有增加部队的负担，我把病情和想法向政治部秘书长黄诚报告了，他答允考虑我的要求，林植夫部长和程震文副部长也同意了，不久，黄诚同志告诉我：可以送我到岩寺的后方留守处，那里可以有汽车送我去金华。就这样我到了金华，又和他重新聚首了，那是 1940 年的初夏。

看来他在金华生活得不错，他和荃麟、葛琴、绀弩、麦青住在一起，荃麟是个十足的忠厚长者，葛琴是个十足的贤惠主妇，绀弩为他的长诗写了《序》，长诗就发表在荃麟主编的《东南战线》上。他和绀弩还去过江西上饶和弋阳，演剧七队在弋阳，七队的朋友很热心地为情场失意的他介绍了一位女朋友，但他告诉我："怎么说呢，总觉得谈不来。"放弃了。我知道，他心中只有"黑大的眼"，我想起马君武的两句诗："海不能填唯有恨，人难再得始为佳。"这是他的终身憾事。要知道，他是个十足的痴情诗人！

在金华，他像个真正的老大哥那样无微不至地关怀我。有一天，是个大太阳的好晴天，他和我一起到离城十多华里的北山去找红十字会战地救护队的一位负责人，请他替我开个"通行证"。这样，我算是有个"身份"了，要不然，居住和行旅都不方便，随时会遇上麻烦。回城的路上，看到脸色苍白的他吃力地走着，实在不忍心，他是个病人啊！

蒋政权已经加紧做皖南事变的准备了，金华作为东南进步文化中心是他们要"扫清"的重点,进步团体被取缔,进步人士被捕,被杀害,不能不做撤离的准备。绀弩去桂林编《力报》副刊,辛劳也动身回上海去了。这次离别,真有生离死别的悲痛,临行前,我送给他一首小诗:

用梦喂养的日子,

就这样匆匆离去。

难过伴随我们的

永远是吹来阴云的冷风?

梦花落了……

梦再开花的时候

不再是这样的模样,

不再是这样的颜色。

当然,任何时候,我们都是与绝望无缘的,我们有不可动摇的信念,梦花会越开越美,越开越鲜丽的。形势急转直下,荃麟、葛琴出走福建永安。在永安停留半年多后,辗转到桂林。得到荃麟动身西行前的信,我开始筹措旅费,1941 年 6 月间,到了桂林。那时,绀弩已去重庆好几个月了,10 月间回来,邀我做他的助手,一起编《力报》副刊《新垦地》和荃麟在《力报》短暂停留期间创刊的《半月文艺》,后来我们还创刊了诗专页《半月新诗》。我们一直记挂着《捧血者》的出版。有个从上海流亡到广州,又从广州流亡到桂林,参加过黄宁婴、陈残云等主持的"中国诗坛社"的胡危舟,联合桂林本地诗人陈迩冬、阳太阳以及文协桂林分会的李文钊,办了个诗刊《诗创作》。抗战期间,戏剧和诗最受欢迎。这个诗刊发行量不断增加,善于经营的胡危舟,刊物出版到第 3 期就改大 32 开本为 16 开本,篇幅一下子增加 4 至 5 倍,同时计划出丛书,我们向他推荐《捧血者》,他欣然同意,而且登出预告。可惜的是始终找不到发表后半部《捧血者》的《刀与笔》杂志,没能印成。文协桂林分会没有经费，几乎无法开展工作，远方(新知)书店愿意出一本会员作品自选集，稿费全部充作文协经费，由绀弩主编。我建议编进《〈捧血者〉序诗》，因为辛劳不是桂林分会会员，我自己的诗没有选，算是给留出个位子。绀弩同意了。同时由于胡危舟那里诗集来稿不断增加，他已无意于出版《捧血者》了，虽然在出版业相当发达的桂林，也还是找不到另一个愿意出版它的地方，日子就这样一天一天地过去，出版它的希望仍然只是个希望。《二十九人自选集》的出版对于我们，能让《〈捧血者〉序诗》多一次流传机会，也算是慰情聊胜于无了。

虽然没法通信，但辛劳在上海的生活，仍然可以想象：写诗，搞诗歌运动，贫穷，靠稿费治病和应付日常开支。身患重病的他，只有凭着那份坚强执着来支撑，只要有诗，他就永远潇洒。但敌人包围下的上海到底不是久居之地，太平洋战争爆发后不久，《半月新诗》收到从上海某个诗社寄来的一批诗稿，来信中说上海已不是"孤岛"了，他们都将离去。后来知道，辛劳到上海后创建了"行列社"，很可能这批诗就是辛劳让他们寄的。那么，他是知道绀弩和我都在《力报》的了。

我们估计，他必定会回到部队。后来知道他在盐城，还担任"苏北诗歌协会"负责人，积极提倡街(墙)头诗，在他，算是已经跨出了一大步。他牺牲的消息，我们很久以后才得到，已经是抗战胜利后了。怎样牺牲，牺牲于什么地方，有几种传说。听说杭约赫(曹辛之)等主持的森林出版社出版了《捧血者》，但我没有见到。捧着生之鲜血贡献给民族战争的他，无疑是我们时代最值得尊敬的诗人，他的诗是和生之鲜血分不开的，一身都是诗的他，一身都是战斗者的鲜血，他，一身都闪耀着用鲜血写的诗的红宝石的光芒。

1997. 10. 长沙

谈左联诗人辛劳

钦　鸿

辛劳的生平事迹,现已鲜为人知。已经出版的多种文学辞典和人物辞典,除了香港李立明的《中国现代六百作家小传》、台湾周锦的《中国现代文学作家本名笔名索引》以及《中国现代文学作者笔名录》以外,都未收入他的词条。而上述三种编著,记载他的事迹也很简略,有的还不无差错。近年来,我在从事现代文学作家研究的过程中,注意到辛劳事迹的收集,又曾向他的战友林耶、锡金、学生宋丈等人作过一些调查,对他的情况略有所晓。

辛劳诞生于 1911 年。他的籍贯,李立明和周锦在他们的著作中均称系黑龙江,但对具体县份都不甚了了。1985 年,我找到左联作家林耶,他告诉我说,辛劳的籍贯,"既不是呼兰,也不是海伦,更不是呼玛,是呼伦无疑。在哈尔滨至满洲里国际铁路线上。……该县约在现在呼伦贝尔盟的布特哈旗(扎兰屯)。①"林耶在左联时期曾与辛劳并肩战斗过,他关于辛劳籍贯是呼伦的回忆言之凿凿,应当是比较可信的。但他认为呼伦是现今的布特哈旗(扎兰屯),却有误。据查《中国历史地名辞典》,呼伦即为今天的海拉尔。而从地图上看,海拉尔恰如林耶所说,是在"哈尔滨至满洲里国际铁路线上"。他的童年和少年时代就是在这辽阔的呼伦贝尔大草原上度过的。

1931 年九一八事变,打破了辛劳在故乡的平静生活。他不愿过那亡国奴的生活,便与其他东北文学青年一起毅然离开故乡,流亡来到上海,并很快地与左联发生了联系。据林耶回忆,辛劳于 1932 年 5 月加入左联,与他同时加入的还有师田手和林耶,都是东北文学青年。他们三人住在北四川路余庆坊的一个亭子间里,其活动直接受周纲鸣和何谷天(周文)的领导②。同年 8 月,辛劳与师田手、王梦孩三人因在闸北参加左联组织的示威活动而被捕,但在押时间不长,同月 16 日即被释放出狱③。大约在这以后,他参加了左联法南区小组的活动,与叶紫、尹庚、雷溅波等人在一起④。

1934 年至 1935 年间,辛劳化名陈中敏,在上海沪西劳渤步路(今长眷路)私立江苏中学任教,在这段时间里,辛劳还热心协助学生会组织一些进步的文艺活动,当时曾邀请著名演员金山来校导演活报剧《放下你的鞭子》,辛劳自己还指导学生排练,演出了主题是只有依靠自己才有活路的话剧《活路》,在全校师生以及周围的工人群众中产生了强烈的反响⑤。直至新中国成立以后,上海有些老工人还对当年的演剧情况记得清清楚楚,可见当时影响之深了。

辛劳原名陈晶秋,1935 年 4 月他在上海《太白》半月刊第 2 卷第 3 期上发表处女作《索伦人》一文时,才首次启用了辛劳的笔名。这一笔名,凝结着他在艰难的生活道路上的劳苦辛酸,也反映了他对处于社会下层的广大劳苦人民的满腔同情,其含义是很深刻的。从此,他便以此为从事文学创作和革命活动的通用名,久而其原名陈晶秋反而不为人们所知了。

从风俗志《索伦人》问世起,辛劳就一发而不可收,在二三年时间里,陆续写出了许多作品,分别登载在上海出版的《创作》《文学丛报》《中流》《小说家》《文学》《热风》《时代文艺》《光明》《诗歌杂志》等刊物上。他一开始就写诗歌,但似乎当时更热心于小说创作,曾发表了《饥饿的伙伴》《自由以后》《火线上》《强盗》等多篇作品,大多取材于自己的生活经历,反映社会的现实问题。1937年"七七"卢沟桥事变后,全民抗战的烈焰点燃了辛劳火热的诗情。这位"拙于言辞,而心热如火"⑥的诗人,这时期在诗歌创作上异常勤奋,接连写出《难民的儿歌》、《夜袭》、《吊伐扬·古久列》、《战斗颂》、《火中一兵士》等一系列诗作,主要刊登在郭沫若、夏衍在上海所办的《救亡日报》上。这些诗作热烈宣传抗日救亡,纵情讴歌抗日军民的战斗业绩,在当时诗坛上产生了影响。其中《献在鲁迅先生坟前》一首,是他这时期的代表诗作。诗中写道:

在这十月的战野,

烽火照红漆黑的幽夜;

我们擎枪

严峻地守在哨岗;

无暇到你的坟前……

无暇悲哀了——流泪,你将认为侮辱。

你的灵魂站起来了,

我们深知在心,

你在领导我们酣战,

走向胜利犹如生前。

这激荡着悲愤豪壮之情的诗句,像画笔,勾勒出这位左联诗人决心继承鲁迅精神、驰骋于抗日前线的战斗英姿,又像鼓点,振奋起亿万人民同仇敌忾要与敌寇决一死战的胜利信心。

抗战开始前后,辛劳曾再次遭到国民党政府拘捕,并被押送到苏州反省院。获释后,他重回上海。1938年1月,新四军在皖赣一带成立,大批革命文化人如黄源、任光、安娥等,纷纷前往参加,投身于战地文艺活动的洪流。

辛劳也从上海来到皖南新四军军部，先在军战地服务团工作，后调入徐平羽主持的文艺创作室，与聂绀弩一起工作，一面进行个人创作，一面辅导青年作者，像林琳、菡子等人，就是在他们的辅导下，开始走上了创作之路的。辛劳自己的创作，也卓有成绩，除了一些短篇作品以外，还写出一部著名的长诗《捧血者》。关于这首诗的创作情况，吴强曾有一段回忆，不妨引录如下：

"……记得那是用第一人称"我"写的，全诗是发抒个人热爱自由、渴望光明的知识青年的内心情感，也就是一篇革命青年的内心独白。⑦

这首蜚声诗坛的长诗，后来于 1948 年 5 月被列入《森林诗坛》，由上海星群出版社出版，但辛劳在皖南新四军军部工作的时间并不长。因为当时军部对待知识分子和文化人，在工作方式和生活方式上对他们与部队干部、战士作同等要求。而辛劳体质素弱，兼患肺病，对此无法适应，便于 1939 年夏秋之际离开皖南，回到"孤岛"上海。当时，他已经是一名中共党员，所以一到上海，不久就参加了由地下党员锡金领导的诗歌团体行列社，为抗日救亡奔走呼喊。数十年后，蒋天佐在回顾"孤岛"时期革命文学活动时，将辛劳的名字排入"文艺战线上走在最前列冲锋陷阵的"之列⑧，充分肯定了他在这一时期的贡献。当时，他以自己在皖南新四军的生活体验为题材，创作了散文《野操》、长诗《棉军衣》，以及短诗《五月的黄昏》《土地》等作品，在上海《文艺新潮》《奔流文艺丛刊》，永安《现代文艺》等刊物发表，还编成一本诗集《深冬集》，交给锡金，准备列入行列社编的《诗歌创作丛书》出版。据锡金回忆，这本诗集篇幅较大，是辛劳除长诗《捧血者》以外的诗作的总集。但未及付梓，太平洋战争便突然爆发，行列社战友们不得不四散隐蔽起来。锡金将这部《深冬集》与白莽的《孩儿塔》一起，用油纸包好交给朱维基，埋藏在朱的岳父家后面的菜园子里。从此，诗集便再也没有找到。1985 年 2 月，锡金在长春寓中向我忆述这段往事时，不胜遗憾地说："诗集虽然不是我丢的，但是经过我的手丢的，真是可惜啊！"

1941 年皖南事变后,新四军代军长陈毅为了重振军区文化工作,从上海调集了一大批文化人到新四军工作。在陈毅的亲自筹划和具体安排下,邹韬奋、范长江、贺绿汀、阿英、戴平万、蒋天佐、丘东平、许幸之等著名文化人先后来到苏北盐城,在亭子港附近建设了一个文化村。在这群蹈厉奋发、热情似火的文化人中,就有诗人辛劳。他在这里感受到陈毅等领导人的亲切关怀,心情十分舒畅,写作甚为勤勉,完成了大量反映抗战生活、充满革命情怀的诗歌和散文作品,散载于桂林《诗创作》《力报·半月文艺》《浙江日报·文艺新村》《东南日报》,以及姚思锉在金华所编的《大风》《新力》《刀与笔》等报刊。1941 年 5 月,他在上海文国社出版了两本散文集《炉炭集》和《古屋》。同年,上海诗歌出版社还印出一本他与邹荻帆等人的诗歌合集《收成》。

在那动乱的战争年代,许多有才华的诗人作家不幸厄于英年,辛劳也复如此。关于他去世的情况,有两种不同的说法。锡金说:1941 年 7 月前后,日军侵略者向苏北革命根据地发动大扫荡,丘东平、许晴等作家在突围中英勇牺牲,辛劳在随某部队撤退时与国民党韩德勤部队遭遇而被俘,因为他身患肺病,不堪折磨,因此不久便病逝于狱中[9]。而吴强则说:1945 年抗战胜利后,辛劳从上海奔赴淮安解放区,途中"经过国民党顽固派的占领区扬州时,顽固派的军队竟将他逮捕,随即加以杀害"[10]。这两种说法虽然颇有歧义,但关于辛劳惨死于国民党反动军队之毒手这一点,却是一致的。

辛劳仅仅开放了三十来年的鲜艳的生命之花,就这样遭到粗暴的摧残,他那未及充分施展的灿烂的创作才华,就这样被无情地扼杀了! 这是辛劳的不幸,也是现代诗坛的一个损失。

由于辛劳的过早牺牲,他的创作未能臻于他应臻之高度。但他的著名长诗《捧血者》等作品,却会长久地被读者所传诵;特别是他在生命的最后一刻,英勇不屈,傲对顽敌,以鲜血谱写的诗篇,更是无比壮丽、千古不朽的。

历史将永远记载着这位年轻的左联诗人和革命战士的英名！

注释：

①见林耶 1985 年 2 月 26 日致笔者函。

②见《左联回忆记录》第 831 页，中国社会科学出版社 1982 年 5 月版。

③见林耶 1985 年 5 月 31 日致笔者函。

④见雷溅波函，载《中国现代文艺资料丛刊》第 5 辑第 60 页，上海文艺出版社 1980 年 12 月版。

⑤见宋丈 1985 年 10 月 27 日致笔者函。

⑥⑧见蒋天佐《上海"孤岛"时期文学工作回忆片断》，载《上海"孤岛"文学回忆录》(上)，中国社会科学出版社 1985 年 9 月版。

⑦⑩见吴强《新四军文艺活动回忆》，载 1980 年 11 月《新文学史料》第 4 期。

⑨据笔者 1985 年 2 月 5 日在长春采访锡金的记录。

寂寞者和他的血

——"孤岛"诗人辛劳

赵文菊

三十年代后期到四十年代前期,在上海"孤岛"和战时东南文艺战线上,曾经活跃着一位独具个性的诗人——辛劳。辛劳在当时的"孤岛"文坛和东南文艺战线上曾产生过相当大的影响。但是,在今天他几乎鲜为人知,甚至在中国现代文学馆所编的《中国现代文学作家大辞典》所收录的六七百人中也找不到他。近期,《世纪的回响》丛书第一辑中辛劳的诗文合集《捧血者》出版,使我们更多的人从历史的尘封中又得到一位热血诗人。

一、辛劳生平

辛劳(1911—1945),1911 年出生在内蒙古呼伦贝尔盟(扎兰屯),也就是现在哈尔滨到满洲里国际铁路线上的海拉尔。辛劳,原名陈晶秋,曾用过很多笔名,如肖宿、叶不凋、煊明、骆寻、辛洛、骆寻晨、方可和夏晴等。辛劳这个笔名，"首见于风俗志《索伦人》，载 1935 年 4 月上海《太白》半月刊，尔后用于《文学大众》《创作》《时代文艺》《光明》《救亡日报》《浙江日报》等报刊，后沿用至今"。①

在故乡辽阔的呼伦贝尔大草原，辛劳度过了自己的童年和少年。1931年九一八事变后，刚满二十岁的他，从此就在血泪交织的祖国大地流浪、挣扎、战斗直到牺牲。先是从日寇残酷蹂躏的关外家乡，与一些东北文学青年一起流亡到上海，并于 1932 年 5 月加入左联。8 月，因在闸北参加左联组织的示威活动被捕，随即被释放。此后，辛劳转移去左联法南区小组，与叶紫等人一起活动。在上海期间，辛劳开始了早期创作，同时开展很多社会工作。他曾与电影、戏剧界进步人士刘莉影、魏鹤龄、白杨等交往。1934 年至1935 年间，他又化名陈中敏在上海沪西劳勃生路（今长寿路）私立江苏中学执教。在认真授课教学的同时，还引导学生阅读进步书刊并指导他们写作、办墙报等等。他还编写了《给初学写作者的信》四篇，油印分发学生阅读，为学生们组织的拓荒演剧队和拓荒歌唱队写过一首《拓荒社社歌》，还带领过学生参加左联的诗歌研究和写作活动。1937 年卢沟桥事变后，辛劳积极投身于抗日救亡运动，并以笔为武器，宣传抗日救亡运动。这期间，他写了十多首热情激昂的诗，如《火中一兵士》《夜袭》《在火中》《战斗颂》等来歌颂抗日军民的战斗业绩，并发表在《救亡日报》上。"八一三"之后，他又投身于国际第一难民收容所（设于当时的震旦大学的操场上）的难民教育工作，一面在难民中扫盲，一面宣讲革命事迹和革命道理。这期间，他还参加了更广泛的社会活动，比如帮助平津流亡同学会的同学们办刊物，支持他们的创作。

1938 年春节前后，辛劳把他的离别之情寄托在一首短诗《别上海》（见《华美晨报·诗歌周报》）中，便去了皖南新四军军部。到达云岭新四军驻地后，他先在战地服务团，后调入徐平羽（当时名白丁）主持的《抗敌》丛书编委会，与聂绀弩、林琳等一起工作，一边坚持创作，一边辅导青年作者林琳、茵子等。辛劳还与编委同事一起创作并演出了反映西安"双十二事变"的独幕剧《圣诞节之夜》,剧本曾作为礼物送给正在新四军驻地视察的周恩来副主席。不久,辛劳患肺病,病中与比他年幼的彭燕郊、王元化交往弥深,并在文学上对他们有所指引。同时,他就在皖南小河口后方医院病室内,酝酿和创作长诗《捧血者》及其续集,并与温州主编《暴风雨诗刊》的莫洛等通信谈论革命诗歌创作,关注诗歌的命运和发展。

大约在 1936 年夏初,辛劳被疑为"托派"。于是他又回到上海,贫困与疾病的折磨,并不曾妨碍他从事由中共地下党领导并于 1941 年正式问世的诗歌团体"行列社"的种种活动,并且更积极地投入诗歌创作。这时写了长诗《棉军衣》短诗《土地》《年夜》等,还写了散文《旅客及其他》《野操》等。这些作品显示出他日趋成熟的创作所具备的艺术上的独特性,并受到各方面的好评。后来辛劳重返新四军驻地,不久又为形势所迫,被疏散到金华及浙东地区,与聂绀弩、邵荃麟在一起。几个月后,彭燕郊也来到金华及浙东一带。辛劳在此仍一面养病,一面从事救亡文化工作。1940 年 5 月 3 日,他为长诗《捧血者》补写了《后记》(见 1942 年 4 月 30 日出版的《诗创作》第 10 期)。在此前后,他还写了长诗《秋天的童话》《五月的黄昏》和散文《血》《做学兵》。1940 年 5 月,又与彭燕郊等从事《诗时代》的筹备工作。1941 年皖南事变后,陈毅为了重振新四军的文化工作,在苏北筹建了一个文化村。辛劳在此之前已进入苏北根据地,住在北文协,与东平、何士德同在盐城。1941 年 5 月 30 日,苏北诗歌协会成立,辛劳为副理事长。这一阶段,他心情振奋,创作更加勤奋。1941 年 6 月 10 日,辛劳的《新十四行》诗发表在《江淮日报·新诗歌》专页上。他一变过去的诗风,尝试用西方诗歌形式,表达苏北根据地的农夫们保家卫国的生活,诗中洋溢着乐观欢娱的情调,在《诗创作》《力报·半月文艺》和浙东各地的报刊上,他的诗歌和散文也不时出现。

由于战局的动荡变化,在新四军北移之前,辛劳又一度返回上海。这次在上海,他编辑并出版了两本散文集《古屋》和《炉炭集》。在诗歌书店出版的三人合集《收成》内也收了他的新作《命令》等。

1941年初夏,辛劳再次离开上海,重返新四军,从此再没有回到上海。在苏北革命根据地或奔赴解放区的途中,他死于敌人的屠刀下或监狱中,时间大约在抗日战争后期,在1941年到1945年之间。辛劳把他的"生之鲜血"捧在心中献给了诗歌与民族解放事业,却带着他年轻的生命中许多美好的憧憬和他痛苦的疾病,历尽苦难,在胜利到来前离去了。

二、辛劳的创作在"孤岛"与东南文艺战线中

辛劳"在上海'孤岛'时期和东南文艺战线上,是位作出过重要贡献的革命诗人"。[②]辛劳的诗创作从1934年左联前后开始一直到抗日战争中后期他牺牲为止,虽然创作时间只有十年左右,却是他生命历程的三分之一。现在我们能见到的辛劳最早发表的作品,是写于1934年的散文《阴影》(已不知初载于何处)。这时期辛劳创作偏重于诗歌、小说、散文,而且作品内容多取材于他自己的生活阅历,反映各种社会现实问题,从分别发表于当时与左联有关的一些刊物如《小说家》《中流》《光明》等等上面的这些起步之作中,辛劳展示给读者的是充分的热情与难免的幼稚。卢沟桥事变后,为形势所迫,也为抗日热情所鼓舞,辛劳去了皖南,从此,他不断在皖南各地与上海"孤岛"之间奔波居留。战乱、疾病都未能阻止他日趋成熟的创作。他告别了早期起步的蹒跚,写出了显示他独特艺术风格的好作品。辛劳结集的诗作有:《捧血者》(1948年5月由上海群星出版社列入《森林诗丛》出版);《五月的阳光》(1939年由江西上饶东线文艺社编入《东线文艺丛书》印行,但至今未见原书);《深冬集》(长诗《捧血者》以外的诗作总集,篇幅较大,已编入行列社《诗歌创作丛书》,太平洋战争爆发后诗稿遗失);《栅栏草》(1943年11月油印刊行,内收写于韩德勒省府狱中的《在月夜》《五月十四日》《小夜曲》和《插秧女》)。此外,辛劳还有长诗《望家山》《秋天的童话》《五月的黄昏》《战

马》和《棉军衣》等,短诗则更多。散文集有:《古屋》《炉炭集》(这两本 1945
年由上海文国社出版)。集外还有《旅客及其他》《做学兵》等等。后期,辛劳
还写过一些文艺短论,如《街头诗断论》等,其他还有待于搜索整理。

历史和命运把辛劳与他的同时代人置于那个多苦多难的时代,而辛劳
作为"一种悲惨与光荣的遭遇"③者,却比一般人更多苦难。当时中国人国破
了,家亡了,而辛劳是国破了,家先亡,又加上使他力不从心以致悲伤愤怒到
质问命运"岂有此理"④的疾病,致使他流亡、流浪,以他诗中所吟咏的"行
人"的心和血负载更多的希望与阴影。用辛劳自己的话说:"生在这个时代,
我们不幸,我们又幸福,我们不幸,乃是在这动乱的时代中,有血,有泪,有痛
苦,有悲哀,有黑夜,有崎岖的长路;我们不可避免地必须尝受,必须挣扎,必
须战斗,必须与死神相持。我们幸福,乃是在这动乱的时代中,能碰见这些
万花缭乱的动乱,使我们人生丰满,使我们看见我们自己的坚韧和人的勇
敢。"(同注③)正是历史自身的经历造就了特殊时期、特殊地区的"孤岛"与
东南战线文学,而辛劳则成为这种特殊背景下一位独具风格的诗人。

1938 年 10 月,国民党军队向西撤退之后,上海租界以外地区全部落入
日寇之手,因为日本还未向英、美、法等国宣战,不能占领租界,而使之成为
"孤岛"。直到 1941 年 12 月,太平洋战争爆发,"孤岛"长达四年零一个月之
久。随着大撤退、文艺队伍的分散和上海沦陷而来的是文坛的短暂沉寂。
然而,在沉寂中留下来的一部分人很快"整顿队伍,讲究策略,占领阵地,重
整旗鼓,以利奋战"⑤,新老作家们共同奋战,以一当十,以少数的人手带来了
文艺在极短沉寂之后的"大奋起、大发展"(同注⑤)。而"在'孤岛'文学战
线上走在最前列冲锋陷阵的(同注⑤)"就有辛劳。作为地下党员,作为抗战
前就已出现的一位革命诗人,辛劳得到这样的评价:"他的诗同他的人一样
……拙于言辞,而心热如火,气壮山河。"(同注⑤)吴强则称赞辛劳是一位
"胸中充满着革命激情的文学素质深厚"(同注②)的诗人,是一位"才华横

溢"(同注②)的诗人。

"孤岛"时期的诗歌创作,不及小说、散文的成就大,但成绩也是显然的。"孤岛"期间,上海先后出版过的诗歌专刊有四五种,并有二十多种以不同篇幅定期刊载诗歌作品的综合性刊物,陆续问世的诗集就有十多种。还出现过几个积极开展诗歌活动、对"孤岛"诗歌创作分别起过不同作用的诗人群体。其中,1940 年 1 月正式问世的"行列社"是由"诗歌座谈会"演变而来的,是以一批左翼作家为主的诗人群体,辛劳便是其主要成员之一。行列社是一个真正意义的文学社团,有严密的组织机构,其活动范围广泛,大家切磋创作技巧,关心时事,办《行列》半月刊,积极开展诗歌朗诵,出版《行列小丛书》。为了应付险恶的"孤岛"环境,还以别的名义出书,如辛劳的诗集《深冬集》已编就,欲以"泽上社"名义出版,因战乱未果。

辛劳在"孤岛"的诗歌创作,从题材大致可分为三类:一类是歌颂中国人民以鲜血和生命保卫祖国的伟大斗争,如《土地》和《自由》等;二类是描写新四军军内生活,如《棉军衣》和《五月的黄昏》等;三类是抒发诗人的志向和情怀,如《捧血者》《年夜》和《命令》等。《上海"孤岛"文学》(陈青生等著)认为,根据诗人从军经历创作的长诗《棉军衣》,真切生动地描绘了新四军的艰苦生活与高昂斗志,向"孤岛"人民展现了抗日劲旅的风貌。这是当时上海的其他诗人心有所愿而笔底难现的。《棉军衣》等诗作在一定程度上弥补了"孤岛"诗坛很少直接表现抗战军旅生活的缺憾,也因此成为辛劳诗作在题材方面的一种特色,这也给当时"孤岛"以现实主义为主的诗坛注入一种热力。辛劳的《命令》一诗热切呼唤诗人们"听候着时代的命令",投身"祖国的战场",要把"柔媚的语言全部抛掉,风花雪月扔在坟里",要有"粗犷的韵脚"和"钢铁的音带",使"每个字都喷着烈火"——要用诗歌打击敌人,歌唱真理和自由、祖国和人民。辛劳这时的诗作,也像他的主张,具有文辞朴素粗犷、节奏铿锵有力、情绪热烈激昂的风格。但辛劳的有些诗作,被东平认为,流露了"战士的疲劳","灰暗了些"⑥。

　　当时,东南战线的文学虽与"孤岛"文学同属抗战文学的一支,但它的突然繁荣却正是由于从上海等文化中心一批"流失"而来的作家与当地"从战火中脱颖而出"⑦的青年作家一起铸就的。在这种繁荣局面下,地处交通要冲的金华、上饶则成为文艺活动的几个中心。新老作家们以空前的热情和强大的现实主义文学精神去拥抱战争的血与火。辛劳,作为其中一员,也"辛勤地耕耘在血火渗沥的东南诗坛"(同注⑦),甚至"一度活跃在东南战场前哨,亲历了战斗场面"(同注⑦)。每每在辛劳诗文后面的附记里,能让人看到创作产生的某个时期、某个时刻、某一地点。东南诗人们展开的"东南诗运",更促成了战时诗歌创作的空前盛况。各地的诗刊、丛书、报纸副刊、诗专集正是为这繁荣提供了充分宽广的阵地。其中影响很大的诗专集,是以殷梦萍(叶菲)、洛丁为主编的上饶"东线文艺社"出版的以诗为主的《东线文艺丛书》十部,辛劳创作的《五月的阳光》位列其中。

　　辛劳当时也同其他东南诗人一样,作为一名"文艺战士",他的诗作也闪耀着强烈的现实主义光芒,这也正是当时抗战文艺的总的特征。但辛劳的诗叙事性很强,展现出一幅幅有血有肉的生动画面,仿佛直刺人的耳目,把那战争的铿锵血火牢牢嵌入灵魂。比如《五月的黄昏》,写一个老兵,顶着斑白的头发,在"烟霭染上薄暮的霞色/回荡、盘绕/蜷曲而上升"的时刻,怀着战士的亲情,回想一幕幕与敌人交战的情景,于是,诗所绘就的民众奋勇抗敌的画面在老兵与读者眼前凸现出来:"那些同行的伙伴的死,/虽然是胜利的死——/殉难的血染红了这片那片墓地……/但是,当敌人/还因梦想而叱咤的时候——/一个小号兵,(/被夕阳染红了脸蛋,黄铜的号在闪着光华。)/站在那边生着小花的坟头上,/吹起,呜呜的厮杀的节奏。"当时,由于战时的特殊环境,"堂皇的文艺期刊大抵寿夭不定,主要阵地只能指望报纸的副刊。副刊篇幅有限,这就决定了鸿篇巨制的无由问世。因此,小诗多,……诚属势所必然"⑧。但是,这时的辛劳,却带病创作了长诗《五月的黄昏》《秋天的童话》以及"呕心之作"(同注⑦)——长诗《捧血者》。后者原拟发表在《东南战线》上,但《序诗》及聂绀弩的序文刊出后,《东南战线》却停刊了。编者认为此诗是辛劳"最近产生的一千行的抒情长诗,这类长诗在抗战以后,还是很少见过,在结构和表现方法上都很成功"⑨。

辛劳把他自己短暂的生命汇入了时代的洪流中,把他自己的文学创作融入现实主义的潮流中。但是,无论是作为"'孤岛'文学战线上走在最前列冲锋陷阵"的"重要一员"(同注②),还是作为"用鲜血和生命谱写了东南诗坛的重要一页"的"战时东南诗坛的一位重要诗人"(同注⑦),他都做出了自己的贡献。这跟他的个性、经历、文艺思想以及他对文艺的执着、冷静的态度是分不开的。辛劳生前的一些朋友回忆道,"辛劳是一个很有个性的人,他不轻易放弃自己的看法和主张"⑩,他的真诚、热情、直率,甚至我行我素、愤世嫉俗的种种品性,使他有时显得固执,在许多方面不合流俗。比如在皖南战火中,他曾顶着别人的批评和嘲笑研读《红楼梦》。这些,也许使他在生活中不是处处受人理解,却使他的诗如其人,颇能独具一格。辛劳的经历:流亡、流浪、疾病,不断出入"孤岛"与东南战线两个截然不同的环境,都使他比别人有了更多苦难,也有了更多思想和收获。这也变成诗的养料,使其分外茁壮。辛劳的文艺思想未成系统,但他不是盲目创作。从已发掘出的一些零散材料,我们可以看出他的一些主张。在创作初期,他所主张的是"社会价值第一,艺术价值第二"(同注⑩),这种来源于"拉普"的观点虽然偏颇,并在以后的创作实践中得到纠正,但是,这也表明,辛劳的创作从一开始就自觉接受理论的指导,同时显示出他献身社会的热情与创作的最初动机。这也使他成为左翼的一员,始终跟进步的主流文学站在一起。辛劳曾写过《街头诗断论》一文,认为诗歌的大众化应从街(墙)头做起。1939 年在皖南小河口后方医院的病室内,正当他呕心沥血酝酿创作著名长诗《捧血者》及其续集时,也曾写信(刊于浙江温州莫洛主编的《暴风雨诗刊》第二集《暴风》)强调诗的"极重大的责任",认为诗作为"大时代"的"进军战鼓与历史的里程碑","需要更响亮、更开朗",并且表白自己"决定写有意义、有内容、有韵律的诗"。辛劳当年曾与王元化相当激烈地争论文艺问题。王元化这样回忆当时的情形:"可以说,当时他对文艺的理解要比我深刻得多。我受到由日本传入的苏联文艺理论的影响,在不少观点上有机械论倾向。"(同注⑩)可见当时辛劳已克服了早期机械接受外来理论影响的弊病。辛劳另外有篇散文《树和剪树的工人》,反映了他对艺术个性的珍视。文中以象征的手法,坚持提倡保留树的"自然"的"个别的风姿",而认为剪树的工人把树修剪好,"整齐而好看"是一种"残缺而丑陋",并以树的名义提出抗议。

从以上我们可以看出,辛劳的创作在逐渐成熟的过程中越来越自觉地坚持时代与个性的辩证统一。他把自己的艺术个性看得很宝贵,他忠于现实,但又能摆脱时代模式,摆脱机械论的影响。辛劳不仅坚持自己正确的创作观念,同时,他在投入创作时勤奋、严谨。正如他把民族解放大业作为己任一样,他也把诗本身虔诚地看成生命。王元化先生回忆当时的情形:"最使我难忘的是辛劳把他写的长诗《捧血者》拿给我看。这首诗刚完成不久,他经过了反复修改。我还看到修改前的初稿,我把两者对勘,发现初稿许多地方已被大段大段地砍去了,还有不少段落后来留下来的只有寥寥几行。辛劳把他的全部心血都倾注在这首长诗上。在当时那样的环境里没有人会像他那样去做的。他对文学的不顾一切的执着,真是使人感动。半个多世纪过去了,至今我还记得他为我朗诵自己诗歌时的情景。他的脸因为兴奋而发红,眼睛闪耀着灼热的光,两片薄薄的嘴唇微微发抖,声音在震颤。……"(同注⑩)在辛劳的时代,很多文艺创作者,由于当时的现实氛围,往往顾此失彼,有的是记得使命忘了艺术,有的是记得艺术忘了使命。像辛劳那样,在其成熟的创作中,把个人融入时代,同时又把时代融入艺术个性之中,是难能可贵的,这也正是辛劳在"孤岛"和东南文艺战线中所贡献的优秀作品之外,所贡献的另一种健全的文艺精神。这也是"活得寂寞,也死得寂寞"(同注⑩)的诗人,直到今天,还不能被历史尘封的原因吧。

三、《捧血者》及其他

辛劳的创作以现实主义的手法为主,然而强烈的洋溢不止的创作激情,又使其作品流露出浪漫主义的壮丽色彩。代表作长诗《捧血者》正是由此显示出其最突出的特色:沉郁的深情与坦率的热情交织融汇成一种深沉、激昂、豪壮的风格。浓烈的"情"的奔涌,使《捧血者》可以被看成是一首抒情诗;强烈的"叙事性"的呈现,又使这首长诗浓云一样的"情"并非天马行空虚无依凭而是从地裂之中喷薄而出;丰满的血肉,使那沉郁的深情仿佛含了铅。亡国丧家的悲愤,逃亡离散的惊慌,流浪乱世的艰辛,思念家乡的缠绵,这一切都在成功的叙事中,以鲜明的带血泪的画面推呈在读者面前。然而,抒情主人公作为亡国之子,在民族抗战势力的感召下,几经徘徊,告别忧郁的流浪生涯,"捧着"自己的"生之鲜血",终于汇入一股"血"的洪流中,又使长诗在沉郁的深情中,注入一种坦率的热情,这不可遏止、不必含蓄的民族之子大力奋起的热情,犹如一束强大的光明,投射进浓云深处,使铅般的沉重融化尽净,而抗战拯救的热情则像一团火在天宇中壮观地燃烧。在这坦率炽热的燃烧中,诗人同民族大众的"血"作成了燃料。

"血"使诗绪由压抑奔向昂扬;"血"使诗色由"月黑的夜"变换到"红霞辉煌";"血"使诗的节奏由缓慢转为急促。在整首诗中,诗人不仅把"血"交给读者,更把带血的心整个儿捧给读者,仿佛一个生命活鲜鲜地站在面前,于是,抒情主人公带着诗人的"自白"跟诗人重合了。这首"热情如火焰"的长诗使我们读到一个"心热如火"的诗人,一个血与火的时代,也读到一个不甘屈辱的民族,共同的深沉、激昂、豪壮。

《捧血者》由《序诗》和另六章《行人》《月黑的夜》《我爱》《奥秘》《林雀》

《古歌》组成。《序诗》前引了裴多菲的诗：为了祖国/不捧着生之鲜血/那是/不爱国的人们。《序诗》下题着："献给家修和在炮火中走散的人们。"另六首诗每首正文前都有不同的引诗。这些精心设计使全诗的结构显得完善结实、工整有序。《序诗》与另六章诗浑然一体，但又从诗形排列、句式长短、表现手法、内容、节奏等方面显出多姿多彩的变化来。《序诗》是抒情主人公出场时，以第一人称自白，捧出的一颗坦率炽热的心。这个"在旅途中长大了"、"从忧患里""解悟人生"的"我"，站在现在与未来之间，"想起走过的路都是那么艰苦"，"久违春日也久违故乡"，但是，却"不控诉"、"不哀告"、"不惋伤童年的逝去"，而是"望着远方"，"探索着希望"，发誓用"歌声"去"袭击"敌人的"灵魂"。在这里，诗人用了两组对比鲜明的词语：一组是要用战斗去消灭的"黑暗"、"痛苦"、"忧患"、"深仇"和"忧郁"，一组是憧憬胜利所要获得的"阳光"、"梦"、"春日"、"晴天"、"远方"、"家乡"、"未来"、"自由"。这个矛盾而勇敢，有着叫嚣的"火热的灵魂"的抒情主人公的自白，为全诗定下了深沉、激昂、豪壮的基调。

长诗的前三章以第二、三人称交错的手法，饱蘸着浓郁婉转的深情叙写了逃离家园的哀伤、悲愤，对侵略者的控诉、对家乡的怀念和对幸福生活的回忆与憧憬。从《行人》一章，诗人开始把《序诗》中的抒情主人公"我"打扮成"他"与"你"，人称交错变换。在二、三、四、五章中也是如此。从不同角度来抒发情思。在这一章中，一个"阴郁"的行人，沉默不语，仃独行在山间。在"夜要吞没了人间"，"山上已展开逐客的夜幕"的时候，农人与牧羊都要归去了，行人却徘徊留恋。凝望"暮色"、"归鸦"、"流云"、"流水"，心中只有作为"旅客"、"游子"在"旅路""长途"上"浮奔"、"漂流"的无限艰辛，更不敢"追寻记忆"，因为"记忆就是痛苦"。自从在"月黑的夜"逃离了家园，"久违"了"我爱"，便

是这样

在流亡的路上，

这不幸的旅客，永骑着哀伤，

那匹古怪的劣马，

颠簸得他骨碎，筋疲。

从没走近太阳，

在黑夜里驱驰。

"他"一遍遍在心中询问：

妈妈慈爱的眼睛，

鬓上有没有白发？

爸爸脸上添多少皱纹？

（久违，我爱！）

小妹怎样出了嫁？

六月荷还开吗？

（久违，我爱！）

李子树结果有多大？

高粱红不红？

黄豆、谷子和荸麻？

棉花，怎样，

在黄熟的秋阳下？

多少人死啦？

邻居还存几家？

被害者的尸首堆多高？

江水还流吧？

死者的坟上生多长青草？

（久违，我爱！）

小孩子有没有心思吹喇叭?

然而,"他"却只能"在梦中:不止一次回到乡里";"他"也只能"欺骗着家里","没有一封信,敢提起他的灾难",而把流浪的悲苦,深深藏起。因为,"他"牢牢记得那"月黑的夜",逃离家门时,母亲的句句鼓励叮咛以及妹妹"娇弱的哭声"。如果说激昂奋起的宣言将在长诗的后三章中,几经犹疑而嘹亮地喊唱出来,而以他坦率的热情催人前行,那么,长诗感人肺腑的沉郁深情便蕴含在《行人》《月黑的夜》《我爱》这三章中。尤其是《月黑的夜》,除了仍然大量使用《行人》《我爱》的表示疑惑、焦虑、惦念、关切的询问句式,扣人心弦外,还调用了戏剧的宾白手法,为诗的叙述周密地表情达意,如以下一段:

"逃吧! 随便哪里!

只要你能够离开这魔鬼的土地!"

(青年摸着小妹长吁,

眼泪落着谁也不能计数!)

"不要想我!"母亲说,

"无论在什么面前,

你不要露出畏惧,

孩子,走吧,我不想你!……"

由于叙事、描绘的成功,《月黑的夜》的文字构成一幅幅连续的流泪、哽咽的画面。由于象声词和重叠词的使用,更使这些画面表达逃亡者悲愤流连的深情,如:

钻进谷地,

谷穗叹息地摇着夜风,

他站在穗子中间,久久,

握了满把,

眼泪就簌簌坠下。

又如：

田沟的流水，

　　仿佛知情——

　　为了送行，才流响溶溶。

　　一阵乡风吹起，

漾起土地的香气，郁郁。

正是蹂躏了家园的侵略者所激起的悲愤，使不幸的流亡者，在艰辛的环境中，去探索内心奋起的力量与出路。由于徘徊中领悟了林雀勇敢精神的启示，最后拔剑而起。《奥秘》一章的表现手法又变化为一整章使用戏剧的对白手法，展现出流亡者内心的"奥秘"以及在战士的激励下，热血喷涌，逐渐崛起的决心与意志。战士的激励犹如战鼓，声声鼓荡出流亡者心中鲜红的回声：

"我的血！

　　我的血！

　　我的血！"

而且，这样的回声一直反复，犹如滔滔不绝的波浪怒卷于心海。这一章诗恰似摆队的军列，变换出复杂整齐的队形，喊出地动山摇的厮杀声，并且，节奏越来越快，仿佛流亡者那颗心会带动读者的心，一下子撕裂胸腔，好似弹簧刀的利刃，弹跃而出。诗人"血的情结"在这一章中也表现得淋漓尽致。但是，在壮烈的《古歌》响起之前，诗再一次跌宕，因为，奋起者还需要验证他被激起的决心。于是，《林雀》一章，全面使用象征手法，以林雀由怯懦而奋勇战胜凶鹰的场面带来的鼓励，结束了奋起者心中的最后一点犹疑。"风萧萧兮易水寒，壮士一去兮不复返"，仿佛是这样的古歌响起来了，未来新生活的憧憬也展列于眼前。为了"祖国的新生"，要把自己的血"渗进那血海中去"。因为诗人已经在另一首诗《秋天的童话》中看清了真相："这是个血与血比赛的世纪！/用血赌博，用血侵略，用血抵抗；/血换来我们的胜利，敌人的毁灭——/……/自由——血与血——自由！"整首诗结束在"前进，爱祖国的人们！"这个雄壮、坦率、热情的音符上。正好与《捧血者》题目下的引诗"为了祖国/不捧着生之鲜血/那是/不爱国的人们"相呼应。而诗人，也正如诗中捧血的抒情主人公一样，除了奉献出诗的号角，也将为民族大业"呕血而死"（同注⑦）。《捧血者》的确是一曲沉郁、激昂、豪壮的长长的号角，诗人怀着沉郁的深情和坦率的热情，用他的血吹奏出这一曲号角的跌宕起伏、磅礴多姿，犹如跳跃的火焰，使每一个接触到的人心中生热，血温升高。诗人仿佛调动五脏六腑在吹奏这一曲，多种创作手法的精心运用，为他周密细致的情绪达意。这样的诗，在一个匆忙呐喊战斗的年月，避免了粗糙，仍不失豪壮，血肉丰满，却并非小情小调。这的确是时代与个性、艺术与思想浑然融汇的难得之作。

辛劳在代表作《捧血者》之外，另有《古屋》等其他诗文。现在能见到的一辑主要收辛劳 1938 年到 1940 年在安徽、浙江、江西、江苏等五六个地方写的一些短小文字。多数跟《捧血者》一样是病中之作，是在流离之旅所作。在这些文字中，作者思考了很多题目，比如"勇敢"、"幻想"、"梦"、"希望"、"快乐"、"幸福"、"厌倦"等，同时，他也写"故乡之忆"、"血"、"掘墓者"、"古屋"等，他说"我生在春天"，"期待""雨夜""重逢""夜话"；但是他的《雨天书简》却尽是尴尬困窘的生存悲悯与坦然自嘲；他也写军旅生涯中一些真实平凡的故事；《旅客及其他》中有"旅客"、"跛足的人"、"静静的夜路"这样的题目，仿佛暗示着一种生存的艰辛真相。总之，在《古屋》中的文字，最可亲的是他的真实、坦诚。在这里，激昂豪壮的东西少见，更多的是"战士的疲劳"。在这疲劳中，固然有对幸福将来的憧憬，但更多是对那憧憬的自己等不到的隐忧以及由此对别人将来的祝福，以及困扰这样一个无私灵魂的一种困苦的现实:疾病,渴望战斗而身体不允;生存环境的贫穷压抑;人性的悲哀等等。一切犹如蛛网,黏黏地缠绕着一颗要热情、要明净、要爽快的心。然而,这被缠缚的心中却并不全是失意,它潜流着一股坚韧的活水,缓缓地冲刷许多残渍固迹。这些文字在怀疑中,一直有"梦"。

注释:

①徐道翔,钦鸿:《中国现代文学作者笔名录》。

②陈梦熊:《濒血者》编后记。

③辛劳:《古屋·短的告别》。

④辛劳:《古屋》后记。

⑤蒋天佐:《上海"孤岛"时期文学工作者回忆片段》,《上海"孤岛"文学回忆录》(上),中国社会科学出版社,1986 年。

⑥东平:《给〈捧血者〉的一封信》,《捧血者》(陈梦熊编),珠海出版社,1997 年。

⑦王嘉良,叶志良:《战时东南文艺史稿》。

⑧公刘:《短序三篇》,《随笔》,1992 年 5 月。

⑨《东南战线》1939 年第 5 期(转引于《战时东南文艺史稿》)。

⑩王元化:《〈捧血者〉序》,《捧血者》(陈梦熊编),珠海出版社,1997 年。

苏浙皖诗群：
一个活跃于新四军抗日根据地的诗人群体

周　锋

　　1937 年 7 月，抗日战争爆发，国共两党再度实现合作。陕北的主力红军改编为国民革命军第八路军。10 月，南方八省的红军游击队改编为国民革命军新编第四军，军部设在皖南泾县。改编后的新四军深入华中敌后，建立抗日根据地，开展抗日游击战争。1940 年 11 月 23 日，刘少奇、陈毅率领华中新四军、八路军总指挥部以及中共中央中原局，前往苏北重镇盐城。这座历经战火的苏北小城从此走上了历史前台，成为华中抗日根据地军政指挥中心，先后开辟了浦东、苏北、苏南、浙东等抗日根据地。抗日的热潮吸引了五湖四海有识之士的到来，一个主要活动于皖南泾县、苏北盐城以及浙东金华一带的诗人群体也逐渐形成、发展、壮大起来。他们一手拿笔、一手拿枪，挺进敌后，坚持抗战，并逐渐发展成为一支阵容强大的敌后抗战诗群——苏浙皖诗群。

一、苏浙皖诗群的第一时期：1937 年 7 月—1940 年 10 月

抗战初期，即从 1937 年七七事变到皖南事变前夕、新四军总部北撤的 1940 年 10 月这一段时间，被誉为"江南的延安"的新四军军部所在地安徽泾县云岭，张开双臂欢迎着来自全国各地的热血青年和文化界进步人士。

1938 年 5 月 1 日，由皖南军部创办的《抗敌报》正式创刊，先后开辟了《文艺》《战士园地》等五种副刊。夏征农的《三年了，皖南》、戈茅的《将军的马》等先后在《抗敌报》上发表。1939 年 2 月，军政治部在云岭创办了大型综合性半月刊《抗敌》，朱镜我、李一氓、林植夫、夏征农、黄源等为编委，每期有文艺栏，第 10 期为文艺专号，也先后登载了陈毅的《十年》（新四军军歌的初稿）、聂绀弩的《收获的季节》等诗。1937 年和 1940 年，皖南地区还办了一些刊物，包括战地服务团一些油印小报，陈亚丁在上面发表了《游击队》，还有粟裕的《为官陡门战斗胜利题诗》也给人留下了珍贵的历史记忆。正是这些刊物的出现和写诗的倡导，使苏浙皖诗群慢慢形成起来。不过，从作者队伍看，初期苏浙皖诗群和晋察冀诗群成员的组成有所差异，晋察冀诗群纯以青年战士为主，而苏浙皖诗群则是以文化界人士为骨干的，并且一开始就有军部领导人热心介入并作为作者参与，这些都为这个抗日根据地诗群层次的提升、方向的明确打下了坚实基础。

聂绀弩、辛劳和彭燕郊是初期苏浙皖诗群的代表性诗人。

抗战爆发后，聂绀弩积极投身救亡运动。1938 年，他带着周恩来的介绍信来到皖南新四军军部驻地云岭，任新四军文化委员会委员、军部综合性刊物《抗敌》编委，负责《抗敌》丛书编委会工作。辛劳，即陈辛劳，九一八事变后，流亡到上海，1932 年参加了左联。"八一三事变"后，投身国际第一难民收容所工作。1938 年春节前后，他随难民所一批青年离开上海，与陈亚丁等一起来到新四军军部。他先在战地服务团，后调入《抗敌》丛书编委会，与聂绀弩在一起一面进行创作，一面辅导青年作者，两人结下了深挚的情谊。同

年 3 月,彭燕郊在闽西地界龙岩参加了新四军,被安排进政治部宣传队工作,并随新四军第二支队北上皖南,任战地服务团团员、新四军宣传队员,并很快就与聂绀弩相熟了,后来又和陈亚丁、辛劳结识。但没多久,彭燕郊因患肺病,住进了离军部一百华里的小河口后方医院疗养,辛劳比彭燕郊晚两个月到小河口。两人同住一个病室达半年之久,朝夕相处,情同手足。六个月后,彭燕郊去离小河口医院几十里外的后方印刷厂工作。辛劳大约在 1939 年夏初离皖返沪,参加了由中共地下党领导的诗歌团体行列社①的种种活动,但时间不长。随之,辛劳又从上海重返新四军驻地战地服务团。

这一年多时间,作为苏浙皖诗群最早的三个成员,聂绀弩、辛劳、彭燕郊虽和陈亚丁、戈茅、吴蔷、赖少其、张祖尧、幼声、仲彭、扬采衡等先后到达皖南根据地的诗作者一起在上述报刊上发表诗作,展开这个诗群的初期活动,却还未见有扩大诗群的实质性表现。不过,他们都能把伟大民族战争的时代感召与个人献身祖国的意欲结合起来,写下了不少诗,如聂绀弩的《不死的枪》、辛劳的《望家山》、彭燕郊的《春天——大地的诱惑》等,已为这个诗群打下了抒情基调。

自 1939 年底起,国民党加紧对皖南新四军抗日活动的扼制。此前,聂绀弩已奉调离开了军部,去浙中金华——战时东南文化的中心。临别前,辛劳前去送行。辛劳的《渡船前——送绀弩兄》一诗写的就是当时的情景。后来,辛劳也去了金华,1940 年春夏之交,彭燕郊也从皖南新四军岩寺留守处乘汽车去了金华,与聂绀弩、辛劳等再度相聚,而苏浙皖诗群第一时期的活动中心也就从皖南的云岭转到了浙江的金华。金华在"八一三事变"后,由于地处交通要冲且浙江临时省府所在地方岩又在近地,竟一跃而成了浙赣线重镇,也成了"东南文艺据点"。

战初浙江的文艺运动,首先是由 1938 年 11 月在金华成立的中共浙江省文化工作委员会和 1940 年春成立的中共东南文化工作委员会领导的。省文委以骆耕漠为书记,邵荃麟、葛琴为委员,工作重心在浙江。东南文委以邵荃麟为书记,夏征农、钱俊瑞、冯定、骆耕漠、冯雪峰等为委员,工作也以浙江为中心,同时面向福建、江西及皖南地区。当时,《浙江潮》和《东南战线》是影响较大的两个刊物。《浙江潮》于 1938 年初由进步学者严北溟在丽水(后迁金华)创办,是一个政论兼有文艺的期刊;大型综合型半月刊《东南战线》则于 1939 年 1 月 20 日在金华创刊,是东南分局宣传部的机关刊物,主编是邵荃麟和骆耕漠,诗人兼诗歌翻译家姚思铨等任编辑委员。1939 年,聂绀弩从皖南调来金华后,参与《东南战线》的编辑工作。《东南战线》特约撰稿人有薛暮桥、黄源、严北溟及诗人夏征农、聂绀弩等二十多人,邵荃麟的论文《艾青〈北方〉》就发表在这上面。不过,刊物只出了五期。6 月 1 日,替代它而出版的《文化战士》半月刊,由聂绀弩任主编,只出版第一卷第一、二两期就被查禁。诗人王亚平等曾撰稿,艾青在《文艺栏》上发表诗论《诗的散文美》。

1940 年 1 月,邵荃麟担任国际新闻社金华分社负责人,在金华柴场巷 17 号住处挂出了国际新闻社金华分社办事处的牌子。这里实际上是中共中央东南文委机关所在地,负责提供文化资料和接待来往的文化人或去皖南找新四军的人。聂绀弩、杜麦青、辛劳、赖少其、彭燕郊等都先后在这里住过,冯雪峰、姚思铨、雪村等也经常来。姚思铨,笔名万堤思,是诗人、翻译家和木刻家。1937 年 1 月,他将马雅可夫斯基作品的译作二十篇,集名《呐喊》出版。杭州沦陷后,他流亡来金华,1939 年 12 月创办《刀与笔》综合型文艺月刊。在创刊号上就登载有赖少其、邵荃麟等的文章。由于国民党当局的干预,该刊前后仅出四期。1940 年,姚思铨创编《大风》周刊,以后又接编《新力》期刊,《浙江日报》副刊《江风》、《文艺新村》,替他写稿的大多是在浙江工作的包括诗人聂绀弩、冯雪峰、辛劳、高岗等人。辛劳 1939 年初冬到金华,与聂绀弩、邵荃麟等住在一起,一面养病,一面修改、定稿《捧血者》。该诗构思和创作于皖南新四军驻地。1940 年 5 月 3 日离开金华前，他为这首长诗写了《后记》。《东南战线》第 5 期曾打算发表长诗的《序诗》和聂绀弩为它写的《序》，但因此刊被迫停办也就转发于姚思铨编的《刀与笔》。这样千行以上的抒情长诗那时不仅少见，并且由于它能把民族战争的时代感召与个人献身祖国的意欲高度结合起来，更给东南战时文化中心的金华地区诗坛以新鲜感。与此同时，彭燕郊进入金华柴场巷 17 号后，也写了不少诗，如发表在《现代文艺》等上的《七月献诗》《岁寒草》等，在一定程度上有别于七月诗派那种强烈的主观色彩，重在第一现实对主观精神的决定作用，这种强调深入事象内里和主观战斗意欲结合成一体的抒情路子，也给战时东南文化中心的诗坛以强烈的印象。凡此种种都成了初期苏浙皖诗群从皖南向战时东南扩展流派诗风的标志性特点。

　　当时已在金华的聂绀弩注意到温州在抗战初期的重要性。作为东南沿海主要出入口的温州同上海周围地区、东南内地各处的联络、交流都较方便，1939 年下半年聂绀弩到金华后不久，即由邵荃麟介绍同温州诗人莫洛通信，莫洛寄去了温州刚印成的《叛乱的法西斯》——莫洛、唐牧、胡今虚、孙哲文四人的诗合集和温州的"海燕诗歌社"办的《暴风雨诗刊》，莫洛是这家诗刊的主编，所以也向聂绀弩约稿。这一场交往也就使莫洛及《暴风雨诗刊》成了初期苏浙皖诗群在东南战时文化中心活动所看中的发展对象。莫洛在七七事变发生后，从上海回温州，组织"永嘉战时青年服务团"，进行抗日宣传，并加入中国共产党。1938 年，他与唐牧、胡今虚、孙哲文等组织"海燕诗歌社"，编辑诗歌期刊《暴风雨诗刊》。此刊因遭国民党查禁，仅出了两期，第一辑名为《海燕》，第二辑名为《风暴》。仅出版了两期的《暴风雨诗刊》，倒也发表了袁水拍、辛劳、锡金、吕漠野、雷溅波、侯唯动、唐牧、胡今虚、向青、麦青的诗，还有一些作品竟是由邵荃麟转去的新四军诗人的作品。《暴风雨诗刊》除了所发作品有高亢的抗敌激情，另一特色就是把木刻、歌曲这些艺术形式与诗歌配合起来;在诗歌作品方面则以抒情诗为主,又刊载一些译诗、报告诗、长诗、通俗鼓词小曲以及诗论等。莫洛在发刊词中表示:"愿以强烈的斗争意志,把握住诗歌的武器,据守在自己的岗位,献出我们的生命来向暴敌抗争!"在与聂绀弩联系时,莫洛也正与在金华、上饶等地活动的诗人覃子豪等联系,欲筹备成立"中国诗歌协会东南分会",以期实现东南诗人大联合,推进"东南诗运"的开展。聂绀弩在给莫洛寄去热情洋溢的长信中说到自己也正在编刊物,并对莫洛的《叛乱的法西斯》直率地提出了意见,同时向他介绍了诗人辛劳,还把辛劳的长诗《望家山》寄给了他,同时也不忘一个要求:通过莫洛向温州同志索稿。后来莫洛把辛劳的长诗编入诗刊《海燕》,并把聂绀弩的来信摘入这期诗刊的《海燕带来的消息》(各地诗人来信)一栏里。这一辑《海燕带来的消息》,摘登的来信还有:浙江兰溪的向青,金华的邵荃麟、麦青、覃子豪等,借此向东南各地的诗坛及读者传播了包括初期苏浙皖诗群在内的诗讯。这样的书函交流持续到 1939 年冬天,聂绀弩借开展新四军文化工作的机会,到温州与莫洛会面。聂绀弩此行促进了温州同金华方面的联系,而聂绀弩作为初期苏浙皖诗群的三个核心人物之一,在拓展诗群的活动中,也因此行而做出了实实在在的贡献。

值得特别一提的是:初期苏浙皖诗群在以金华地区为中心的这场拓展不仅波及浙南温州,还波及浙西。在浙西游击区也有《青年突击队诗刊》,这是薄薄的油印本,收入山林、远征、竺青、金岛等未见经传的诗人的作品。《文艺阵地》第 3 卷第 7 期(1940 年 8 月 16 日出版)的《书报述评》栏目刊载了水拍的同名文章,这样介绍《青年突击队诗刊》:这是一些诞生"在各处战壕内,在游击司令部,在沦陷了的城镇,在风雨交加的小乡村茅屋内,在无数坚贞的、沉着作战的握枪的无名战士的腕底、或则一些背起行囊和军队生活在一块的政治工作员的日记册之中"的作品,"我们对于这些诗歌抱有无穷的希望与热爱","因为它是进步的,成长中的,向着大路行进的",这些装订

"整齐可爱"的油印本正如山林的一首诗里所写那样，虽"没有绮丽/也没有格调"，将是"一个信号"，告诉我们在"天蓝色"的天目山下，一队青年政工者怎样的活跃着，"欢乐地前进"着，"好像忘了苦痛"。他们有"甜蜜的苦痛"，有"凄凉的接吻"，有"愉快的哭泣"，"从这些诗作中，我们知道了这些政工者建立游击区、组织、说服民众的工作是何等艰苦与重要"，同时也使"我们"知道了敌后方民众的遭遇与斗争的姿态："十一月的风/吹自湖面/我听到/敌人占领地方同胞的悲喊。"(竺青《十一月的风》)水拍所指出的这个小小诗群的诗歌风格特征确是苏浙皖诗群那种诗歌精神的体现：既是艰困的，也是乐观的；既是悲怜的，也是高昂的；既是个体化的群体的，更是群体化的个体的。可惜，随着1940年夏秋间国民党政权的政治"清乡"，这个分支也没有再见新的活动。

　　值得指出的是，抗战期间社会政治生活是瞬息万变的，当皖南新四军根据地受国民党政权威胁，初期苏浙皖诗群的活动中心不得不从皖南泾县转移到浙江金华。但不到一年，浙江的政治"清乡"紧跟皖南的军事"清乡"来了。以邵荃麟为首包括聂绀弩、辛劳、彭燕郊等诗人又不得不分散撤离。首先是聂绀弩去了桂林办《力报》，彭燕郊回福建。这两人从此脱离了苏浙皖诗群。那时皖南根据地虽备受威胁，但军事"清乡"还未正式开始，这使得有些从金华撤离的人又回到皖南，如辛劳，而原本在温州的莫洛也不得不投奔皖南新四军军部，因为政治形势险恶，《暴风雨诗刊》第三辑（原定名《太阳》）即胎死腹中。在这种情势下，才使党组织送莫洛去了皖南。1940年8月，莫洛几经周折，最终成功抵达皖南新四军驻地，并直接到丁家山中共东南局向曾山报到。莫洛在丁家山见到了以《新华日报》特派员身份先行到达皖南的戈茅②，还见到了"神交已久"先他一步回到泾县的辛劳③，他们"一见如故，谈得很是欢畅"。莫洛、戈茅等人到那里时，政治宣传部组织一些作家和文艺青年成立诗歌协会，召开文艺座谈会，李一氓、夏征农、黄源、任光、钱俊瑞等也积极参加协会的活动,这些都深得人心,吸引了更多的人去到皖南根据地。原中国诗歌会的蒲风也于 1940 年 8 月离开梅州,于这年初冬到达云岭新四军军部。但这时政治形势又发生变化,新一次反共高潮已有"山雨欲来"之势了。这一年的 11 月,迫于形势变化,中央指示皖南新四军军部要撤到江北,在苏北、皖北广大地区开辟新根据地。于是 12 月,军直属队约3000 名非战斗人员分两批撤离皖南。第一批队伍主要是军政治部系统的文职人员(包括战地服务团),将近 1000 人。第二批随之结集,主要由军需处、军医处和教导总队 1000 多人构成。蒲风没有去苏北,在到达苏皖边区天长县不久就转入地方工作,一年多以后在那里病逝。这是后话。辛劳只身离开部队,先去了苏北;莫洛和戈茅则分别被编入第一批和第二批队伍中。12月,莫洛写下《渡青弋江》一诗向皖南告别,就这样,苏浙皖根据地诗群第一时期的活动也到此结束。

二、苏浙皖诗群的第二时期:1940 年 11 月—1942 年 5 月

苏浙皖诗群第二时期活动的中心是两个:新四军盐城根据地和江西上饶集中营。

苏北抗日根据地创建于 1940 年。是年秋,新四军陈毅部和八路军黄克诚部南北对进,开赴敌后抗日,于 10 月 10 日胜利会师于盐城。随着苏北根据地的开辟和发展,苏北盐阜地区的文化事业和文艺活动也蓬勃兴起。随军北上的战地服务团和抗敌剧团等部队文艺团体中包括丘东平、许幸之、许晴、何士德等在内的一批作家、诗人、音乐家先后进入盐城。1940 年 12 月底,莫洛等人北撤来到苏北丹阳地区。在这里,他遇到了陈亚丁。半个月后莫洛一行人渡过运河,再渡长江,抵达江北后,经过泰兴、泰州、海安等地,然后到达东台。在东台传来了皖南事变爆发的消息。莫洛乘小货轮离开东台,抵达盐城。戈茅则随所在先遣队从云岭北上,经宣城到郎溪再到溧阳,经过镇江茅山根据地渡江北上,最后到达苏北,并在如皋见到了陈毅。在陈毅的安排下,戈茅一行人到了盐城。皖南事变发生后,刘少奇、陈毅奉命在盐城重建军部。1941 年 1 月 25 日,新四军军部重建大会隆重召开。在陈毅的邀请下,许幸之朗诵了自己新作的诗《打起你的鼓吧,同志!》:"打起你的战鼓吧,同志们,/举起你们的战旗,/用你们的歌声,/喊出你们的悲愤",诗作为政治鼓动的作用凸现了出来。苏北地区文化教育活动在抗战爆发后受到很大破坏。根据地建立以后,先是快速加强教师队伍建设。莫洛到达盐城后也就被分配到县立盐城中学工作,并开始构思长诗《渡运河》。这期间,莫洛与黄凡、王远明在一个破旧的祠堂同住。据莫洛回忆:王远明是山东烟台人,父亲经商,家里很有点儿资产,他是瞒着父母到盐城来参加革命的。黄凡是江西人,自称"鄱阳湖的儿子",1939 年 1 月—9 月间曾在《文艺阵地》发表过 8 首诗:《鄱阳湖的儿子回来了》《陇海线上》《我守卫在潼关》《为八一三而歌》《吉安》《船》《手杖》《给南昌人》。三个人都是诗的爱好者,也就有了共同语言,相互交流鼓励。莫洛在那时写下了《晨》《枪与蔷薇》等短诗,还在 4 月初仅用两天时间完成了六百多行长诗《渡运河》。这一年的暮春,莫洛常看见陈毅在太阳将要西斜的时候骑着一匹栗色马,穿过盐城市街跑向郊外。诗人捕捉到了这一幕,写了《陈毅同志》。诗来自生活,生活是创作唯一的源泉,在全新的战斗生活中,莫洛诗情勃发,还陆续写了《晨颂曲》《串场河两岸的春天》《炊事兵》等诗作,记录下他在盐城抗日根据地的所见所感。

为了更好开展抗日宣传和文化建设,在刘少奇、陈毅的领导下,鲁迅艺术学院华中分院也于 1941 年 2 月 8 日在盐城成立。许幸之、戈茅等参加了筹建工作,并在鲁艺华中分院任教。此外,戈茅和戴万平合编了一个大型文艺刊物《江淮文化》。两个月后,即 1941 年 4 月 16 日,盐城召开苏北文协代表大会,成立了苏北文化协会,钱俊瑞担任会长,戈茅任秘书长。许幸之所作反法西斯战争的长诗《春雷》还在大会上朗诵,受到与会作家和文艺工作者的热烈欢迎。这一时期,大批文化人从敌占区、国统区来到苏北根据地,其中有阿英、车载、薛暮桥等,还包括向阳、林山、陆维特等诗人。同年 5 月 30 日,苏北诗歌协会又在盐城成立,出席的知名作家、诗人 20 余人,陈毅、钱俊瑞等参加会议并讲话。会议推选葛健吾、辛劳为正副理事长,许幸之、何士德、陆维特、戈茅等 7 人为理事。陈毅到会讲话,号召广泛开展苏北诗歌运动。苏北诗协成立后,莫洛、许幸之、辛劳等都按捺不住激情,写出了一首又一首新诗。许幸之的诗《黄金谷》通过对蓝天、白云和丰收景象的描写,再现了根据地美好的风光和人民在民主政权下幸福的生活。莫洛也在这时写了《麦熟时节》《射阳河岸上的向日葵》等作品。辛劳还发表了自己的《新十四行》,表现苏北根据地的子弟兵与农民一起收割麦子、保家卫国的生活,洋溢着乐观情调。女诗人江明写了近三百行的长诗《六月,苏北的原野》,描绘了当时苏北农村的原野景象以及壮阔的战斗生活,展示出一幅翻身农民扬眉吐气、军民同心协力迎接民族解放的壮阔历史画卷。就这样,新四军盐城根据地成了苏浙皖盐城根据地诗群第二时期的第一个活动中心。这个中心的活动既有将军诗人陈毅的参与,又有文学界知名人士夏征农、阿英、许幸之的牵头,更有一大批战前或战初已活跃于诗坛的辛劳、戈茅、莫洛、陈亚丁、黄凡、林山等做骨干,唱响了一曲民族解放与人民民主协奏的时代大合唱。而许幸之、戈茅与莫洛显然已成为核心人物。

但好景不长,由于苏北抗日根据地发展迅速,敌伪顽绞在一起的"清乡"扫荡也随之更加频繁起来。1941 年 7 月,日伪军集结两万兵力开始大扫荡。7 月 9 日新四军军部从盐城泰山庙撤出,9 月 5 日转移到停翅港。鲁艺华中分院分两队撤离,一队随军部转移,二队约 200 余人由孟波、丘东平、许晴带领,在北秦庄时与敌人遭遇,丘东平、许晴等 20 多位文化工作者在战斗中壮烈牺牲,60 多位被俘。鲁艺华中分院遭受重大损失,新四军文艺活动受到巨大破坏。在这场反扫荡斗争中,苏浙皖诗群的战士诗人纷纷奋起高歌,誓死反击敌伪。1941 年 8 月,戈茅写下了《飓风》一诗,表达了迎击风暴的共同意志和坚定信念。

尽管敌人扫荡频繁,但中华民族的好儿女仍不怕千难万险,坚持战斗在敌人后方。对于苏浙皖诗群来说,1941 年的夏秋即反敌伪大扫荡的前后,活动是既艰难又变化不断的。辛劳在反扫荡前夕,往返于上海与苏北的路上失踪。④而许幸之与戈茅在反扫荡前后,即被组织派往香港。但这个诗群还是在流动状态中发展壮大,不仅以盐城为中心的抗战诗歌活动仍在活跃地展开,并且又带动起敌占区上海的诗歌活动。对这件事须提及盐城与上海之间诗群发展壮大的牵线人——莫洛。莫洛没有参加 1941 年 7 月在苏北进行的反日伪大扫荡。这一年暑假,他为了接妻子去苏北根据地,曾从盐城到上海办证并转道杭州回温州,到上海后他找到诗人锡金,又因锡金的介绍见到了诗人、翻译家朱维基和翻译家芳信。在莫洛滞留上海期间,他也参加了辛劳在上海时常去的行列社,与该社的新老社员一起座谈讨论诗歌创作,介绍苏北根据地的苏浙皖诗群情况,并在会上朗诵自己在盐城写的叙事诗《山店》(载《上海诗歌丛刊》),他还经常与朱维基、芳信、锡金、唐向青等人交往。唐向青复旦大学毕业后没有工作,住在杭州的一家小旅馆中靠给《东南日报》副刊投稿所获稿费度日。后来去上海加入"蚂蚁社读书会"。加入党组织后,他一直在浙沪地区搞地下工作。抗战期间,他写了不少诗。曾在《文艺阵地》发表《白杨花飘落的时候》《莫记住我,母亲》《轿夫》《上工》《歌者》等诗。1941 年,唐向青去上海,欲与党组织取得联系后去苏北根据地。正是在这时,他结识了芳信、朱维基、锡金等,并参加他们的活动,先后担任《诗歌月刊》《上海诗丛》的编辑。也是在那里他和莫洛结识,受苏浙皖诗群的诗歌观念与风格的影响,写下了《凉棚》《布鞋》《风箱》等诗发表在 1941 年的《东南日报》等处。1942 年,唐向青受命为浙东、苏北根据地建立起交通路线。1943 年 2 月,他还送机密情报去淮南根据地,见到了陈毅同志,并写下了《过黄花荡》等诗。

朱维基比莫洛年长十二岁,那时正在翻译英国诗人奥登的诗集《在战时》。战前,他出版过《花香街诗集》,以抒发个人感情为主,抗战爆发后留守上海。"孤岛"时期,他与锡金等人组织"行列社",编诗歌半月刊《行列》,并秘密组织抗日诗歌座谈会和朗诵会,以诗歌为武器,坚持抗日。1941 年末,太平洋战争爆发,上海沦陷,朱维基被日本宪兵队拘捕入狱。1943 年出狱。经历身陷囹圄之难,他的诗风大转。这一时期,朱维基写了许多抗日诗歌,译了一些反映世界反法西斯战争的诗,他把这时期的诗作选出二十一首,编成《世纪的孩子》,后来在上海永祥印书馆出版。莫洛则是在朱维基入狱前几个月与他结识的。锡金比莫洛大一岁。1937 年抗战爆发后,他协助茅盾编《抗战文艺》。1938 年加入中国共产党,后在上海组织行列社,编辑诗歌半月刊《行列》和《上海诗歌丛刊》,并与楼适夷等合编《文艺阵地》和《奔流新集》,著有诗集《黄昏星》。1939 年,他曾参加江南游击战争,在江南抗日义勇军(归属新四军)任江南社(新华社)记者。抗战期间,他写有《中国的春天》《江岸》《夜泊吴淞口外》《海珠桥》《黄昏星》等诗作。由于锡金的关系,莫洛还认识了行列社的几个青年诗人,如浙江瑞安的洛雨。这一年 10 月,莫洛才回到温州老家。在上海的这三个月对莫洛来说是难忘的,其意义在于他把以苏北盐城根据地为中心的第二时期苏浙皖诗群的活动和沦陷时的上海联系了起来。

火种在燎原,如果说皖南事变前后,莫洛、戈茅等经过千辛万苦到达了盐城,开始了新的生活和新的战斗歌唱,那么还有一批战斗人员,如吴越、陈子谷、赖少其等,他们却都在皖南事变中被捕,关押在上饶集中营。这使得历史庄严地宣告:苏浙皖诗群的第二时期又有了一个活动中心——上饶集中营。

吴越,1931 年肄业于南京中央大学。1935 年去日本留学。1939 年调入新四军,写下了一些饱含深情与斗志的诗篇。1941 年 1 月 4 日,吴越随部队北上,在大坑王突围中被捕,押送上饶集中营。陈子谷,左翼诗人,又名陈子鹄,泰国爱国华侨。1935 年 8 月出版诗集《宇宙之歌》。1938 年 1 月参加新四军,1939 年秋在陈毅所领导的第一支队政治部任敌工科干事、团政治处敌工股长等职。在皖南,陈子谷写下了《战斗者》等诗,决心时刻准备着用"青春的汗和美丽的血"去"洗涤那飘扬着鲜红的旗帜的大路"。1941 年 1 月 4 日,陈子谷随部队北上,14 日被捕,也被押送到上饶集中营。赖少其,诗人、木刻家。抗战爆发后,先后在广州、武汉、重庆、桂林等地运用木刻创作从事抗日宣传活动,1939 年抵安徽泾县,在军部政治部工作。他曾写了《渡长江》歌词,经何士德谱曲,成为一首激励战斗、鼓舞士气的战歌。皖南事变爆发后,他突围中被俘,也被关押在上饶集中营。

上饶集中营总部设在离上饶十余华里的周田村,附近还有李村、石底、茅家岭监狱。1941 年 5 月的一天,赖少其等 30 多位新四军干部被押送到茅家岭禁闭所。在这里,他遇到比他先来到这里的冯雪峰⑤。他们一同被编入周田村"特训班"。在狱中,赖少其常为冯雪峰的诗作插画,冯雪峰也为他的画题诗。"特训班"的队长要冯雪峰等人办壁报。不久,第一期壁报贴出,其中就有雪峰的诗《普罗米修斯》。赖少其为壁报画的刊头是一只苍鹰展翅奋飞,其背景是集中营的铁丝网以及山峦,题名《高飞》。冯雪峰为此题了《愤怒》一诗,使寓意更加显豁。自此,"特训班"的壁报就一期期贴了出来,吸引了许多难友的围观,其中就有也被押送至周田村集中营的吴越,他读了壁报后很受触动,也为壁报写了一首小诗《山岩》⑥。壁报办得有声有色,后来被特务头子张超看出了问题,壁报也就被取缔,赖少其被押往茅家岭监狱,冯雪峰等"七君子"被押到石底监狱。凑巧一个月前陈子谷就被关押在石底,他也得以结识冯雪峰。"七君子"和陈子谷等人平时分开,但常利用上厕所和其他机会,互通消息,交换诗稿。这期间,冯雪峰写诗特别多,解回周田村后他还继续写，前后共写了长短诗 50 余首，如《雪的歌》《醒后》《荒野的曙色》《灵山歌》《黎明》《普罗米修斯》《火》等。其他人也写。陈子谷在石底花了三个多月工夫，仿照莎士比亚悲剧的语言写了一部以皖南事变中被俘新四军干部在狱中的斗争为题材的三幕歌剧《千古奇冤》（该诗稿已遗失）。他们以写诗来相互鼓励：对革命坚定信念，对敌人宁死不屈。苏浙皖诗群就在这个特殊环境中生气勃勃地开展起活动来了。这种环境里写成的诗已不是花前月下歌唱爱情的夜莺，而成了相互净化灵魂的神圣手段，甚至成了鼓动越狱的战斗武器。

赖少其由于办壁报，被加上图谋不轨的"顽固分子"罪名，投入茅家岭监狱。从茅家岭禁闭室送回到"特训班"后，他就准备越狱。冯雪峰得悉此念头后，就将别人辗转送给他越狱的三十块大洋毫无保留地交给他，还为他写了一封介绍信，以便越狱后去上海找联系人。在党组织、冯雪峰和林若秋同志的帮助下，1941 年双十节，赖少其利用剧团演戏画布景的机会越狱成功。[⑦]消息传到茅家岭，吴越、陈子谷等人非常振奋。陈子谷和吴越同囚一室，常常商量越狱的事，甚至提出一个更大胆的打算：暴动！暴动！暴动前，吴越写了一首鼓动歌词《当春天来临的辰光》，由钟袁平、徐家俊谱了曲。1942 年5 月 25 日下午，他们唱着这首鼓动歌如期举行暴动，一行 26 人，夺取守军一个排的枪支，冲出囚室，除两位同志负伤遇害外，其他人冲出虎口，上了武夷山，自由了！陈子谷到上海找到地下党的关系，回到驻扎在淮南黄花塘一带的新四军军部。吴越在武夷山流转千余里，次年初找到福建省委，继续在福建、江西交界的武夷山上举着革命红旗战斗。"当春天来临的辰光，/看，谁人还能阻挡……/自由呵，热爱呵，战斗的渴望……/看，谁人还敢阻挡？/当春天来临的辰光！"这首由吴越写词的歌继续在吴越、陈子谷的心中唱着，也在还囚于集中营的难友中唱着……这可是战斗的集结号，是苏浙皖诗群的声音啊！

1942 年春夏之交,日寇发动浙赣战役,占领金华后向江西推进,这时上饶集中营仓皇撤退到福建。11 月,党组织通过宦乡的关系把重病中的冯雪峰营救出来,冯雪峰逃离魔窟后,在浙闽交界处的丽水偏僻山村静养。1943 年 6 月初抵达重庆。同年《真实之歌》出版,内收诗 39 首,都是 1941 至 1942 年狱中所作。历史将证实《真实之歌》的诗歌精神及文本的艺术成就,代表得了苏浙皖诗群第二时期整体的美学风格。

三、苏浙皖诗群的第三时期:1942 年 5 月—1945 年 8 月

苏浙皖诗群的第一、第二时期总体表现为随根据地局势的变化而不时流动的特色。这种流动性首先表现为创作主体的不固定。如彭燕郊,1938 年去皖南云岭的新四军军部,随后在皖南泾县、浙东金华从事诗歌活动,以大时代的生活感召与主观献身的战斗意欲高度交融的诗歌精神从事着诗歌创作,成了苏浙皖诗群的开创者之一。但 1940 年夏秋之间迫于形势,他回福建后也就和这个诗群脱离了关系,成为只强调主观战斗精神的七月诗派。其次,这种流动性也表现为诗群活动中心的不固定,如这两个时期苏浙皖诗群活动基地,首先在皖南泾县,后转到浙东金华,继而回流泾县,又转向苏北盐城,更转到沦陷的上海和上饶集中营,真是百折千回。但这个诗群的第三个时期就不同了。随着新四军根据地的稳固,苏浙皖诗群的创作队伍和活动中心相对地稳定了下来。

1942 年 5 月,毛泽东发表了《在延安文艺座谈会上的讲话》,明确提出文艺要为工农兵服务,为政治斗争服务。1943 年苏北报纸转载了《讲话》。同年,经过英勇奋战,苏北根据地取得了第二次反扫荡的胜利。此后,一直到 1945 年,这个根据地也就相对稳定,新四军文化建设事业以苏北盐阜地区为中心得到了发展和壮大,苏浙皖诗群的活动也相对稳定,革命文化建设也随之提到议事日程上。

在新四军苏北根据地文化建设中,报刊图书的出版发行是一个重要的方面。这个根据地确立之初就有《抗敌报》(苏北版),之后又创办《新华报》《江淮日报》《先锋杂志》《盐阜报》《淮海报》《老百姓报》《盐阜大众报》等。其中,《江淮日报》《盐阜报》《盐阜大众报》是比较重要的报刊。1941 年 5 月中原局与东南局合并为华中局后,《江淮日报》作为华中局的机关报,由刘少奇兼任社长、王阑西任副社长兼总编辑。此刊面向一亿人口,日发行量达万份,除华中抗日根据地外,还秘密发行到日伪占领区,成为对敌伪斗争的武器。《盐阜报》是中共盐阜区委机关报,以宣传抗日民主为中心任务。《盐阜大众报》与《盐阜报》同是中共盐阜地委机关报,以其"从大众中来,到大众中去"的鲜明办报特色,在中国新闻史上留下了宝贵的一页。在这些报纸杂志上,发表了很多抗战诗歌。这些诗歌有表现根据地基层选举的,如林山的墙头诗《民选》:"下种要下好种子,/选举要选好代表,/下种之后要拔草,/选举之后要检举,/除草要除得干净,/检举要毫不留情";有的诗表现根据地人民边生产边战斗的生活,如里予的《穗子长在枪尖上》、朱廑的《保卫家乡》;有的诗表现反扫荡反"清乡",如佚名的《"清乡"谣》等;有的歌颂战士豪迈的战斗气概,如芦芒的《骑兵行》写出了"我们"——骑兵兄弟们,骑着北方的马,纵横奔驰在南方敌后——东海边沿,保卫祖国人民的豪情;有的写为赢得斗争胜利而献出了一切的人民群众,如南屏的《侯,你去! ——南通马老太劝子参军》(南通土话,"侯"是孩子的意思)塑造了一位深明大义、劝子参军的普通中国母亲形象;有的则是根据地战争的实录,如林枫的《陈家港战斗》记录了我军一次夜袭陈家港的战斗,女诗人方尼的《缴枪不杀》以女性的俏皮口吻讲述了一个故事:1944 年秋,新四军四师与日伪军在津浦路一带作战,四师骑兵团在追歼敌人时竟然出现亲兄弟以敌我对峙之势在战场相逢的奇事;有的诗抒写了各式战士坚守各类职责岗位的事迹,如写岗哨,予千的《老百姓站岗》以活泼俏皮的群众语言写出了民兵站岗放哨的有趣细节,谢云的《守夜的岗哨》以象征手法写出了守夜战士守卫家园、守望黎明的动人场景;再如写英雄,戈扬的《侦察员阿金》描述了一位"左手握着爆炸弹,右手高举驳壳枪"的侦察员的机智形象。此外,还有抒写知识分子的精神状态以及他们在战斗中精神成长历程的,如堤辛的《挽歌》、特青的《死亡不能威胁我了》。还有的写侵略者轰炸、扫荡给人民带来苦难,以及人民的奋起反抗。野耘的《东灶港》:"火光冲天/海水烧得血红,/东灶港三十六家/沉溺在火海之中……爸爸站起来了,/脸像盐灰那样黑,/手像盐锹那样硬……/在灰暗的海滩上,/扬起了跟西北风一样的吼声!"以上回顾可以让我们发现:这时期苏浙皖诗群的作品生活气息浓多了,并且具有现实主义的典型化特征,宣传抗日与政治鼓动的目的明确而自觉。唯其如此,才使延安提倡的街头诗也在这个诗群中风行开了。1941 年 7 月 19 日《江淮日报》发表了盐阜根据地最早见诸报刊的一批墙头诗,共 8 首,如李三的《自卫队》:"打狗要用棒,/救火要用水,/保卫家乡,/要组织自卫队……"虽然其中大多没有能以书面形式保留下来,但在当时给人们留下了深刻的印象。毛泽东《在延安文艺座谈会上的讲话》传到苏北,更鼓舞了根据地群众创作的热情,街头诗也更火热了,墙头诗、快板诗、枪杆诗和各种说唱文学也大量涌现了。曾于1937 年沐浴过延河水、接受过神圣洗礼的民间文学家、诗人林山这时带头发出了"开展墙头诗运动"的倡议,组织了墙头诗画社,出版了《墙头诗画集》。当时,无论是备战参军,还是减租减息等都有墙头诗和歌曲、小调与之紧密配合。林山自己带头,在《大众知识》上发表十首墙头诗,其中,《蝗虫与皇军》《鸡伴黄鼠狼》《若要不死》《民选》《一颗麦子》都受到好评,这些诗作大都收入他后来出版的诗集《新的土地》中。这些都表明以盐城为中心的苏浙皖诗群已有了别开生面的活动。此外,苏浙皖诗群以盐城为中心的活动还影响和培养了一批苏北的诗歌新人。芦芒于 1938 年即 18 岁时投奔苏北新四军,战斗在东海前线。1940 年他开始写诗,1942 年反扫荡中写了长诗《东海老人》,歌颂了一位英勇不屈的老人与敌伪搏斗而牺牲的悲壮事迹。1943

年以后他开始写墙头诗,代表作有《斗争》《我活着》《纪念塔前》《人民参军》等。他的这些诗以对生活的敏感和构思的机智,预示着他日后在抒情事业上还有远大前程。有两个还在敌占区南通读书的学生丁芒与沙白,也受苏浙皖诗群的影响写起诗来。1942 年至 1945 年,丁芒发表 40 余首新诗。从 1944 年写《寒村》开始,丁芒从早期吟唱自我生命的迷茫转向抒写社会人生。这一阶段,他以写实笔法和反抗敌伪统治的战斗激情表现了社会底层人民的悲惨生活,如《拉夜车》《背纤的》《我想教你一支歌》等。1941 年下半年,沙白在南通中学读高中。当时的南通城斗争形势十分复杂,沙白正是在这时期开始有了阅读进步文艺作品的自觉,并学习写起诗来。1943 年 3 月,他以孔庙中驮碑的"最质"(即大石龟)为题,写了第一首诗《焱质的叹息》,表达了一种"要求从历史重压下解放出来的愿望"。从此沙白更努力写诗,他的诗在几家副刊上发表,仅《诗歌线》就发表了 27 首。这两个年轻人是在苏浙皖诗群的诗歌精神影响下接受大时代的战斗感召,后来投奔苏北根据地的,从而成为该诗群富有实力的新生力量。

在抗战后期,浙东四明山根据地的苏浙皖诗群也活跃起来。陈山、高岗、楼适夷、唐向青、王甸等先后来到这里,成为这时期该地区苏浙皖诗群的代表性诗人。

在战略相持阶段的 1942 年,由中央领导的活跃在上海市郊的"淞沪抗日游击队",横渡杭州湾到达浙东,开辟了以余姚梁弄为指挥中心的浙东抗日根据地,建立了新四军浙东游击纵队。1943 年在该区建立了民族政权——浙东行政公署和各级政府。当时领导浙东文化工作的机关是浙东行署文教处,处长是黄源、楼适夷,他们都是三十年代的左翼作家,与鲁迅曾有密切交往,重视文艺,因此办起四明山鲁迅艺术学院,吸收了一批知识青年,用文艺形式进行抗日宣传。《讲话》传到了四明山后,根据地掀起学习热潮。在面向工农兵、为政治宣传服务的总方向指引下,浙东根据地的苏浙皖诗群也轰轰烈烈地开展了活动,一批怀有时代感召与献身意欲相结合的诗歌精神者,不论有名、无名的诗人纷纷奔向这块根据地。

陈山是四明山根据地苏浙皖诗群的核心人物,原名杨时俊,笔名杨杨子。1938 年 3 月参加新昌县战时政治工作队。1941 年任《浙江日报》记者,同时作为中共永康县委派入报社的党组织实际负责人,暗中抓抗日宣传,并开始发表新诗。1941 年冬,陈山在永康被捕,后从方岩越狱去四明山打游击。整个抗战期间,他创作了不少诗歌,出版有诗集《救亡诗抄》。姚思铨主编《浙江日报》副刊《江风》和《文艺新村》时,陈山组织并推荐发表了创建四明山抗日根据地的一批同志的诗文,据莫洛回忆,其中就有高岗的文章。高岗 1939 年 7 月至 1940 年 7 月先后在《文艺阵地》发表了《在窗外行进着的年轻的士兵》《枪》《船与帆》《洋油灯》等 8 首诗作。王甸(1922 年生,在云南省委宣传部部长任上退休)曾任慈南区区长,常有诗作抒发战斗人生的革命气概。1943 年春,他在四明山写下了《狱中的歌》一诗:"残冬的月色射进铁栅/为囚徒的冥想插上双翼","为什么树影会无风而微微摇曳/莫不是连队正在穿过密密丛林/为什么没有乌云星月会那样阴沉/是不是你们已在峡谷里安排好四面伏击……"此诗诗感敏锐,诗意深远,诗质极佳。1944 年 2 月,王甸的恋人李敏(被称为"浙东刘胡兰")牺牲。6 天后,时任凤岙区区委书记的王甸听到噩耗,泣不成声。1944 年 4 月 20 日的《新浙东报》上发表了他的悼念诗,悲怀壮烈。此外,兰溪诗人唐向青在苏浙皖诗群的第二时期已有一些创作活动,第三时期他的活动从沦陷的上海转向了四明山根据地。1944 年 9 月,他在浙东区党委城工部工作,并被委派到四明山敌占区活动,为此,他写有诗作《重过陆埠》,称陆埠为守卫四明山的"第一道城墙",并深情回忆了一大批革命青年奔赴四明悲壮往事。此外,唐向青还写下了《四明山抗日根据地组诗》,可惜只留下《火龙》和《我们的哨兵》两首。《火龙》写的是政治部演剧队高举火把出演归来时的兴奋景象。《我们的哨兵》则真实地记录了当地百姓乘坐班轮驶过陆埠时,看见四明山高岗上新四军三五支队哨兵时的惊叹神情。这些诗作都被收入其遗著《落花集》中。

抗战后期,除了四明山根据地一批苏浙皖诗群成员仍在坚持进行着创作,还得提一提由这个诗群在四明山根据地活动扩展所及的三个诗人。一个是万堤思,也就是前面我们谈到过的姚思铨,他一直在抱病编《浙江日报》副刊《文艺新村》,发表了包括秘密组建四明山根据地的诗人在内的不少具有苏浙皖诗群风格的诗。但到1942年中期有了变化。这年的5月,报社改迁丽水,出版不到一月,日寇侵犯丽水,《浙江日报》被迫停刊,直至同年10月23日在碧湖赵村复刊。这些折腾使姚思铨病情加重,于1943年不得不离开《浙江日报》社,同年12月28日在缙云病逝,年仅29岁。在他生命的最后一段日子里,按世界语和英语版新译、重译完《马雅可夫斯基诗选》,并有著译诗作集《黑屋及其他》及翻译论文集《知识分子论集》,其中包括抗战时期的长诗《山地行》以及短诗《在壕床里》《蓝色的西子湖水》等。另一个是当时正在浙江大学龙泉分校外文系就读的唐湜。这个出生于1920年的年轻人,早在1938年春就与新四军驻温办事处有了联系,还到挺进师根据地山门去过。1939年他与友人准备去延安,流浪到西安时被国民党政府抓起来投入监狱,后被押解回温州。出于无奈,他才考入浙江大学读书。由于读了些苏浙皖诗群成员的诗,又听到他的同乡、曾是苏浙皖诗群核心成员的莫洛对这个诗群的介绍,竟也狂热地写起诗来,并通过莫洛等的关系,发表了出来。1943年夏,他写了抒情诗《海上》刊于《浙江日报》副刊《江风》。这是唐湜一生公开发表的第一首诗,是以献身时代为精神内核的年轻"寻梦者""一次幻美而悲慨的亮相"。特别是浪漫主义叙事长诗《森林的太阳与月亮》在浙江的《青年日报》战时副刊《语林》⑧上整版发表出来,更鼓舞了他不断创作,为第三时期苏浙皖诗群注入了既富浪漫豪情又具象征灵思的新鲜血液。第三个人是莫洛。作为第二时期苏浙皖诗群核心成员的莫洛,这期间虽离开新四军,但没有失去这个诗群那类风格的革命诗歌写作。1943 年暮春,应严北溟邀请,莫洛赴丽水编辑《浙江日报》副刊《江风》和《文艺新村》,在此期间,他创作了《恋歌》《闻》《田间》等诗。诗人的眼睛似乎看得更远更广了,"像穿过了深浓的夜雾,/看见了从地底下升腾而起的太阳"。1944 年 7 月又因日寇进犯丽水,《浙江日报》由丽水迁到龙泉以后,作为副刊《江风》编辑的莫洛还准备与另一副刊编辑陆贯一起在浙江龙泉出版《东南文艺》。为此,莫洛在龙泉写下了《夜半》《晚霞》《歌唱》《写诗的夜》等诗作,表达了对黑夜即将过去、黎明即将到来的热切期盼。1945 年 10 月,莫洛随《浙江日报》迁往杭州。于是,苏浙皖第三时期的活动随抗战胜利而结束。

从以上的叙述中可以见出,第三时期的苏浙皖诗群比之于第一、第二时期有了新的特色:一、抒写的生活面显得更广阔而又丰富多彩;二、创作队伍已超越前两个时期以文化人为重的状态;三、和政治宣传结合得更紧密一些,相对地说淡化了一点儿以战斗时代的感召与个人献身意欲相结合的流派风格特色,不过唐湜的加入还是起了某种挽救作用的。

结束语

苏浙皖抗日根据地诗群是 20 世纪 40 年代中国新诗的一个重要群体,它以献身于民族解放与人民解放为自己的审美旨归,以投入人民大众的战斗生活、配合政治鼓动为己任,结集了一批爱国、爱真理的诗人,汇成苏浙皖根据地一支诗歌铁骑,从中涌现出一批可以彪炳史册的优秀诗人,如冯雪峰、聂绀弩、许幸之、辛劳、陈子谷、莫洛、戈茅、吴越、彭燕郊、赖少其、唐向青、姚思铨、锡金、林山、陈山、高岗、芦芒、丁芒、沙白、唐湜、楼适夷、朱维基等。由于新四军在南方各省所建立的根据地与敌伪处在犬牙交错状态中,敌伪的频繁扫荡和国民党顽固势力的夹击,使这一诗群随着政治军事局势的瞬息万变而不断变换着活动中心,流动性特别大,这使得它的组织也就比较松散。不过这个群体中文化人较多,从整体格局看比较有艺术修养,这也就决定了它的成员有一个相对明确而固定的诗歌观念。除了党对战时文艺政策——特别是以《讲话》体现的方针作为开展创作活动的指导方向以外,苏浙皖诗群还有一个比晋察冀根据地诗群要明确的流派风格主张。这个主张明确提出来的是冯雪峰。冯雪峰是这个诗群最具代表性的诗人,又是中国的马克思主义文艺理论的开拓者。1940 年 2 月,初期苏浙皖诗群正在蓬蓬勃勃开展活动之际,蛰居家乡的冯雪峰曾写有《论两个诗人的精神和形式》一文,认为在这个民族解放战争激烈地展开的年代,我们诗坛需要的是具有"固执的爱"的诗人,而艾青才属于这样的诗人。在冯雪峰看来,艾青诗的"本质的力量"是"建筑在农村青年式的真挚、深沉和爱的固执上"的,"根是深深地植在土地上"的,所以他的创作显现为一种对土地的固执的爱,而这种爱则是由"土地的受难,农村的不安,农民大众的战斗与痛苦等原因"激发起来的,来自这个离乱社会引发的时代感召。为此,冯雪峰在这篇诗评中不失时宜地提出了一个主张:在民族战争年代,诗坛最需要的是一个在大时代血火交迸的生活感召下,把个人对土地固执的爱表达出来的诗人。显然这种爱就是指一个殉道者所怀献身意欲的固执。冯雪峰这番言说虽是针对"艾青现象"而发,却也可以说是在那个民族救亡最严酷年代对最崇高的"诗的精神"作了完整精当的概括,即"最素质"的诗人的诗,须具有这样的诗的精神:让伟大的民族解放战争时代以感兴氛围的感召方式与个人献身祖国的意欲作浑然一体的融合。作为苏浙皖诗群的理论代言人,冯雪峰这个"诗的精神"的主张显然成了该诗群的流派性风格主张,可以说这个流派性主张在苏浙皖根据地诗人中是形成了共识的。他们共同超越了七月诗派那种以主观拥抱客观、张扬主观战斗精神的诗歌路子,而致力于以主客体浑然融合的诗的精神来写诗,从而为百年新诗留下了一批经典文本,如冯雪峰的《雪的歌》《米色的鹿》,辛劳的《捧血者》《土地》等,也为百年新诗提供了一批精品之作,如莫洛的《渡运河》《麦熟时节》,彭燕郊的《春天——大地的诱惑》《夜歌》等。综上所述:苏浙皖诗群不仅可以同晋察冀诗群、延安诗群——这些抗日根据地诗歌创作群体并驾齐驱,也完全有理由做这样的定位:苏浙皖诗群是百年新诗历程中能充分体现时代与个体浑然交融而抒情的一块里程碑。

[作者单位:浙江树人大学人文学院;项目来源:浙江省哲学社会科学规划课题(项目编号16XH012);项目成果:浙江省社科规划课题成果;基金项目:浙江树人大学中青年学术团队资助项目]

注释:

①1938年冬,蒋锡金从香港回到上海,参加了共产党领导的"文艺中心小组"。同时,蒋锡金和许幸之、朱维基、芳信、沈孟先、石灵、辛劳等爱好诗歌的朋友组织了"上海诗歌座谈会",因后来出版过《行列小丛书》,所以又被称为行列社。1941年,蒋锡金等人还创办了诗歌书店,出版《行列小丛书》。原计划先印3种:白莽的《孩儿塔》、辛劳的《深冬集》(已编就,欲以"泽上社"名义出版,未及时付梓,因战乱未果)、锡金的《黄昏星》。由于太平洋战争爆发,行列社在1941年12月终止了活动(参见吴景朗:《蒋锡金与中国现代文艺运动》,东北师范大学出版社,2006年版)。

②徐光霄,笔名戈茅。1937年奔赴延安,任中央党校文化教员。后到达重庆,任《新华日报》副刊编辑,1940年赴新四军工作。先后创作出版了诗集《草原牧歌》《将军的马》,长篇叙事诗《我们的共和国》等。

③辛劳于1939年初冬到达金华,大约于1940年6—7月间回到上海,又于1940年8月回到皖南,得以和莫洛晤面。从他的诗《土地》完稿于1940年

初冬上海,可以推断:辛劳在几个月后又从皖南到了上海,并在上海待了很长一段时间,并于皖南事变前,进入苏北根据地。

④关于辛劳去世的情况有两种说法:一说是1941年7月前后病逝于国民党狱中;一说是1945年抗战胜利后被国民党顽固派杀害。1943年11月刊印的油印本《栅栏草》内收《在月夜》《五月十四日》《小夜曲》和《插秧女》,都是写于韩德勤省府狱中的作品,可惜原件未见。尽管在辛劳的死因、地点、年份上,说法不一,但有几点可以确定,即死于敌人的屠刀下或狱中,地点在苏北革命根据地或赴根据地途中。

⑤抗战后,冯雪峰隐居在家乡浙江省义乌县南乡神头坛村家中撰写以红军长征为题材的长篇小说《卢代之死》。1941年2月26日被国民党宪兵拘捕,关押在上饶集中营。彭燕郊得知此事,作诗《风前大树》以示纪念。

⑥参见吴越:《血染着我们的姓名》上卷,北方文艺出版社,1991年版,第107页。

⑦1942年2月,越狱逃出的赖少其来到苏中解放区,被分配至《苏中报》任副刊编辑。8月,调往新四军一师任战地文工团团长。不久,又调任浙东军区政治部文艺科长兼文工团团长。抗战胜利后,赖少其随队伍回苏北淮阴,调任苏中军区政治部文艺科长。

⑧莫洛的七百行长诗《渡运河》也由《语林》连载刊出。它与唐湜的《森林的太阳与月亮》,连同辛劳的《捧血者》,后来都经唐湜之手,编入《森林诗丛》,于1948年在上海出版。

新四军文艺活动回信

吴　强

　　中国人民抗日战争的烽火,在一九三七年七月七日燃起之后不久,中国共产党领导的南方八省红军游击队,相继下山,分地集中,改编为国民革命军新编第四军。在福建、浙江、江西、广东、湖南和鄂南地区的红军游击队,先到江西的南昌,后到安徽的岩寺,集中整理,而后开赴皖南泾县地区,新四军军部和部分直属部队,驻扎在云岭、南堡村、汤村、甲村一带。随着中国抗日救亡运动的高涨,为抗日救亡、为广大的抗日军民服务的文化文艺运动,疾风暴雨般地发展起来。许许多多的知识分子、知识青年纷纷地奔赴抗日战争的前线,投身到火热的战地文艺活动的洪流。一九三八年初,新四军刚在南昌宣布成立,便成立一个直属军部领导的战地服务团,由军长叶挺的亲密战友、无产阶级革命家朱克靖同志任团长,吴仲超同志任副团长,徐平羽同志任秘书长。在南方诸省从事文化文艺运动的作家、艺术家和文艺青年,如丘东平、陈辛人以及从延安来的聂绀弩等和青年戏剧家李增援、青年美术家吕蒙、沈柔坚、涂克等,先后到达南昌、岩寺或皖南泾县参军抗日,丘东平随即到陈毅同志当司令员的新四军一支队,任支队政治部对敌工作科科长,陈辛人则在新四军政治部对敌工作部任科长职务,聂绀弩、吕蒙则在军政治部宣教部工作,李增援、沈柔坚他们则在战地服务团做戏剧、美术工作。我和王淑明同志是一九三八年七月下旬,从国民党中央政府正忙着再次迁都搬家的武汉动身,经过正遭到日军飞机不断轰炸的长沙、南昌,在八月十五日下午到达云岭村报到入伍,第二天,就穿上灰布军服,戴上新四军的"抗敌"臂章;之后,王淑明被分配到军教导队当政治教员,我被分配到宣教部,在聂绀弩同志领导下,做文艺工作干事,主要的是做戏剧工作,联系战地服务团戏剧组(后扩大为戏剧队),参与戏剧活动。

(一)

新四军的文艺活动,主要的是戏剧,其次是音乐歌咏,也有一些美术家和美术工作者在搞绘画、刻木刻,与戏剧、歌咏活动相配合,向人民群众和部队中的干部、战士宣传抗日,激励民心,鼓舞士气。先有吕蒙、沈柔坚、涂克等同志,后来有赖少其、铁婴等同志到了皖南军部。文学创作方面,由于印刷、出版条件很差,写出来的作品大多投寄到大后方的重庆、桂林、广州等地的报刊去发表;军部出版的一份《抗敌报》,系四开三日刊,容量小,只能刊登一些短篇通讯和千字左右的散文、特写。如丘东平同志写的《向敌人的腹背进军》的文学报告,就是在胡风办的《七月》上发表的。我写了几篇散文《老黑马》《战士的葬仪》《夜行》和文艺通讯《异样的军队》《史沫特莱在皖南》等,就是寄到在广州出版、由茅盾、适夷主编的《文艺阵地》和上海的《译报周刊》上发表的。军部曾经出版过一种综合性十六开大型不定期刊物《抗敌》,由当时的军司令部秘书长李一氓同志主编,聂绀弩同志的小说《山芋》、长诗《收获的季节》和我写的关于戏剧工作的经验总结,都发表在这个刊物上。可惜只出了三四期,就停刊了。也在一九三八年八九月间从上海到达军部工作的彭柏山同志,在一九三九年春,倡办了一种八开不定期的刊物《文艺》,经军政治部批准,由彭柏山同志在工余负责编辑,由《抗敌报》印刷所排印;我曾在这个刊物上发表一篇散文《前方散记》。这个刊物上发表的皆是三两千字的短小文章,林琳同志曾用林果笔名在上面发表一个短篇小说《三个鸡蛋》,得到大家的好评。也因敌后战局紧张,国民党顽固派对皖南新四军军部实行种种限制以至封锁,印刷出版条件极端困难,《文艺》也只出刊了三期就不能继续了。在上海编辑过《译文》杂志的著名作家黄源同志是一九三八年底来到皖南军部参加工作的。他倡议创办并由他负责编辑的《新四军一日》,曾经征集到许多在前方部队工作的干部写作的稿件,真实地反映了丰富的战斗生活。黄源同志下了很大的功夫,看稿选稿改稿,曾经编印和发表了一部分。倘使这件工作能够坚持下去,一定会汇集成一部生动的关于抗日战争的文学巨著。也是由于种种困难,特别是国民党顽固派发动了反革命的皖南事变,使《新四军一日》的全部文稿丧失得一干二净,令人万分痛惜。

新四军的战争文学或者叫作战地文学的主要部分,是戏剧文学,也就是剧本创作。我到皖南之后看到的头一出戏叫《送郎上前线》。这是服务团的同志们集体写作的独幕小歌剧,内容是妻子送丈夫上前线抗日的故事。我从未写过话剧剧本,在同志们的鼓励和工作任务的迫切要求之下,我也学着写起剧本来。我写的头一个剧本,是以活捉日军俘虏香河正男的故事作为题材,剧名叫《一条战线》。新四军军部经常开晚会,几乎每次晚会上都要演出节目,《一条战线》就是在欢迎日军俘虏香河正男的晚会上演出的。很有意思,剧中的日军俘虏,就是临时请香河正男本人表演的。当时当场,很受大家的欢迎。一九三九年苏军出兵波兰的罗夫城,要开晚会,也由我在一个下午编写了一个一幕两场的话剧《激变》,写出来之后,立即交给服务团的戏剧队排演,第二天,就在晚会上演出。后来,我还根据苏联的独幕话剧《古墅之墓》，改编为中国戏，改剧名为《诡计多端》，由军政治部俱乐部演出过。一九四一年一月十四日皖南事变之后，我在新建的新四军军部所在地的盐城，写了一个大型独幕话剧《皖南一家》，由鲁迅艺术学院演出。在部队和战地演出的剧目，以李增援写的《红鼻子参军》和刘保罗写的《一个打十个》效果最好，给观众以很深刻的印象。还有一个小歌剧，用"大补缸"的曲调演唱，每次在部队或群众中演出，都引起强烈的反响，得到广大观众的赞扬。这个小歌剧叫《一条扁担》，也是服务团戏剧队的同志们集体编成的。此外，也创作了几个多幕话剧：如根据三支队的指战员们在繁昌保卫战中所表现的光辉事迹，由我和王于畊、李增援同志集体创作的三幕话剧《繁昌之战》；为纪念"三八"节由王于畊同志创作的四幕话剧《大时代的女性》；许晴同志写的《雾重庆》（五幕话剧）；我和徐平羽、林果、王于畊同志等集体创作的三幕话剧《丁赞亭》等，这几部多幕话剧，都先后在部队、群众中多次演出，《丁赞亭》且被移植为洪山戏，在淮南抗日民主根据地，由地方剧团演出。新中国成立以后，上海戏剧学院曾在上海公演过这个话剧。

因为专业剧作家少，剧团编剧人员也少，剧团演出任务繁重，流动性又大，常年在前方部队巡回演出，军服务团又在一九三九年上半年分派一批演员去江北部队工作，剧本创作远不能满足演出的迫切需要，剧团演出便不能不选用外来的甚至是翻译过来的外国剧本。一九三八年十月十九日是伟大的鲁迅逝世两周年纪念日，由李一氓、徐平羽、聂绀弩、彭柏山等同志发起，新四军军部举行了一次隆重的纪念大会，由聂绀弩同志在大会上作了《纪念鲁迅发扬鲁迅精神》的报告，这次会上，演出了田汉编剧的《阿 Q 正传》的二、四两幕。戏由李增援同志导演，由我扮演阿 Q 一角，吴妈由张茜同志扮演，小 D、赵老太爷的扮演者是黎坚、欧阳宗同志。这是皖南新四军军部第一次演出外来的多幕大戏。一九三九年七月，为纪念抗日战争两周年，演出了夏衍同志的剧本《一年间》。因服务团戏剧队的演员不够，便由李一氓同志任社长的抗敌剧社组织这次规模较大的演出。为这次演出，剧社临时组成了演出委员会，在军部直属机关司令部、政治部、教导队抽调可以担任角色的人员，参加演出。从军司令部调来参谋人员高歌扮演剧中人刘瑞青，从教导队女生队调来学员常竹铭、阮芳，分别扮演剧中人喻杰华、阿庆，刘爱庐一角，大家一致推崇由戏剧家邵惟同志担任，剧中的其他角色，皆是从服务团戏剧队挑选的：张茜扮演新娘子艾珍，林琳扮演姑妈刘绣笙，田荒（白沉）扮演赵澎，黎坚扮演刘德才，由李增援同志担任舞台监督，由我担任导演。因为剧情紧凑舒畅，引人入胜，演员阵容整齐，有剧坛老将邵惟，又有新秀张茜、常竹铭、田荒等出场登台，使演出取得了很好的效果，连续演出五场；远在十里之外的教导队，连续两天列队翻山，从驻地中村到云岭陈家祠堂的剧场看戏，到夜深再步行返回驻地。新四军军部的领导同志对文艺活动很重视，每有大的演出，都要在演出之后，由宣传教育部召开座谈会，邀集知名的文艺家和参加演出的人员出席，政治部主任袁国平、宣教部部长朱镜我皆到会讲话，和大家共同讨论，或作总结性发言。召开《一年间》演出座谈会时，当时在新四军教导队任主任政治教员的作家夏征农和徐平羽、聂绀弩、黄源、王淑明、彭柏山等皆到了会。袁国平同志作了概括性的发言，对剧本和演出给予了热情赞扬和很高的评价。在皖南，还演出了章泯同志的《黑暗里的笑声》和陈白尘同志的《魔窟》两个多幕话剧。后者，曾在皖南和江南前线进行过多次演出，因剧本的戏剧性强，带着不少喜剧情趣，很受观众们的欢迎。在皖南演出时，邵惟、李增援同志说戏剧队的演员不够，也由抗敌剧社组织了这次演出，又从教导队调来两个演员，一个是戴贤忠，一个是张荫谦，由他们分别扮演乔大有、小银弟；孙大娘一角由周绉蕙扮演。也由导演邵惟同志分配，由我扮演剧中人伪教育局长吴从周。张茜同志则在这个戏里扮演小白菜一角。抗战初期常在大后方上演的独幕话剧《最后一计》《张家店》《三江好》，在皖南和江南前线部队也是常演的基本剧目。《最后一计》中的马百计有时由邵惟扮演,有时由李增援扮演,他们的演技精湛,每次演出,都获得大家的热烈赞赏。《三江好》中的三江好则常由邵钟同志扮演,他的表演也博得大家的一致好评。此外,为纪念十月革命节,在一九三九年十一月七日举行的晚会上,服务团戏剧队成功地演出了苏联亚穆伯的两幕话剧《清算》。在另一次晚会上,还演出过苏联的独幕剧《第四十一》,由游龙、常竹铭同志分别扮演剧中男女两个角色。在新四军里,除专业性质的军服务团戏剧队和前方部队服务团的戏剧组,专为部队指战员进行演出之外,部队俱乐部也时常组织本部队的业余演出活动。军教导队的俱乐部更常常从各个学员连队中,临时抽调爱好戏剧活动或有专长的学员排演节目,在晚会上演出。郑山尊、沈西蒙等同志就是教导队俱乐部的戏剧工作干部。军服务团戏剧队更以为部队、机关排演戏剧节目作为自己的一项重要任务。他们常常派出一些演员或编导人员到部队、机关的俱乐部,去帮助排演和演出工作。

(二)

一九三九年夏天,上海慰问团到达皖南军部。慰问团带来一个二十多人的演剧队,演剧队的负责人是戏剧家杨帆。演剧队在慰问晚会上演出了丁玲的独幕话剧《重逢》等,受到大家的热烈欢迎,服务团戏剧队的同志们和在军部工作的文艺工作者们,对他们的演技非常赞赏。后来,演剧队的同志们都很愿意留在新四军工作,不想再回到沦陷在日本侵略者铁蹄之下的上海,新四军的同志们特别是服务团戏剧队的同志们,真是喜出望外地欢迎这个演剧队留下来,以加强和壮大新四军戏剧工作的阵容。这个演剧队留下来之后,随即编入军服务团的戏剧队。从此,服务团得到这支生力军的加入,演出活动的艺术水平便有所提高。这支生力军里的编剧、导演、演员有贝岳南、司徒扬、康宁、梁世平、蒋若虹、王婴、高敏等同志,他们都是三十岁里外的青年戏剧工作者,给新四军的戏剧艺术队伍,输入了新鲜的血液。因为人员多了,有时候,便分成一队二队两个队,分头下部队、上前方进行演出,有时候,则合到一起,集中力量排演节目。到一九四〇年下半年,两个队便集中到江南前线。这时,江南一、二两个支队已合并建制,组成江南指挥部,统一指挥二、四、六三个团和江南抗日义勇军、抗日自卫团和抗日游击队,由陈毅同志任指挥兼政治委员,粟裕同志任副指挥。军服务团团长朱克靖率戏剧队随指挥部行动,归指挥部政治部领导。一次,粟副指挥去高淳南渡,会见国民党江南游击指挥部副总指挥冷欣,将戏剧队带去,演出了话剧《魔窟》。剧团演出的艺术水平之高,完全出于冷欣他们的意外,使他们不禁十分惊讶。冷欣是国民党蒋介石的心腹干将,在江南专门与我新四军搞摩擦、耍阴谋;在我们剧团这次演出以后,他竟公然地进行瓦解剧团的活动,剧团演出《魔窟》的第二天,冷欣就到剧团住地开座谈会,向剧团团员一一点名发问。据当时参加那次活动的现在北京师范大学工作的王于畊同志回忆,冷欣和一些演员谈话的情况,约略如下:

冷欣和常竹铭同志的对话:

冷　欣:你的戏演得好!

常竹铭:承你夸奖。

冷　欣:你这样有为的女青年,一个月拿多少钱?

常竹铭:三块钱。

冷　欣:到我们这里来,一个月二十元。

常竹铭:我家里的钱多得很,我不要!

冷　欣:你就是演戏?

常竹铭:也烧茶烧水。

冷　欣:烧水? 一个演员还烧水?

常竹铭:工作没有贵贱之分。如果需要我烧水,我就烧一辈子水。

冷欣和蒋若红同志的对话：

冷　欣：你也演戏？

蒋若虹：演。

冷　欣：你演什么角色？

蒋若虹：我演老太婆。

冷　欣：演老太婆？

蒋若虹：老太婆受压迫，也要抗日。

冷欣和王于畊同志的对话：

冷　欣：你是共产党员？

王于畊：是的。我做民运工作。

冷　欣：怎么做法？

王于畊：动员抗日打鬼子。

冷　欣：动员？

王于畊：我们见到你们这里拉伕子，收捐税，人民生活很苦。希望冷副
总指挥解决这个问题。

冷欣部队里的特务很多，对新四军里的许多情况，经常进行秘密的侦察
活动。服务团里一个演员叫康宁，是南通人，原姓张，他们也知道了。冷欣
竟然想用金钱当面收买康宁同志。下面是冷欣和康宁同志在座谈会上的对
话：

冷　欣：我同你家里是亲戚，你是南通张家的后代，对吗？

康　宁：对！

冷　欣：你的戏，演得好。参加我们工作，不是很好吗？

康　宁：我在新四军里好，新四军抗日。

冷　欣：你要钱用吗？

康　宁：我不需要。

　　冷欣接连向上列几个人问话,想用金钱收买新四军的演员,结果,碰了一鼻子灰。会后,他问服务团朱克靖团长:"你们怎么把这些人训练出来的?"朱克靖回答说:"靠共产党的领导。"使得他又讨了个没趣。上述对话说明,新四军的演员,在台上演抗日救亡的戏,在台下也在进行战斗。

　　一九四〇年春夏之间,陈毅同志洞察到冷欣的阴谋,妄图画地为牢,将我军包围在一个狭小的地带,好一举歼灭我江南指挥部和所属部队。有许多迹象表明,他们已经步步紧逼,按照他们预定的计划、步骤,见诸实际行动。为了粉碎冷欣的罪恶计划,陈毅同志坚决执行党中央的指示:向南巩固,向东向北发展,在一九三九年间特地先后两次北渡长江,去泰州城争取属于中间势力的苏鲁皖游击总指挥李明扬,与新四军合作抗日,建立了统一战线的关系,并在一九四〇年五月,派挺进纵队、苏皖支队先后从江南渡江东进,陈毅、粟裕同志也率领指挥部和直属机关、部队,随后北上。经过郭村、黄桥、营溪、姜埝和而后的黄桥决战打开了苏北平原的抗战局面,开辟了苏北抗日民主根据地。留在前方工作的军服务团戏剧队,仍旧由团长朱克靖率领随军行动。在移军北渡时,遭遇日寇袭击,在战斗中,戏剧队的女演员李珉同志不幸中弹,牺牲在长江边上。当她身负重伤,同志们围着悲伤痛哭时,她坚忍镇定,对同志们说:"革命流血不流泪!"表现了她的共产主义者的英雄主义的精神。之后,陈毅同志曾在一九四〇年十月,赋《记遗言》七绝一首:

　　革命流血不流泪,生死寻常无怨尤。

　　碧血长江流不尽,一言九鼎重千秋。

　　戏剧队的活动,随着抗日战争局势的发展,更加活跃起来,有了区域广大的根据地,也给开展活动增加了有利的条件。在演出上,有时在广场上,搭起露天舞台,白天在阳光下面演出,夜晚则用汽灯照明,这和在皖南、江南一样;有时候,也可以在室内的舞台上,用电灯照明演出,可利用灯光变化,以适应剧情发展的需要。从此,演大戏的时间就多了,《繁昌之战》《魔窟》便成了经常上演的看家剧目。当然,在农村群众中和战斗部队,大多还是编演一些独幕剧,前面提到的李增援同志的《红鼻子参军》,就是在一九四○年十月黄桥决战胜利之后创作出来的。此外,还有林琳同志写的《运河边上》,是一个生活气息很浓、语言简练生动的独幕话剧,也很受观众欢迎。一九四一年一月,国民党顽固派发动反革命的皖南事变,将抗日有功的新四军军部和驻屯皖南的部队,诱骗到他们预设的陷阱茂陵到旌德一线的深山峡谷,加以围歼,致从军长叶挺到战士的大部人员受害,或殉难,或被捕,蒙千古奇冤。奉中共中央的命令,为坚持抗战到底,击退反共高潮,事变之后,立即重建新四军军部于苏北盐城,由陈毅同志任代军长,刘少奇同志任军政治委员。将现存的部队分别编为七个师,并在盐城建立了两所培养军事、政治干部和艺术人才的高级院校:一所是抗日军政大学第五分校,由陈毅同志兼任校长、政治委员,冯定同志任副校长兼副政委;一所是鲁迅艺术学院华中分院,由刘少奇同志兼任院长,丘东平同志任副院长。鲁迅艺术学院华中分院建立后,随即成了新四军的艺术中心,参加过南国社的刘保罗同志和在编导两方面皆有才华且富有艺术实践经验的许晴同志都在鲁艺华中分院戏剧系任教,不久,许晴同志就编写了多幕剧《雾重庆》,在盐城剧场演出,获得大家一致赞赏。不幸,刘保罗同志在盐城北的大冈,在导演一出戏的排演场上,一个扮演战士的演员不知道作为道具的步枪枪膛里有子弹,在扣动扳机时,子弹出膛,误中刘保罗同志,使保罗同志当场致命而死;许晴同志则在八月的反扫荡战斗中,因鲁艺华中分院住村遭到日寇的袭击,与丘东平同志等同时遇难殉国。丘东平、刘保罗、许晴同志的牺牲,是新四军文艺战线的重大损失,对鲁迅艺术学院华中分院尤其对新四军的戏剧活动,更是直接的严重挫折。由于战斗频繁,不可能保持正常的艺术教学,华中局决定将鲁艺华中分院停办,以鲁艺华中分院的教、职、学员作为基础,组成了一个鲁艺文工团,由音乐家何士德任团长，直属新四军政治部领导，随同军部行动。原新四军战地服务团的戏剧队则划归由粟裕同志任第一师师长兼政治委员的师政治部领导。此后，好些著名的作家、戏剧家、音乐家、画家从大后方、从上海或其他地区陆续来到以盐城为中心的苏中、苏北抗日民主根据地和新四军里工作。如戴平万、许幸之、贺绿汀、阿英、胡考、洪藏、叶玲、张锐、王啸平等。戴平万同志是"创造社"的成员，小说家。一九四〇年十月黄桥决战胜利之后，他从上海到了苏北，我在海安见到他。他在鲁艺华中分院参加了一段短时间的工作之后，便调到新四军一师作战的苏中地区，先做政权工作，后调中共苏中区党委党校工作。他工作勤恳踏实，生活艰苦朴素。一九四五年初的一个清晨，竟在党校所在地的兴化县鹤儿湾村上的水塘里溺死，留了一双鞋子在水塘边上。当是跳水自杀。因为什么事情，后来一直没有查清。叶玲同志在上海一个业余剧团里工作过，很会演戏，在鲁艺华中分院工作的邵惟同志，对她非常赏识。她也是在黄桥决战之后，从上海到达根据地的。我在黄桥接待她，并将她先送到抗大五分校女生队学习，后抗大同意她的要求，将她转到鲁艺华中分院戏剧系。我写的《皖南一家》中的主要角色一位敦厚善良的老大娘，由她扮演，演出后，大家对她的演技，都很称赏。不幸，她也在八月反扫荡战斗中，被日寇用刺刀刺死。阿英同志在皖南事变之后，从上海到根据地，先在由叶飞同志任旅长、旅政委的一旅住了一段时期，然后转到移驻阜宁的新四军军部，他和许幸之、贺绿汀、胡考等同志，在一九四二年间，都住在由陈毅同志倡办的"文化村"，进行创作和参加其他活动。"文化村"的管理工作由杨帆同志负责，大家都叫他"村长"。一九四三年初，军部西移淮南，阿英同志仍留在阜宁地区，参加由黄克诚同志任师长的新四军三师和盐阜行政区的文化工作。他的剧本《李闯王》，曾在苏中地区上演过，这个期间，他曾写过一个多幕话剧《宋公堤》。

　　抗日战争进入到相持阶段，敌后抗日民主根据地在一九四三到一九四五年间,除苏中四分区处在紧张的反清乡斗争的局势之下,其他地区是比较稳定的。师部、旅部、区党委、地委、县委机关,可以在一个地方住上三个月以至半年,不移动营地。有的地方,还开荒种菜,或者饲养家禽家畜,以减轻群众的负担。这样的环境,给剧团演出大型戏剧提供了条件。一九四二年下半年到一九四五年日本投降前后,苏中地区的几个分区差不多都演了曹禺同志的《雷雨》和《日出》。一九四五年初,我从二分区调到苏中区党委城市工作部工作,在兴化的鹤儿湾,先后看过《雷雨》《日出》的演出。虽然当时是战争环境,又处在偏僻的苏北农村,演出上却达到了相当高的艺术水平。在好些方面,与现在省(市)一级的专业剧团相比,我以为是不会逊色的。我记得,《雷雨》《日出》的演员阵容相当齐整。在这两个戏里,李明同志扮演繁漪和陈白露,沈西蒙同志扮演周朴园和潘月亭,常竹铭同志扮演四凤和翠喜,天然同志扮演《日出》中的胡四,葛鑫同志扮演鲁贵和福生,康宁同志扮演《日出》中的顾八奶奶,姜旭同志扮演《日出》中的李石清……这些演员中的李明、沈西蒙、天然、葛鑫、康宁皆在抗日战争前后在上海参加过戏剧活动,有舞台生活经验,戏做得很老到、入骨,而有艺术魅力。最叫大家称道不已的是常竹铭同志,当时她不过二十三四岁,一九三九年,先在《一年间》里,一鸣惊人,后在《繁昌之战》里再露头角,以后则在《魔窟》里与张茜同志轮换登台,饰演小白菜,皆得到好评。四凤和翠喜这两个剧中人物,身份和性格以及她们所处的境地,和《一年间》《繁昌之战》里的青年女学生,和《魔窟》里的小白菜,是大不相同的,而常竹铭同志却都演得很好,在舞台上活动自如。在台下,她是个十分文雅淑静的人,上了台,进了戏,便像如鱼得水,又像鸟儿展翅高空,达意传神,皆达到了令人神往的妙境。许多同志都称赞她是一位天才演员。当然,整个戏的演出获得成功,对舞台艺术颇有研究又有相当经验的王啸平同志,在导演工作上下了功夫,也是重要的因素之一。好些年来,逢到春节,当年在一起工作过的同志们,常聚在一处,谈到那时候搞戏剧活动的情景,大家无不欢乐,以至笑声满屋。对当年当时能够演出那样水平的戏来,那样对革命事业又同时对戏剧艺术怀抱那般认真、严肃、忠诚的态度,心胸里都充溢着自尊心和自豪感。但是,大家也都为在我们这一伙同志当中,永远地少了一位天才的表演艺术家常竹铭同志而深感悲痛。竹铭同志在全国解放以后,负责筹建江苏电影制片厂,因经历了多年的艰苦生活,加上工作劳累,于一九六二年二月十八日,突患脑溢血病,救治无效,逝世于南京,终年只四十二岁。

以上所记,大都是新四军军部、新四军一师和所在根据地的戏剧活动的情况。其他部分的如新四军二师、三师、四师、五师和在江南、皖南活动的六师、七师的戏剧活动,我了解极少。只听到一些传告,说在江北的二师有一个抗敌剧团,在淮北的四师有个拂晓剧团和一个大众剧团,淮南根据地也有个大众剧团。淮北大众剧团团长是苏坤同志,淮南大众剧团团长是张泽易同志,他们曾经演过民间文学家缪文渭同志写的淮南地方戏《生产大互助》,这个戏的编写,得到过范长江同志的指导和支持,演出时,很受群众欢迎。

一九四五年九月,日本帝国主义投降,抗日战争胜利结束,有了个和平环境,新四军、民主根据地的戏剧运动,便有了进一步发展。以新四军一师和苏中行政公署所属范围来说,从一个剧团增加到三个剧团,一个属军队管辖,叫前线剧团,之后,曾发展到前线话剧总团,下辖第一、第二、第三三个话剧团。此外,又从伪军孙良诚部队解放过来一个青少年京剧团,大家都叫它"娃娃剧团"。这个"娃娃剧团"解放过来以后,经过政治思想教育,因小团员们都是穷苦家庭出身,有的且是孤儿孤女,他们的阶级觉悟迅速提高,翻身感异常强烈,为人民、为人民解放军服务的情绪很高,艺术水平也因加紧锻炼有所提高。他们被解放过来不久,国民党反动派就撕毁了墨迹未干的《双十协定》,发动了又一次反革命国内战争,在一九四六年七月,首先向我苏中解放区开始大规模的进攻。他们这些十来岁的娃娃占全团演员大多数的小同志们,就随军转战,随时在作战后方以及前线部队演出《武松打虎》《失·空·斩》《借东风》《打渔杀家》《三打祝家庄》等京剧,以激励斗志,鼓舞士气。他们的演出,可以说是誉满全军。所有部队的干部、战士们一听说"娃娃剧团"要来演出,就会立即鼓起掌来,欢快异常。苏坤同志被派到这个剧团当团长,他在这个剧团一直工作到一九五二年春天,"娃娃剧团"从部队调到华东地方,合编到华东京剧团。

在抗日战争胜利之后,到解放战争期间,在整个戏剧活动中,话剧还是占着主要地位。苏中军区前线话剧团,在一九四六年初,在东台城演出了夏征农、沈西蒙同志根据郭沫若同志的《甲申三百年祭》改编的话剧《甲申祭》,剧中《征潼关》歌词,是吴天石同志创作的,由沈亚威同志作曲。这个戏的演出,在我军解放了一些城市,并准备此后进入南京、上海等大城市的时候,对干部、战士都有深刻的教育意义。参加这个戏的演出,分别扮演剧中人物李自成、李岩、刘忠敏、崇祯、陈圆圆、长平公主的是林国章、周均、茹辛、欧阳涛、陈均、茹志鹃等同志,演出时,灯光、布景、音乐伴奏都与剧情配合得当,取得了很好的演出效果。解放战争开始,为了启发参军战士和从国民党军队解放过来的战士们的阶级觉悟,演出最多的戏是歌剧《白毛女》和话剧《血泪仇》,这两个戏在每次演出的时候,都在战士们中激起非常强烈的反应。当时,我在二十四军工作。二十四军文工团在莱芜战役胜利之后,对新解放战士演出《白毛女》的时候,战士们看到喜儿被捆绑抢走,纷纷站立起来,高呼"打倒恶霸地主"的口号,拾起泥块、石头朝台上的黄世仁、穆仁智扔去。第三野战军前线剧团还曾在鲁南临沂,演出过苏联的话剧《前线》。到解放战争期间,在由新四军部队改编为第三野战军即华东野战军的部队里,每个纵队(军)都成立了一个以演出话剧为主的文工团,话剧普及到了所有的部队,后来,许多师里也成立了又演歌舞又演话剧的三十人左右的文工队,文艺演出在解放军中便更为广泛、普及了。

（三）

新四军的音乐歌咏活动，继承、发扬了工农红军的好传统，一开始就非常活跃。每个连队每天早晚都要唱歌，每个连队和每个伙食单位都有一个俱乐部，并专设一个文化教员。俱乐部是干部、战士进行各种政治、文化活动的组织和场所，文化教员的任务之一是教干部、战士们唱歌。每次举行大型集会，会场上的歌声总是此起彼伏，这部分啦那部分"来一个！"那部分又啦另一部分"再来一个"，这样的互相啦唱，使整个会场浸沉在欢乐的歌唱的海洋里。一九三八年底，著名的音乐家何士德同志来到新四军军部参加工作。他是一位乐队和歌队的指挥家，同时也是一位作曲家。他来到以后不久，陈毅同志便以他的诗《十年》作为基础，吸收了大家的意见，写成了《新四军军歌》的歌词，随即由何士德同志谱了曲，在军中试唱了一个时期，之后又听取了各方面的意见，作了修改，经军政治部审定，通知全军演唱。这首军歌，叙述了新四军光辉的历史进程和为民族生存、为社会解放的光荣任务，号召全军指战人员要发扬革命传统，要艰苦奋斗、英勇牺牲，为胜利地完成任务而奋斗。何士德同志所作的军歌歌曲，表现了歌词的革命英雄主义的气派和战斗精神，曲调雄浑有力而富有革命激情。至今，一些当年的新四军老战士还念念不忘这首军歌，还能背诵歌唱。为了培养作曲、指挥人才，新四军政治部在一九三九年开办了一个为期三个月的文化训练班，由何士德同志当班主任，扬帆同志当指导员，训练班的地点在军司令部附近的丁潭。现在南京军区工作的作曲家沈亚威同志，就是这个训练班的学员之一。何士德同志来到半年以后，音乐家章枚同志到了皖南，随即到军服务团专任作曲和歌咏指挥。何士德同志在皖南期间，作了许多战斗歌曲，如罗漠同志作词的《反扫荡》、我和三支队一位同志作词的《繁昌之战》、赖少其同志作词的《渡长江》、林茵同志作词的《父子岭上》等，皆由他作曲，这些歌曲长期地流行在部队里。章枚同志也作了好几首在部队中广泛流传的歌曲,如李增援作词的《勇敢队》、章枚自己作词的《怒吼吧！长江里》《黄桥烧饼歌》(李增援作词)等,尤以后者具有民族风格,一直为人们所爱听爱唱。黄桥属江苏泰兴县,是当年江苏省最大的一个市镇,水陆交通码头,工商业繁盛,在饮食业中,烧饼极为有名,有烧饼店六十六家。一九四〇年七月二十九日,新四军歼灭了向我进攻的国民党顽固派的队伍保安第四旅,解放了黄桥,九月十四日又攻克另一苏北重镇姜埝,歼灭了保安第九旅。这两次战斗,我军打得英勇顽强,杀得顽军魂飞胆落;这些地方的人民群众,给新四军以莫大的支援,也是获得胜利的重要因素。为指战员们和群众大无畏的革命精神所激励、鼓舞,满腔热情的李增援同志,感受到黄桥人民在战斗中,用堆积如山的烧饼支援新四军作战,尤其在九月底十月初的黄桥决战中,六十六家烧饼店一齐开炉,男女老少把大量的烧饼送上火线慰问和援助军队作战,更是令人感奋。于是,他和剧团的几位同志,在一天上午,一边在黄桥一家茶馆店里吃茶,一边编写以黄桥烧饼为题的歌词。歌词写成之后,章枚同志立即吸收苏北民歌曲调的特色,谱了曲。歌词共有六段,语言通俗生动,既容易上口,也容易记忆。当时,苏北军民把这个《黄桥烧饼歌》几乎天天不离口地哼哼唱唱。一次,当时新四军苏北部队的总指挥陈毅同志,从黄桥乘坐小船到分界去,也把身子靠在船沿板上,唱着"黄桥烧饼黄又黄哎,黄黄烧饼慰劳忙。……"他曾不止一次地对这首歌曲一再表扬、赞赏。姜埝战斗,我军指战员们打得极其英勇顽强,在紧张的关头,组织了敢打敢拼的勇敢队冲锋开路,突破了顽军的壕沟、地堡、鹿寨、电网等层层密密的防御工事,夺取了战斗胜利。战后,李增援同志深受指战员们英雄事迹的感动,创作了发扬革命英雄主义精神的《勇敢队》歌词:

…………

苏北平原广,

462

姜堰风光美。

河川交流，

船帆来回，

自由的乡镇，

成了反共摩擦的大营垒！

河沟数丈深深水；

几道壕沟几道河，

壕沟后面铁丝网，

铁丝网前埋地雷。

高高土城有碉堡，

顽军高歌狂举杯。

我军愤怒恨败类，

争先参加勇敢队。

大马刀，手中拿；

手榴弹，身上背。

土城碉堡乌龟壳，

誓必猛打猛冲打成灰！

勇敢队！勇敢队！

冲锋在前，视死如归！

勇敢队！

姜堰战斗显神威。

勇敢队！

你的威名震苏北！

…………

歌词写好，又由章枚同志作曲，谱成男女声合唱。这首歌在当时和以后的长时期里,对我军指战员们起着鼓舞斗志的作用。在新四军里,在音乐艺术活动的实践中,涌现出许多作曲家,他们当中有沈亚威、晓河、灰淦、洛辛、陈大荧、石林、黄苇、梅滨、何方、龙飞、田芜等。张锐同志擅长二胡演奏,同时又是作曲家,他是一九四五年日本投降之前,从大后方来到新四军苏中军区参加工作的。他和沈亚威同志一直在新四军和后来的解放军第三野战军负责普乐工作,他们创作的一些抗日歌曲和《淮海组歌组曲》,是流传很广、声誉很高的。部队歌咏主要是齐唱、合唱;独唱演员在战争环境中培养训练,比较困难。但也出现一些优秀的和比较优秀的女歌手,如薛飞、马漩、杨国辉、谷音、俞频等。薛飞同志现在江苏省歌舞团工作,她的女高音独唱是很出色的。

在叙述新四军音乐歌咏活动的情况时,还应当谈到著名的作曲家任光同志。他在一九四〇年到新四军军部不久,就遇到国民党反动派在一九四一年一月发动的皖南事变,竟和他的爱人一起被反动派杀害。后来,听到从事变中突围出来的杨帆同志说,任光同志到皖南军部之后,曾谱写了一首《擦枪歌》,战士们非常爱唱。前面,我曾多次说到戏剧家李增援同志,曾写了《黄桥烧饼歌》《勇敢队》等歌词,还写了个喜歌剧《红鼻子参军》。在这个独幕喜歌剧里,李增援同志刻画了一个朴素、憨直的农民形象,每次演出,都引起农村的观众和战士们不断的笑声,获得了预期的令人喜乐的效果。李增援同志有艺术才华,工作作风泼辣、踏实,生活朴素,吃得苦,耐得劳,在同志们中间威信很高,大家叫他“团结兄”。令人悲痛万分的是,他因病住在海滨后方医院,在一九四一年春天,突遭日寇袭击,他和好几位一同养病的同志,不幸遇难牺牲。

(四)

新四军的文艺活动,不断地有所发展、提高,跟着斗争形势的发展和部队的壮大有关，但各项文艺活动的开展是不平衡的。长驻皖南的新四军军部，兴办了一些文艺事业，开展了一些文艺活动，但只侧重于戏剧、歌咏方面，对舞蹈、美术活动很不重视。起初，吴晓邦同志曾办了一个青少年舞蹈班，后来由沈光同志负责训练，但未能坚持创办下去。战争期间，以歌舞为轻骑队，本是容易开展活动的；直到抗日战争后期，由于新安旅行团来到苏北，根据地才有了一些歌舞节目的演出。赖少其、吕蒙、沈柔坚、涂克等同志在新四军和华中、华东根据地的美术工作方面做出了许多成绩，如苏中军区曾经成立画报社，由涂克同志任社长，出版过石印画报，新四军军部出版的《抗敌报》和以后苏中军区出版的《抗敌报》、皖南事变后出版的《江淮报》上，都经常发表版画作品。到解放战争时期，几乎各个纵队（军）、团的油印报纸上，每期都有插画，有时还出版画刊专页，为战斗英雄画像。

实际上，新四军文艺事业、活动的开展，主要在前方部队和在皖南事变之后。因为军部对知识分子、文化人在工作方式以至生活方式上，一律要同部的干部、战士一样。聂绀弩、陈辛劳同志到皖南之后，写了一些很好的作品，也做了一些工作，在培养青年作者方面也有成绩，只是由于生活习惯与部队的规定不能适应，而不得不在一九三九年就离开了部队，去了大后方和沦陷区。这里，我不能不写到陈辛劳同志的一些事情。陈辛劳同志是一位才华横溢的诗人，他到皖南之前，已经发表过许多诗作，是当时诗坛的著名诗人。到了皖南，分配在军战地服务团，工作了一个时期。后来，服务团里建立了一个创作室，由徐平羽同志负责，聂绀弩、陈辛劳同志便在创作室工作，一方面进行个人创作，一方面辅导青年作者，林琳、菡子同志就是在他们辅导之下，开始写作，走上创作之路的。聂绀弩同志在皖南期间写过一些作品，我在前面已经说到；这里，想谈一下陈辛劳同志的一部长诗《捧血者》。一九三九年夏天的一个夜晚，我从住地汤村到服务团的驻地云岭村去，恰好卧病的辛劳同志病体好了一些，诗兴正浓。当我问起他的《捧血者》，他便在灯光下朗读起来。当时，徐平羽、聂绀弩、林琳同志也在。我们都听得很入神，一面听着，一面啧啧称赞："好！好！"记得那是用第一人称"我"写的，全诗是发抒个人热爱自由、渴望光明的知识青年的内心情感，也就是一篇革命青年的内心独白。由于体质弱，又有肺病，当时的皖南又不能给他以必要的照顾，他便在一九三九年夏秋之间离开皖南，去了上海，在沦陷区的上海继续他的创作生活，参加抗日救亡活动。抗日战争胜利之后，他便从上海回到解放区。那时，新四军军部在山东临沂地区，以新四军一师部队为主要组成部分的华中军区司令部驻在淮安。辛劳同志在奔赴淮安途中，经过国民党顽固派的占领区扬州时，顽固派的军队竟将他逮捕，随即加以杀害。胸中充满着革命激情的、文学素养深厚的这位诗人，就义的时候不过三十来岁！

军服务团戏剧队听到要上前方部队演出，就高兴得手舞足蹈，听说又是到江南指挥部陈毅同志那里去演出，就更是兴高采烈。因为陈毅同志对知识分子、文艺工作者非常关心、爱护。譬如在皖南受到冷遇的聂绀弩同志，陈毅同志却邀约他到江南指挥部住了一段时间。剧团在前方的每一场演出，陈毅同志都到场观看，看后，总是找剧团的同志们交谈、讨论，实事求是地提出意见。《繁昌之战》《魔窟》《一年间》等戏演出座谈会，他都出席，且坦率地发表他的观感。我在《他也是文化司令员》一文中，曾谈到两点，一点是一九三八年底，陈毅同志在溧阳水西村，参加文艺大众化问题的座谈会，会上，他对文艺大众化问题，作了半个小时的精辟的发言；另一点是一九四二年八月，陈毅同志在新四军军部附近华中党校驻地汪朱集，参加话剧《丁赞亭》座谈会，会上，他对剧本、演出和会上个别同志提出的错误意见，作了全面的分析、评价和正确的批评。这个剧本的内容，是根据东台县一个恶霸地主丁赞亭派家丁暗杀农抗会长的事实，由徐平羽、林琳、王于畊和我四个人进行了讨论，推我执笔写成的。这个戏的着重点是揭露恶霸地主丁赞亭用阴险卑鄙的手段，威逼、利诱家丁杀害了革命群众的领袖牛长根，而后又收买为我军收编的土匪部队的队长,隐藏杀人凶手;后来终于被侦查破案,人民抗日政府便依法将丁赞亭逮捕法办。我用了一个多星期的时间写好了这个一景三幕的话剧。随即由邵惟同志导演,从抗大五分校和华中党校抽调出几个干部、学员分别担任剧中的角色:张望同志扮演丁赞亭,游龙、丁士贤同志分别扮演两个家丁,赵珍同志扮演丁赞亭的大太太,张荫谦同志扮演丁的小太太,里希同志扮演丫头翠玉,沈幸之同志扮演老仆人,顾前同志扮演抗日民主政府的区长,黄知真同志扮演区政府的文书,王衡同志扮演开明士绅张少轩,我也参加充数,扮演丁家账房先生丁德夫。戏演出时,陈毅同志到场观看,演出后,他又参加座谈会。他在发言中,对大家肯定这个戏的剧本和演出成功,表示同意,热情地赞扬这个戏刻画了一个反动大地主的形象,揭露了丁赞亭假抗日真反共反人民的罪恶。他说,他认为戏的导演是好的,演员大多是业余的,表演也很成功。对座谈会上个别同志的发言说,这个戏里,逮捕地主丁赞亭,违反党的统一战线政策。陈毅同志指出剧中所表现的大地主丁赞亭,是反动的恶霸地主,指使家丁杀害农民领袖,是犯罪的,将他逮捕法办,是理所当然。我们的抗日民族统一战线,是不包括丁赞亭这样的罪犯在内的。陈毅同志在皖南事变之后,受中央军委的委派,代理新四军军长的职务,指挥作战,处理军务,工作紧张忙碌,但对部队的文艺工作,还是十分关心。前面,我曾提到军部设立了一个文化村,陈毅同志就不时地在早晨或是下晚,从军部驻地亭子港,走两三里路,散步到文化村,与住在文化村的阿英、贺绿汀等同志谈文艺、谈戏、谈诗、谈国家大事。他在江南溧阳的时候,曾多次约军服务团团长朱克靖同志和我,到驻地附近的竹箫桥、皇赘村小茶馆里谈诗论文。我记得有一次,他在皇赘村小茶馆里,诗兴很浓,当时,他拔出笔来,在一张香烟壳的背面,把他在一九三六年写的一首七律诗《三十五岁生日寄怀》写出来,向也很懂诗文的朱克靖同志求教。朱克靖同志看了,连声赞叹,说是一首意境深沉、气魄宏伟的好诗,尤其是当中四句对偶,更为佳妙:"半壁河山沉血海,几多知友化沙虫。日搜夜剿人犹在,万死千伤鬼亦雄。"我见到这时候的陈毅同志,也为他的这首诗获得这样的佳句而自得哩。陈毅同志每到一地,只要情况、时间允许,他都要找一些文化文艺工作者谈谈,关心他们的工作、生活。陈毅同志曾说:"我是个武人,也是个文人。"陈毅同志是真正的一手拿枪一手拿笔的文武双全、双手并用的人。他一生写了新体、旧体诗词共三百五十多篇,经张茜同志编选择入《陈毅诗词选集》的计一百五十篇,这一百五十篇中的六十多篇是陈毅同志在新四军里写作的,如新四军一九三八年六月初下江南,在粟裕同志指挥下,首战卫岗告捷,击毙了日军土井少佐,陈毅同志闻讯,立赋《卫岗初战》一首,一九四〇年六月,郭村战斗胜利之后,他即兴写了一首歌词,由章枚同志谱曲,随后就在部队里传唱。莱芜、孟良崮两大战役获胜,陈毅同志都写了诗词,歌赞人民军队的丰功伟绩和革命英雄主义精神。新四军的文艺工作者,在创作上,怕没有一个人比得上陈毅同志的成绩。陈毅的作品影响、教育着我们,陈毅同志对文艺工作的指导、关怀,是新四军文艺工作发展、获得很大成绩的极其重要的因素。这是历史事实。

　　以上是我经历的和知道的一些实际情况,它当然不是新四军文艺活动情况的全部,而只是其中的一部分。如有错误,请同志们指正。

一九八〇年七月于上海

468

序《捧血者》

聂绀弩

哦！你幻美的姑娘呵！请别用你那梦一样的眼睛望我！一个流浪人，应该像"那袅袅的万里的流云！"（《行人》）——"流云是他勇敢的游踪"（《月黑的夜》），应该"挑战者流浪天下"（《我爱》）；现在是我不能不离开你的时候了，你不能让我的心像"山溪平静地流响山间"（《月黑的夜》），向你轻轻地说一声"再会"吗？

哦！你热情的姑娘呵！请别用你那火焰一样的眼睛望我！我爱高山，我爱大水；我爱着那"金红的海水"（《行人》）"黄色变成碧绿，黑色又变得白如银"（《月黑的夜》）；我爱看"槟榔花红在山上"（《月黑的夜》），爱看"远山顶上一片白霞"（《我爱》），"月黑的夜"，我爱看"在高山跳跃的野火的光芒"（《奥秘》）；我还爱看黄河"奔放，流向天野"（《古歌》）。别了，姑娘！并不是你系不住我的心，一个流浪人的天性和运命，连他自己也无法理解，无法安排！在高山大水面前，我将永远怀念着你；正像在你面前，并没有忘掉它们。你不能像"山溪平静地流响山间"，轻轻地向我说一声"再会"吗？

哦！你青春的姑娘呵！请别用你那朝日一样的眼睛望我！我永远记得和你在一块儿的时候的幸福。你"晨霞飞洒，那般美丽"，"珍珠会显得黯淡，黄金你不必谈起"（《奥秘》），你曾用"歌颂自然的喉咙"，"清幽地唱起欢乐的曲"（《林雀》），像"夜莺染着玫瑰"（《奥秘》）；"一个热情的拥抱"的时候，我听见你的心"这般跳跃"（《奥秘》）！但是"天空没有不散的云彩"，姑娘，我"还得行旅长途"！把过去的事都忘记了吧，因为"记忆就是痛苦，不管昨日曾经欢喜，有谁能捉住飞去的云雾"（以上见《行人》）！我们不是只需要像"山溪平静地流响山间"，轻轻地，轻轻地说一声"再会"了吗！

那么，姑娘！在我"向天涯"（《月黑的夜》）的此刻，请你接纳我一点点卑微的礼献！瞧！这里，这，我真惭愧呀，一本诗、仅仅一本诗！但请你恕我的狂妄，我以为你会喜欢它，因为它也这么幻美，这么热情而且是青春的。哦！仁慈的姑娘呵，你真的接过这本诗去了吗？

"可是，流浪人，这本诗并不是你写的呀，瞧，这诗人的名字！"

这么说吗，姑娘？我说你错了！这是我的诗，每一个字，每一句话，都是从我的心上，一斧头一斧头砍下，一凿子一凿子凿落的。不过我不曾把它们写在纸上，只悄悄地写在心上，准备有一个时候，也许就是今天吧，连心一齐献给你，可是，可诅咒的剽窃的诗人，却从我的心上把每一句话、每一个字都偷跑了！你看了这诗，就会相信我的话。我相信你是理解我的，虽然你从来没有这样说过。

现在，姑娘，请你看这第一章《行人》：

> 没有笑飘在嘴角，
>
> 无言，伫立，像个大理石像；
>
> 可又不像个行吟歌者，
>
> 腋下并不带有忧伤的胡琴。
>
> 更没有诗句唱向黄昏——

只一个竹杖,一个背囊随身。

你看看诗,再望望此刻的我,姑娘你能说这诗不是把我活画出来了吗?

在强盗的手里,

哪还有人能在床上死去!

逃吧!随便哪里!

只要你能离开这魔鬼的土地!

这是第二章《月黑的夜》,写那诗中的青年怎样逃走。姑娘,你应该可以证明:诗里的主人,正是我自己。除了我,谁能知道得这么清晰?虽然这遭际,在中国,今天应该是很普遍了。再看第三章《我爱》:

对于不幸,人们愿意:

降给别人,

幸福却应该属于自己。

而,他并不要求

向天风播送他的热意。

一个流浪人的倔强的性格,也只有我自己,才能表现得这样深微。

驰骋着铁骑,

披上钢甲,

光耀地挥着国旗

……

光荣的红了,

故乡的明月。——

像农夫站在田脊,

想起:

盼望七月的连雨——

要骑大马归去!

高呼：

"久违，我爱！"

说呀，姑娘，这是不是我常常对你讲过的热望？

斑斓的剑搭成十字架，

在我的坟上，等我死后，

这时呵，不需鼓乐，

也不要块墓碑，

盖上一面血染的国旗吧！

——第六章《古歌》

你大概不喜欢听这样的话；是的，你是太年轻了，这样的事，和你隔得怎样遥远啰！不过，姑娘，别人不是你；在你面前，一切人都会感到衰老的。衰老的人很容易想到自己的结局；我的这结局，怎样？我以为已经很壮美了！

"可是流浪人！我读了你指点的句子，也读了你没有指出的。这诗是美好的，我相信；可是作为这诗的基调的东西，却是一种可怕的忧郁。'你知道，强盗的血手/怎样伸进家乡？/屠洗了我们多少城园'，今天，正是'黄金的号角，/召唤爱国悍勇的男儿'（以上见《奥秘》）的时候，是'祖国新生了'（《古歌》）的时候，你以为这诗的调子是调叶的吗？"

谢谢你，我崇敬的姑娘，读过了我的诗，有着这样值得宝爱的识见。可是我相信你的宽大，一定许我有点小小的差别。我爱海，爱海的广博，海的空旷；海的波光，仅仅赶不上你的眼睛，海上的晨晖和落照，几乎要比美你的颜色。可是，当我第一次置身海上的时候，我尝过一口海水！不必把粗劣的形容字来弄污你的耳朵，那滋味，随你向怎样难堪的方向想去吧！美丽的幻象往往出自悲苦的真实；真实的悲苦，不一定就妨害幻象的美丽。爱海的人固然不会爱海水的味道，可也没有人因为海水不能变成甜咧，就说海景只有丑恶！我的诗是美好的，你说过；这样我就够足了，我还要求什么呢？不错，

"我是忧郁的/因为我走过的路都是那么艰苦"！可是"我要战斗,以我的坚强"(《序诗》);要让"那锈的剑闪出光华",要"向太阳"(《林雀》),"到阳光的家乡,走近梦花开的地方"(《序诗》)。尊贵的姑娘,请想想一个流浪人的来踪和去迹!

　　我爱大海,同时也爱高山。海的博大,山的崇高,最启迪人的灵魂。但海底沉淀着无数污秽的废物,高山上的是沙石和小草！为了"防卫祖国的田产,"今天,我们向强盗展开了"伟大人性的战列"(《古歌》),假如黑头没有一颗被流浪人带来的忧郁的心,决不能显出这战列的伟大,它本身也该是个奇迹。在过去没有走过艰苦的路的人是幸福的,但过去并不那么坦荡;能够完全忘掉过去结习的人是值得赞美的,但心灵上的痼患,并不像肉体上的那么容易割除！如果战列真正伟大,就一定能够容纳我的忧郁;我不能想象海底的纯净,也没有见过没有沙石或小草的山峦。这点粗浅的道理,姑娘！你一定能用你的襟怀,你的智慧来解悟。

　　而且,姑娘呵！我不是向你提到过黄河吗？黄河,一个诗人曾对我说:对于祖国,是一条无生命的水！它的激流,它的浅滩,它的淤沙,使它不能通航却又容易泛滥:多少年来,就常常把灾祸带给祖国！可是等到"强盗的劣马踏坏了田园"(《奥秘》),死神的"黑翅膀扑击着大声"(《林雀》),"黄金的喇叭,吹起/光明的号召"(《古歌》)的时候,黄河,那被诅咒的无生命的水,却愤怒了,奋起了！它举起粗壮的胳膊,"向天风挥一挥"(《林雀》),就"洒成/壮异的血海"(《古歌》);使"那凶鹰狼狈地闪躲/……/慌张地逃走"(《林雀》),而自己成为"誓死爱着祖国的英雄"！公允的姑娘呵！你能因为它曾经,甚至还要带给祖国的以灾祸,就看轻它"刺向仇敌无耻的前胸"的勇敢吗？忧郁的心,只要不吝啬"英勇的战血",就该替它"盖上一面血染的国旗吧"(以上见《古歌》)！

　　然而姑娘,我一点儿也不想为忧郁郁结。既然"天空没有不散的云彩",

没有"谁的鲜衣,经年不褪色"(《行人》),既然"从轻蔑里"也可以"找到可爱",谁能说"炮火停息之时",黄河仍旧是无生命的水;谁能说在祖国的胜利中,我会永远"让人嘲笑我的忧郁"呢?而且,岂不是正因为要使我的忧郁褪色,才使我"望着远方"(以上见《序诗》),和你告别,"到世界上去"(《奥秘》)的吗?"阳光在哪儿,我知道/梦什么时候开花,和它的颜色,/我敢说:我最明白","我已准备好了,/幸福的心,幸福的双瞳"(以上《序诗》)!

"流浪人,你的郁解也许是对的;可是我觉得它比你的诗更忧郁。"

如果是真的,姑娘,那是说,诗人终于只是个诗人,并不同时是个雄辩家;诗人的雄辩,除了诗,应该没有别的,我去了诗,拿起了散文,所以为忧郁辩护,却显得更忧郁了!而且,难舍的姑娘呵!我今天的忧郁,岂不同时是为了要离开你吗?

别了!我至爱的姑娘!让我们"粗野的拉手"(《古歌》)"我有个崇高的愿望"(《奥秘》):愿你"永葆有颗孩子的心";我将永远为你祝福,"以一个少有的亲切的微笑"(以上见《序诗》)!可是唉唉,你别望我呀!

(原载《东南战线》第 1 卷第 5 期,1939 年金华出版)

给《捧血者》的一封信

东　平

辛劳：

想写信给你到现在已很久了，你来信要求我实现前次的诺言，实在没有再拖延下来的理由，但问题是我不能给你的诗一个适当的批评，我对诗很少修养，这不是客气，你晓得我们中间用不着讲客气。

我觉得你是一个在斗争中不倦怠的青年朋友，你身上所肩荷的痛苦有时使你的状貌表现狼狈，但这是战士的疲劳，疲劳是战士的严肃的色调，一个瘦削的黑影跟跄地倾倾斜斜地跑出来，但一样的参加了战斗。我自觉能了解这种人物，在陀思妥耶夫斯基和高尔基的作品中，我常常碰到这样的人物，这是一个痛苦的然而给时代带来了突击力量的战斗的典型，不过灰暗了些，不明朗了些，革命的自尊而快步的觉醒少了些，这也是你的苦闷，你的诗正是你的自白，对于这个人，这个典型的表面上，你的诗有过足以自恃的成功，但还有缺点。

我以为支付在这诗中的文字太多了些，而且还有缺点不能找到更深的文字,因此文字的气味在这诗中还是占着支配的压倒地位,所以这表现方式还不是顶新的,当然主要的是由于中国文学的落后所造成的结果。

你怎样表现你自己呢?你是在前进中,但还是前进中的一个片子,因此相当的和整个队伍脱节,有点独自个坐下来喘气的气氛,我想介绍你一个最适当的批评,是我们的××(你还不曾和他谈过文学呢?)说的,因为你的诗他也看了,"是坚定的,但是也表现得摇摆!"他这样说,我想这一点不武断,我正想用这句话来勉励你!

《捧血者》编后记

陈梦熊

　　早在 1982 年王元化先生即曾提出为上海"孤岛"时期的重要诗人辛劳编集之事,我当即开始收集辛劳诗文资料,但由于种种原因,诗文集至今未得出版。现《世纪的回响》丛书决定将这本书收入第一辑,这部命运多舛的书终于得以呈现给读者,我自然非常高兴。

　　辛劳英年早逝,有关他的生平和著述现有资料甚少,较为完整的仅钦鸿先生撰写的一篇。现将汇集所得,加以爬梳,概述如下:

　　辛劳原名陈晶秋,化名陈中敏,笔名有肖宿、叶不凋、煊明、骆寻、辛洛、骆寻晨、方可和晴夏等等。1911 年生于内蒙古呼伦贝尔盟(扎兰屯),也就是现在"哈尔滨到满洲里国际铁路线"上的海拉尔。他的童年和少年就是在故乡的辽阔的呼伦贝尔大草原上度过的。九一八事变后,他不堪日寇对我关外的蹂躏,毅然与一些东北文学青年流亡来沪,并与左联取得联系。据林耶回忆,辛劳是 1932 年 5 月加入左联的。当时他与师田手、林耶三人同住在北四川路余庆坊的一个亭子间里,活动直接受周钢鸣和何谷天(周文)领导。同年 8 月,辛劳和师田手、王梦野三人因在闸北参加左联组织的示威活动而被捕,幸而被押日期不长,当月 16 日即被释放。此后,辛劳转去左联法南区小组,与叶紫、尹庚、雷溅波等人一起活动。

1934 至 1935 年间,辛劳化名陈中敏在上海沪西劳勃生路(今名长寿路)私立江苏中学任教。据当时的学生赵秋之、宋丈、张焱等回忆,辛劳除了认真地授课和教学外,还指导学生阅读进步书刊和辅导写作、办墙报等等。他曾编写了《给初学写作者的信》四篇,油印后,发给学生阅读,为学生们组织的拓荒演剧队和拓荒歌唱队,写过一首《拓荒社社歌》,还带领学生去参加过左联举办的诗歌研究和写作活动。有一次讨论题目是"社会价值第一,还是艺术价值第一"。辛劳主张"社会价值第一,艺术价值第二"。但后来他在创作实践中却纠正了这种源出"拉普"的观点,而有了自己新的认识。会上他和其他与会成员一样,宣读自己的新作品。从此以后,学生们知道他就是"辛劳"。

确实,辛劳此时正热衷于诗歌、小说和散文的创作活动。目前见到他最早发表的作品,是写于 1934 年题为《阴影》的散文,虽不知初载于何处,但已编入《古屋》第三辑内。他在这二三年内陆续写出了不少作品,分别发表在与左联有关的一些刊物上,如《小说家》《中流》《光明》等等。当时他偏重于小说、散文的写作,内容大多取材于自己的生活经历,反映社会的种种现实问题。由于这是他创作活动的起步,艺术上不免幼稚。

1937 年,卢沟桥事变后,辛劳投入抗日救亡运动中去。他创作热情高涨,一连在《救亡日报》等发表了《火中一兵士》《夜袭》《在火中》《战斗颂》和《难民的儿歌》等十多首歌颂抗日军民战斗业绩的诗篇,宣传抗日救亡运动。"八一三事变"以后,他又投入难民收容工作中去。辛劳参加国际第一难民收容所里的难民教育工作,地址在法租界马斯南路(今名思南路)震旦大学操场上。一面在难民中扫盲，一面宣讲革命的事迹和革命的道理。

1937 年 12 月迟至 1938 年 8 月，辛劳去了皖南新四军军部。临行之夜，他写了一首短诗《别上海》，发表在《华美晨报·诗歌周刊》上，借以抒发他的离别之情。到了云岭新四军驻地，先在战地服务团，后调入徐平羽（当时名白丁）主持的《抗敌》丛书编委会，与聂绀弩、林琳等一起工作，一面进行创作，一面辅导青年作者。林琳、菡子等就是在他们的辅导下，开始走上创作道路的。据林琳同志回忆，编委会存在只有三个月就结束了，丛书虽未编成，但四个成员却写出了一批短篇小说、诗歌和散文，还集体编写了一个题为《圣诞节之夜》的独幕剧。剧本以西安"双十二事变"为背景，故事发生在一个教授家中，时间在圣诞节的晚上，老教授的朋友、学生在他家中过圣诞节，围绕着当时发生的"双十二事变"，从不同的角度，各抒己见展开了一场激烈的争论。剧本脱稿后，由聂绀弩书写了剧名，扎上一根美丽的缎带，再由白丁亲自送交正在新四军驻地视察的周恩来副主席，作为一件珍贵的纪念品。辛劳在剧中扮演了一位东北流亡青年，演得很成功。正因为如此，外界将丛书编委会误传为文艺创作组，这是必须说明的。又据彭燕郊同志在今年 6 月 14 日和 7 月 1 日答复笔者的信中说：不久，辛劳因患肺病，"我也有肺病，同在小河口后方医院治疗，同住一个病室半年之久，朝夕相处，谈诗论文，他比我年长，对我关怀备至，是我学文学、学写诗的引路人之一，可以说情同手足。几十年了，我常常想起他"。并将辛劳给他的信札和他保存的辛劳照片翻拍寄来，我如获珍宝，不胜感激。

在莫洛主编《暴风雨诗刊》第二辑《风暴》中，也曾刊载过一封辛劳的遗札，其中讲道：

"诗歌虽已被人注意得多了，但作为这大时代的进军战鼓与历史的里程碑的诗歌，我们需要更响亮、更开朗。这是沉重的担负。

彼得菲（今译裴多菲）说得好：'谁要是拿起诗琴，谁就给自己负上极重大的责任！'可恨，我给病缠着，不能多做一点。……

　　"我决定写有□，有意义，有内容，有韵律的诗，虽然到现在我还写不出一首好的诗来。"

这封信是写于 1939 年皖南小河口后方医院的病室内，也正是他在酝酿或创作著名长诗《捧血者》及其续集时，尽管他身患疾病，有时咯血，但仍执着于革命诗歌的创作，关注着诗歌的运命和发展。

辛劳在此工作时间不长便离皖返沪。抵沪不久，他就参加了由中共地下党领导的诗歌团体行列社的种种活动。在这段时期里，他更加积极地投入诗歌创作中去，写有长诗《棉军衣》，短诗《土地》《年夜》等，还写了散文《旅客及其他》《野操》等。这时他的创作日趋成熟，显现出艺术上独特的个性，获得各方面的好评。确如吴强同志所赞扬的，辛劳是位"胸中充满着革命激情的，文学素质深厚的"诗人，也是位"才华横溢"的革命诗人。蒋天佐同志也说："他的诗同他的人一样，给我留下较深的印象，拙于言辞，而心热如火，气壮山河。"他确是"在'孤岛'文学战线上走在最前列冲锋陷阵"的重要一员。

后来，辛劳重返新四军驻地，但不久迫于形势变化，他被疏散到金华及浙东地区，与绀弩、荃麟在一起。几个月后，彭燕郊也被疏散到金华及浙东一带，他们又有晤面的机会。辛劳在此仍旧一面养病，一面从事救亡文化工作。1940 年 5 月 3 日，他为长诗《捧血者》添写了《后记》（发表在 1942 年 4 月 30 日出版的《诗创作》第 10 期）。在此前后，还写了长诗《秋天的童话》《五月的黄昏》和散文《血》《做学兵》等。《风暴》上刊有他从金华写来的短笺，说他正在从事《诗时代》的筹备工作等等。

1941 年皖南事变后，陈毅为了重振新四军的文化工作，在苏北阜宁县卖饭曹筹建了一个文化村，云集了一大批甚有声望的文化人，军部委派杨帆同志负责照料，人称杨为村长。据莫洛在《风雨三月》中回忆，辛劳在此之前已经进入苏北根据地。戈扬在《敌后荆榛仔细看》中也说辛劳住在苏北文协,与东平、何士德等同在盐城(见《新文学史料》总第 4 期)。1941 年 5 月 30 日,苏北诗歌协会在盐城成立,出席的知名作家、诗人 20 余人,陈毅、钱俊瑞等参加会议并讲话。会议推选葛健吾、辛劳为正副理事长,许幸之、何士德、陆维特、戈茅、邓炬之、戴英浪等 7 人为理事。这一阶段他心情舒畅,写作勤奋。1941 年 6 月 10 日在《江淮日报》《新诗歌》专页上,发表了《新十四行》诗。内容描写在丰收季节里,子弟兵与农夫们一起收割麦子,并保卫土地,使敌人不敢再来骚扰的欢乐场景。运用西方诗歌形式,表达苏北根据地农夫们愉快的心情,一变辛劳过去的诗风,是值得肯定的尝试。又在《诗创作》《力报·半月文艺》和浙东各地的报刊上发表了不少诗歌和散文。随着战事的动荡和变化,在新四军开始北移之前,辛劳一度返回上海。在上海他编竣并出版了《古屋》和《炉炭集》。在诗歌书店出版的多人合集《收成》内,也收了他的新作《命令》等。

近读阿英《敌后日记》,在 1942 年 9 月 5 日条内,记有该年 1 月至 6 月《盐阜报》副刊《新地》中,刊有辛劳《街头诗断论》,并赞之为“简明深到”的佳作。后来查实,该文刊于 1942 年 2 月 1 日《盐阜报·新地》栏内。文章指出要使诗歌大众化,必须从街(墙)头诗做起。并对墙头诗的文学价值和特性、创作态度等作了阐述和探讨。

至于他的逝世经过,流传着种种不同的说法。有说辛劳“居留浙东、金华……直至呕血而死。”(见王嘉良、叶志良著《战时东南文艺史稿》)有说他于 1941 年或 1945 年遇难于苏北(见锡金、吴强、戈扬、蒋天佐和莫洛的回忆)。尽管在他的死因和地点、年份上,各说不一,然而,有几点可以确定,即死于敌人的屠刀下或狱中,地点在苏北革命根据地或赴解放区途中,年份当在抗日战争后期。

辛劳的创作,始于 1934 年左联前后,止于抗日战争后期。前期偏重小说、散文,艺术上还不够熟稔;后期重在诗歌、散文,艺术上渐趋成熟,表现出自己的个性和特色。在上海"孤岛"时期和东南文艺战线上,他是位做出过重要贡献的革命诗人。长诗《捧血者》是他的代表作。

辛劳结集的作品,就我们调查所得,诗歌有:《捧血者》《五月的阳光》和《深冬集》。《捧血者》(原定创作三部,只完成第一部),构思和创作于皖南新四军驻地。金华出版的《东南战线》第五期曾发表绀弩的序和《序诗》,未及发完,刊物停刊后,在《刀与笔》第2、3期上连载完毕。单行本于1948年5月,由上海星群出版社列入《森林诗丛》出版。几年前,重庆出版社出版《中国抗战时期文学大系》,在《解放区文学书系》诗歌编中选辑了该诗,但有删节。《五月的阳光》,1939年,由江西上饶东线文艺社编入《东线文艺丛书》印行,但至今未见原书。至于《深冬集》,准备编入行列社《诗歌创作丛书》,但未及付梓,太平洋战争爆发,行列社战友四处星散,这部诗稿也就遗失了。还有1943年11月刊印的油印本《栅栏草》,内收《在月夜》《五月十四日》《小夜曲》和《插秧女》,都是写于韩德勤省府狱中的作品,可惜原件未见。此外,长诗还有《望家山》《秋天的童话》《五月的黄昏》《战马》和《棉军衣》等,短诗数量更多。散文结集有《古屋》和《炉炭集》,均于1941年5月,由上海文国社出版。集外有《旅客及其他》《做学兵》等。后期也写过一些文艺短论,还有待搜集和发掘。本集收入《捧血者》全诗,并补入绀弩《序〈捧血者〉》。《古屋》亦全部编入,还选辑了二首诗和一篇散文,作为补充的集外之作。总之,我们期望在本书出版以后,觅找合适的机会,另编一本辛劳的诗文集,尽可能将其遗作全部重印面世,借以纪念这位可敬可佩的革命诗人。

在本书编集过程中,曾得到上海图书馆、徐家汇藏书楼、上海作家协会资料室、上海辞书出版社资料室、上海鲁迅纪念馆与耿庸、黄源、彭燕郊、林琳、钱厚祥、沈琰、叶志良、赵秋之、宋丈以及蔡永青、刘宝龙、刘朝晖、洪庆年和孟秉舜诸位先生的支持和帮助,在此一并致以由衷的谢忱。骆宾基先生早在一九八二年就给我们提供了辛劳部分诗文的编目,可惜未及见到本书的出版竟离别了人世,在此我们表示沉痛的哀悼。集中如有疏漏或不妥,竭诚地亟盼大家批评、指正。

1996 年 6 月匆匆于

虹口陋室东窗下

中国现代文学词典·诗歌卷·辛劳

　　辛劳（1911—1945），原名陈晶秋。曾用名陈中敏。黑龙江呼伦人。1931 年九一八事变后与其他东北文学青年一起流亡到上海，参加中国左翼作家联盟。1933 年 8 月 1 日与师田手等参加左联举行的集会被捕，同月 16 日释放。1934 年至 1935 年在上海私立江苏中学任教。1935 年 4 月首次署名辛劳，在上海《太白》半月刊发表风俗志《索伦人》。而后写了许多作品，散见于上海《小说家》《文学》《光明》《中流》《创作》《文学大众》《时代文艺》等刊物，主要作品有随笔《与诗人们商量》，小说《饥饿的朋友》《自由以后》等。1937 年前后曾被捕，押往苏州反省院。抗战开始后，其致力于诗歌和散文创作，写下大量的作品，热情宣传抗日救亡，呼唤人们的爱国之心。这时期的诗作，如《难民的儿歌》《献在鲁迅先生坟前》《战斗颂》等，主要刊登在上海《救亡日报》。1938 年 1 月去皖南新四军军部工作，不久返回上海。1939 年参加锡金等人组织的行列社。在上海《文艺新潮》发表长诗《棉军衣》等，并编成诗集《深冬集》，拟由行列社编入丛书出版，后因故丢失。1941 年以后，去盐城参加新四军，与邹韬奋、范长江、阿英、丘东平等人一起工作。其间写下大量抒情诗和散文,发表于永安《现代文艺》、桂林《诗创作》《力报·半月文艺》以及《东南日报》等报刊,如长诗《战马》、诗歌《五月的黄昏》等。生前出版的作品有:诗集《收成》(与邹荻帆等人合著,上海诗歌社 1941 年版),散文集《古屋》(1941 年)、《炉炭集》(1941 年)。1945 年与国民党韩德勤部队遭遇被俘,死于狱中。遗著长诗《捧血者》,1948 年 5 月被列入《森林诗丛》,由上海星群出版社出版。(钦鸿)

《中国现代文学词典·诗歌卷》,徐迺翔 主编,广西人民出版社,1990年。

左联词典·辛劳

辛劳(1911—1945),左翼诗人。原名陈晶秋,笔名辛劳,黑龙江呼伦县人。1931年九一八事变后流亡到上海,1932年5月加入中国左翼作家联盟,参加法(租界)南(市)区左联小组的活动。热爱文学,开始学习创作,1935年4月在《太白》2卷3期发表第一篇作品《索伦人》。此后又发表《饥饿的伙伴》、《自由以后》(1936年10月、12月《小说家》创刊号和第2期)、《田园》(1936年9月《文学大众》1卷1期)、《强盗》(1937年3月《光明》2卷7号)等小说,多取材个人经历,反映社会生活。七七事变后转向诗歌创作。后去皖南参加新四军。

《左联词典》,姚辛 编著,光明日报出版社,1994年。

中国现代文学作家本名笔名索引·辛劳

辛劳是笔名,本姓陈,原名不可考,黑龙江(一九四五年去世)。

《中国现代文学作家本名笔名索引》,周锦 编,中国现代文学研究丛刊㉕,成文出版社有限公司一九八○年七月十日出版。

中国现代六百作家小传·辛劳

辛劳,姓陈,黑龙江省人,一九一一年出生。一九三一年九一八事变以后,他和一群东北文学青年一起流浪到上海。他第一篇用"辛劳"署名发表的文章是在一九三五年四月的《太白》上。一九三六年以后,他发表的作品渐多,如一九二八年十月创刊的月刊《时代文艺》,一九三六年六月创刊的半月刊《光明》,一九三六年九月创刊的月刊《文学大众》,一九三七年六月创刊的月刊《创作》等杂志上,都陆续出现了他的小说和散文。抗战军舆,一九三七年八月《救亡日报》创刊于上海,郭沫若任社长;辛劳的诗,即发表在《救亡日报》上;同年十月他到皖南参加军队。一九四一年他取道上海到苏北敌后。一九四五年去世。

他仍有未完成的长诗《捧血者》,已被列入《森林诗丛》出版。

《中国现代六百作家小传》,李立明著,波文书局一九七七年十月出版。

海拉尔市志·人物·人物传略·辛劳

辛劳,原名陈晶秋,生于清宣统三年(1911年),男,汉族,原籍呼伦县(今海拉尔)。他的童年和少年都在呼伦贝尔度过。

1931年九一八事变后,辛劳与其他东北文学青年一起毅然离开故乡,流亡到上海,与左联发生联系。1932年5月,辛劳加入左联,同年8月,因在闸北参加左联组织的示威活动而被捕,同月16日被释放出狱。

1934—1935年,辛劳化名陈中敏,在上海沪西劳渤生路(今长寿路)私立江苏中学任教,课余还热情辅导学生学习诗歌创作,协助学生会组织一些进步的文艺活动。1935年4月辛劳在上海《太白》半月刊上发表处女作《索伦人》一文,首次使用辛劳这个笔名。之后他还发表了小说《饥饿的伙伴》《自由以后》《火线上》《强盗》等多篇。

1937年,卢沟桥事变后,辛劳接连写出《难民的儿歌》《夜袭》《吊伐扬·古久列》《战斗颂》《火中一兵士》等一系列诗作,主要刊登在郭沫若、夏衍办的《救亡日报》上。这些诗作热烈宣传抗日救亡,纵情讴歌抗日军民的战斗业绩,在当时诗坛上产生了影响。其中《献在鲁迅先生坟前》一首是他这一时期的代表诗作。

1938 年,辛劳从上海来到皖南新四军军部,先在战地服务团工作,后调入徐平羽主持的文艺创作室。

1939 年夏秋之际,辛劳离开皖南,回到上海,当时他已经是一名中共党员。不久,他参加了由地下党员锡金领导的诗歌团体行列社,为抗日救亡奔走呼喊。创作了散文《野操》、长诗《棉军衣》以及短诗《五月的黄昏》《土地》等作品,在上海一些刊物上发表。还编成一本诗集《深冬集》。

1941 年 5 月,辛劳在上海文国社出版了两本散文集《炉炭集》和《古屋》,同年,上海诗歌出版社还印出一本他与邹荻帆等人的诗歌合集《收成》。

关于辛劳去世的情况,一种说,1941 年 7 月前后,辛劳在随某部队撤退时被俘,因身患肺病,不堪折磨,不久便病逝于狱中。另一种说,1945 年抗战胜利后,辛劳从上海奔赴淮安解放区,途中被国民党反动派军队逮捕,随即加以杀害。这两种说法虽颇有歧义,但关于辛劳惨死于反动军队的毒手这一点是一致的。

后　记

今年是中国共产党成立 100 周年,辛亥革命爆发 110 周年,也是诗人辛劳诞辰 110 周年,这么多历史重要节点的巧合,为本书增添了浓重的色彩。

1911 年,在辛亥革命浪潮中动荡不安的呼伦贝尔草原上一个生命呱呱坠地,他就是本书的主人公——革命诗人辛劳,原名陈晶秋。当共产党成立 10 周年,辛劳 20 岁的时候,1931 年日本侵略者悍然侵占了我国东北三省,无数爱国热血青年流浪到北京、上海等大城市,从事抗日救国活动。辛劳即是这批爱国热血青年中的一员。

我策划这本书,还有一个偶然的巧合。2019 年 9 月,我在呼和浩特市参加内蒙古自治区文博会推介我责编的一套大型丛书时,接到了呼伦贝尔市广播电台一位朋友的电话,她让我审读一下由她翻译的《海拉尔市志》(1997年版)的部分内容,其中包括"人物志"一节。当我读到辛劳小传时,感到特别震惊,因为我在海拉尔从事出版工作 30 多年,曾经比较系统地搜集过有关呼伦贝尔的文献资料,从未听到过这个名字。当时,我就上网查找有关辛劳的资料,在"百度百科"上看到了有关他的介绍,在"中国知网"里查到了有关他的回忆文章和研究论文,又在"孔夫子旧书网"上找到了新中国成立后出版的辛劳唯一的一本作品集——《捧血者》。

《捧血者》这本小册子是 1997 年由上海市社会科学院著名学者陈梦熊编,曾入选珠海出版社(该社现已撤销)出版的《世纪的回响》丛书。遗憾的是,本书只选了辛劳的《捧血者》《土地》《渡船前》《古屋》等少数诗歌散文作品,而他创作的很多其他作品未能入选。在整理辛劳作品时,我们发现该书存在较多错字、别字和漏字、漏句的地方。因此,我们找到了辛劳发表的作品原版,进行重新排版、核对,并首先按体裁(小说、散文等)排列,对同一体裁按时间(创作时间或发表时间)排序,同时尽量兼顾相同题材的作品排列在一起。这一工作由姜继飞完成,花费了许多精力。

有关辛劳作品的搜集工作可以说是一波三折。我先找到北京大学的一位教授朋友,由于教学和科研工作繁忙,他婉言拒绝了。然后我又找到国家图书馆的一位朋友,由于她主要管理少数民族古籍馆,无法帮忙。后来,我又找到了在内蒙古大学图书馆工作的同学,他给我发来了辛劳的处女作《索伦人》,并给我介绍了他的同事张志坚老师。我给张老师打电话,说明我的意图后,他痛快答应了合作,负担起了艰巨而繁杂的资料收集工作,而且在不到一年的时间里出色地完成了此项任务。这本书能够在这么短时间内得到顺利出版,张老师功不可没。而且,他拒绝了署名第一作者,理由是这样做会违背师德,虽然多次沟通就是不答应。在本书出版之际,我在这里表示深深的感谢和由衷的敬意! 同时,本书中部分作品因故未能与著作权人取得联系,请在见到书后与内蒙古文化出版社联系。

《捧血者——诗人辛劳》这本书申报了内蒙古出版集团建党 100 周年重点出版物项目,有幸入选并得到资助。在此,感谢内蒙古出版集团对此书出版给予的有力支持!

书稿基本成型后,我打印一份送给了呼伦贝尔市文联党组书记、主席韩国华同志,邀他作序。然后按照他的要求,我把原版报纸的电子版复制一份送过去,他连连赞叹道:"好东西! 好东西! 你做了一件了不起的事情!"没想到,韩国华主席花费几个月时间研读全部原文,不仅洋洋洒洒地写了几千字的序言,还给辛劳代表作《捧血者》写了一篇很有分量的学术论文,开启了辛劳家乡人研究他的作品的先河。

我们在搜集整理辛劳作品的过程中得到了很多领导和朋友们的大力支持。为了更完整地搜集辛劳的有关作品，我特意去拜访了《海拉尔市志》（1997 年版）"人物志"的编写者，现任海拉尔区人大常委会副主任的王莉丽女士，了解相关情况，她热情接待了我并一一解答了我的很多问题，还主动找海拉尔区档案馆，帮我查找了当时的资料。这里要特别感谢浙江树人大学教授、浙江大学当代马克思主义美学研究中心副主任、《马克思主义美学研究》编辑部主任周锋博士，她高度评价本项目的出版价值，不仅授予《苏浙皖诗群：一个活跃于新四军抗日根据地的诗人群体》一文的使用权，还提供了辛劳另外两首重要长诗的相关信息。同时，内蒙古文化出版社社长那顺巴图先生特别重视这一选题，在百忙当中抽出宝贵的时间，对书稿进行了认真审读，严把质量关，为这本书的按计划出版提供了便利条件。此外，在本书的录入排版过程中，呼伦贝尔市圣山排印设计有限责任公司耿玉琴总经理做了大量细致的工作，由于当年的印刷条件差且时间久远等原因，原版报纸很多字变得模糊不清，给录入排版工作带来了很大困难，但在她的努力下，这一问题最终得到圆满解决，作品达到了美观大气的要求。

国家和人民不会忘记为抗拒侵略者而献身的革命诗人。一个革命诗人为自己树立的最好的功德碑是其作品本身，而这种以自己鲜血和信仰铸就的丰碑，将会永远矗立在党旗下、国家的怀抱里、人民的心坎上，永不倒塌、永不褪色！

道尔吉

2021 年 4 月 18 日

图书在版编目（CIP）数据

捧血者：诗人辛劳／道尔吉，张志坚编. －－ 呼伦
贝尔：内蒙古文化出版社，2021.8
ISBN 978 - 7 - 5521 - 1995 - 4

Ⅰ．①捧… Ⅱ．①道… ②张… Ⅲ．①辛劳 - 人物研
究 - 文集 Ⅳ．①K825.6 - 53

中国版本图书馆 CIP 数据核字（2021）第 165058 号

捧血者——诗人辛劳

道尔吉 张志坚 编

责任编辑	姜继飞
封面设计	徐敬东

出版发行 **内蒙古文化出版社**
地　　址 呼伦贝尔市海拉尔区河东新春街 4 付 3 号
直销热线 0470 - 8241422　　邮编　021008

印刷装订 内蒙古金艺佳印刷包装有限公司
开　　本 710mm×1010mm　1/16
字　　数 452 千
印　　张 31.75
版　　次 2021 年 8 月第 1 版
印　　次 2021 年 8 月第 1 次印刷
印　　数 1—1000 册
书　　号 ISBN 978 - 7 - 5521 - 1995 - 4
定　　价 88.00 元